『日本がわかる、日本語がわかる』準拠

文字・語彙・文法を学ぶための
実践練習ノート

日本語能力試験
N1
対応

田中祐輔 ［編著］
TANAKA Yusuke

牛窪隆太・陳秀茵・森篤嗣・小口悠紀子・張玥 ［著］
USHIKUBO Ryuta　　**CHEN Xiuyin**　　**MORI Atsushi**　　**KOGUCHI Yukiko**　　**ZHANG Yue**

にほんごの凡人社
BONJINSHA

はじめに

　日本語能力試験が開始された 1984 年は、いわゆる留学生受け入れ 10 万人計画が発表された直後であり、日本の教育の国際化が本格始動した時期でした。当時、留学生数は約 1 万 2 千人で、試験受験者数も 7 千人ほどでした。それから 35 年後の 2019 年は、グローバル化とさらなる国際化の進展により留学生数は 30 万人を超えました。日本語能力試験の受験者は 87 カ国・地域 1,168,535 人に達し、世界最大規模の日本語の試験に発展しました。

　進学や就職、昇進など幅広い目的に利用され、日本語を学ぶ人々にとって最も重要、かつ、身近な試験とも言える日本語能力試験ですが、そこでは文字・語彙・文法といった言語知識に加え、その言語知識を実際に活用する能力が測られます。

　既往の試験対策問題集や試験対策プログラムの中には、語彙・文法項目の「量」に着目し、言語知識の数を増やすことを重視するものが多く見られます。このことはとても重要です。しかしながら、それだけでは言語知識を実際に活用する能力の育成にはつながらず、合格に向けた対策としては不十分です。

　本書は、「量」に加え「質」の面にも目を向け、共起、コロケーション、文脈などの観点から語彙・文法を複合的で総合的なものとして捉え、日本語能力試験 N1 合格のための着実な力を育成することを目標に据えています。そのために、日本語教育学・日本語学・言語学・社会言語学などの各分野で活躍する専門家が集い、第二言語習得の理論や、教授法の枠組み、言語学の知見を用いながら教材開発に取り組みました。

　内容としては、日本語能力試験 N1 に出題されやすい計 700 の語彙と文法の説明、その言語知識の運用力を高めるための計 660 の設問、そして、理解と定着を図るための約 10 万字に上る詳しい解説が掲載されています。言語知識とその運用力を高め、日本語能力試験対策を効果的に進める一冊の独立した教材として利用することができますが、凡人社刊行の『上級日本語教材　日本がわかる、日本語がわかる　ベストセラーの書評エッセイ 24』と併せて利用していただくと効果はさらに高まります。是非とも併せてご活用ください。

　本書が、読者の皆様の学習のサポートとして機能し、日本語能力の育成とご自身の目標達成につながることを願います。

2021 年 4 月

田中　祐輔

もくじ

第1課　日本人と日本語（1）：問題な日本語

Ⅰ．文字・語彙・コロケーション 2

ありがち / ネタ / 差し出す / よくよく / わざわざ /
要する / ひとごと / 当て字 / 対応する / 根ざす /
定着する / むやみやたら / 開き直る / 受け入れる /
吟味する / 奴 / 文脈 / 待ち合わせ / 取引先 / 宛 /
先方 / やたら / 名乗る / もはや / 常日頃 / 役職 /
見受ける / こもる / 見かける

Ⅱ．文型・文法 8

月曜日だとすると / 試験日の一週間前に至って /
だから平日の昼間でも家にいるわけだ /
努力いかんだ / 京都に出張がてら / 書面をもって /
今から勉強したところで /
おもしろみに欠けるきらいがある / 挨拶すら /
返品や交換は受付けかねる

第2課　日本人と日本語（2）：暗誦文化

Ⅰ．文字・語彙・コロケーション 18

ものすごい / 表題 / 読み上げる / 瀕する / 隆盛 /
誇る / とりたてて / 折に触れて / 口ずさむ /
ひたすら / 古臭い / 忌避する / 異を唱える / 冒頭 /
ひと通り / 諳んじる / 重んじる / 不当 / 帯びる /
趣旨 / 示唆に富む / むしろ / コツ / 結びつく /
フォーム / 的を射る / ひとまず

Ⅱ．文型・文法 24

とても食べられたものではない / 古いながら /
仕事の邪魔をされずにはすまない /
将来について考えなくもないが /
机だのランドセルだの

第3課　日本人と地震

Ⅰ．文字・語彙・コロケーション 32

襲う / かき消す / 切り離す / フォーカスする / 圏内 /
管内 / 控える / そもそも / 被ばく / 煽り立てる /
プラント / もたらす / 取るに足らない / デマ /
飛び交う / 痛ましい / 素早い / もはや / 信憑性 /
もっぱら / 疑わしい / フィジカル / ヴァーチャル /
見舞う / どさくさ / まぎれる / 出回る / 飲み込む /
流言飛語 / 裏付け / 惑わす / 既視感

Ⅱ．文型・文法 39

断念を余儀なくされた / 予想だにしない /
会ってからというもの / イタリアに至ると /
割れんばかりの拍手 / 仕事があるだけましだ /
選出にあたり / 歩くよりほかはない /
彼の想像力と彼女の表現力が相まって /
応援に行ったかいもなく / 皮肉めいた話し方 /
謝ればいいものを / いかにもおもしろそうだ

第4課　日本人とビジネス（1）：ウエブ社会の変化

Ⅰ．文字・語彙・コロケーション 50

振り返る / 欠かす / 集約する / 見通し / 善し悪し /
飛び交う / 手軽 / いっそう / もたらす / 受け入れる /
アマチュア / 唱える / 突入する / 取り上げる / 及ぶ /
そもそも / 画一的 / あらかじめ / 乗っかる / くまなく

Ⅱ．文型・文法 56

小売業のかたわら / 言わないまでも /
黒ずくめの格好 / 断りなしに

本書をお使いになる方へ

■ 日本語能力試験 N1 に合格するために

　日本語能力試験 N1 に合格するためには、言語知識を利用したコミュニケーション能力が求められます。しかし、既往の対策問題集の中には、旧日本語能力試験の出題基準となる語彙・文法項目の「量」に着目し、言語知識の量を増やせばコミュニケーション能力の向上につながるという考えで組み立てられているものが少なくありません。

　本書は、「量」のみではなく、「質」の面にも目を向け、共起表現、コロケーション、文脈など、「語」より長い単位で捉えた学習・練習ができる構成となっています。言語知識とその運用力を高め、総合的なコミュニケーション能力の育成に役立つ教材となっています。

■ 本書の特徴

1. 複数の観点により語彙・文法項目の選定を行いました。2009 年までの日本語能力試験出題基準や、『新しい「日本語能力試験」問題例集』(2009)、『日本語能力試験公式問題集』(2012)、その他の関連する資料を参考にした上で、制作委員である日本語教師が経験的に「説明が必要」と判断したものや、学習者（既に日本語能力試験に合格した方）から「説明する必要がある」と指摘があったものを中心に抽出しました。

2. 語彙・文法項目を厳選し、大切な項目は紙幅を割いて手厚く解説しました。より効果的な学習となるよう、学習項目を優先度の高いものに絞り込むため、日本語能力試験 N1 合格に必要な語彙・文法でありながら、学習者にとっては、基本的なものであり、読み方と意味の把握に支障をきたさない場合や、あえて説明が不要と判断された項目は説明を省略しています。

3. 異なる問題形式で同じ語彙・文法項目を繰り返して出題しています。そうすることによって、言語知識の定着を図り、理解を深めることを目的としています。

4. 練習問題は「日本語学習者の視点」と「第二

言語習得理論」に基づき、「語」「コロケーション」「表現」「文」「文脈」といった短い単位から長い単位へとステップアップし、無理なく練習できる出題形態・提出順となっています。

5. コロケーションや練習問題の例文は、母語話者の内省のみによって作成されたものではなく大規模なデータベースに基づいたものです。具体的には、国立国語研究所が開発した『現代日本語書き言葉均衡コーパス』(Balanced Corpus of Contemporary Written Japanese: BCCWJ) と、国立国語研究所と Lago 言語研究所が共同開発したコロケーション検索システムの「NINJAL-LWP for BCCWJ」を用いて、使用頻度が高い文脈やコロケーションをピックアップし、日本語能力試験形式に一つ一つアレンジし本書オリジナルのものを作成しました。

6. 日本語能力試験の特色に応じて、言語知識のみでなく、アウトプットに役立つ文法項目を使用する際の注意点や類似表現なども提示しています。また、練習問題も日本語能力試験の出題形式だけでなく、運用能力向上につながる作文練習なども設けられています。

7. 制作委員会は、日本語教育学・日本語学・言語学・社会言語学など様々な分野の専門家が集い構成され、各自が有する専門的な知見を活用して本書が執筆されました。

■ 本書の構成

　本書は、次のような構成となっています。

Ⅰ. 文字・語彙・コロケーション

　第一部　語彙解説・例文
　第二部　語彙の練習問題

Ⅱ. 文型・文法

　第一部　文法の意味・使い方・注意点・言い換え・例文
　第二部　文法の練習問題

■ 各問題の出題意図

Ⅰ．文字・語彙・コロケーション

┃問1┃ 漢字の読みに関する知識を深めるための設問です。学術的文章に用いられることの多い語について出題されています。本文では、読みの難しい漢字にはルビが振られています。読み方がわからない漢字についてはしっかり確認しましょう。

┃問2┃ 複合動詞の知識と運用力を高めるための設問です。本文で用いられている重要表現がどのような文脈で用いられるか、あるいは、どのような語とともに用いられるかについて理解を深めましょう。

┃問3┃ コロケーションに関する知識と運用力を高めるための設問です。コロケーションの形、および、意味用法への理解を深めましょう。

┃問4┃ 同義語、類義語の意味の異同と使い方についての知識と運用力を高めるための設問です。言葉の意味や使い方を把握する上で、別の表現に置き換えることが効果的です。意味が最も近いものを選びながら理解を深めましょう。

┃問5┃ 本文で用いられている表現のうち、学術的文章に使われることの多い重要なものを選んで出題しています。重要表現を適切に利用できるようになるための設問です。どのような文脈で用いられるか確認しながら、理解を深めましょう。

Ⅱ．文型・文法

┃問1┃ 前後の文脈から適切な文型を選び使用できるようになるための設問です。本文で用いられている重要文型について、文全体の意味や前後の流れを捉えながら、文法知識を活用して（　　）内に入れるべき表現を選びましょう。

┃問2┃ 文型を正しく用いることができるようになるための設問です。学術的な文章でよく用いられる文型がどのような語と共起し、どのような文脈で用いられるかについて理解を深めましょう。

┃問3┃ 文型が用いられる文脈を正しく理解することができるようになるための設問です。学術的な文章でよく用いられる文型がどのような語と共起し、どのような文脈で用いられるかについて理解を深めましょう。

┃問4┃ 文全体の意味や流れを理解した上で適切に情報を補いながら文型を用いることができるようになるための設問です。（　　）の中で指定された文型を用いながら、読者がより理解しやすいように情報を補足して書きましょう。

■「文法説明」の凡例

品詞の表示方法	接続の表示例	例
［名詞］	［名詞］に至る	結論に至る（第1課）
［名詞（－だ）］	［名詞（－だ）］とすると	事実だとすると（第1課）
［ナ形］	［ナ形］ながら（も）	安価ながらも（第2課）
［ナ形（－だ）］	［ナ形（－だ）］とすると	孤独だとすると（第1課）
［ナ形（－な）］	［ナ形（－な）］わけ	孤独なわけだ（第1課）
［イ形］	［イ形］とすると　＊	難しいとすると／難しくなかったとすると（第1課）
［イ形（－い）］	［イ形（－い）］なりに	浅いなりに（第6課）
［イ形（－い̶）］	いかにも［イ形（－い̶）］そうだ	いかにもおもしろそうだ（第3課）
［イ形（－く）］	［イ形（－く）］あるべきではない	恩着せがましくあるべきではない（第9課）
［イ形（－ければ）］	［イ形（－ければ）］こそ	難しければこそ（第5課）
［動詞］	［動詞］とすると　＊	頼むとすると／頼まなかったとすると（第1課）
［動詞（－る）］	［動詞（－る）］にあたり　＊＊	備えるにあたり（第3課）
［動詞（－て）］	［動詞（－て）］からというもの	起きてからというもの（第3課）
［動詞（－た）］	［動詞（－た）］ところで	批判したところで（第1課）
［動詞（－ない）］	［動詞（－ない）］ではすまない	陥らないではすまない（第2課）
［動詞（－な̶い̶）］	［動詞（－な̶い̶）］にはすまない	陥らずにはすまない（第2課）
［動詞（－ま̶す̶）］	［動詞（－ま̶す̶）］がてら	行きがてら（第1課）
［動詞（－ば）］	［動詞（－ば）］こそ	あればこそ（第5課）
［節］	［節］ものを	確認を行えばよいものを（第3課）

＊……普通体のイ形容詞／動詞　　＊＊……動詞の辞書形

／…………「または」という意味
（　）………「あってもなくてもいい」「省略できる」という意味
〈　〉………後続の違いによる別の形などを示した

■ 本書の使い方

　本書は、別売り教材『上級日本語教材　日本がわかる、日本語がわかる　ベストセラーの書評エッセイ24』（凡人社）の本文に基づいて語彙や文型が配置されていますが、日本語能力試験N1の試験対策やN1レベルの言語知識を深めるための参考書として、独立して使うことができるように構成されています。語彙や文型の選定は、2009年までの日本語能力試験出題基準やその他の関連する資料を参考にした上で行い、N1レベルの文章を読んで理解するのに必要なものを選択しました。本書では、選定された語彙と文型について意味や使い方だけではなく、注意点などの説明や例文を豊富に掲載することで、多角的に理解を深められるように解説を加えました。また、問題の解答を収録した「解説編」でも、できるだけ丁寧に説明を加え、表現の正しい使い方や類似表現を紹介することで、学習者の皆さんが、学習環境に合わせて自身の知識を深められるように工夫してあります。

以下、利用形態別に本書を使った学習の進め方を解説します。

❶ 独学でお使いいただく場合

学習環境によっては、周囲に日本語母語話者や日本語の先生がいないという場合もあるでしょう。本書は、そのような方でも、解説を読めば独学で進められるように編集されています。

まず、目次にまとめてある各課の語彙と文型を確認してください。意味と使い方がわかれば直接練習問題に取り組んでいただくと効率よく勉強できます。意味や使い方に不明な点が多い場合は、語彙と文型の解説をご確認ください。意味だけではなく、文の中での使い方や類似した表現についても説明を読んで理解を深めましょう。

十分理解できたと思ったら、問題を解いてみてください。答えを確認する際には、「解説編」の答えだけではなく、解説の説明もじっくり読むようにしてください。文型の注意点や類義語について、多角的な視点からさらに知識を深められるはずです。

本書は独立した一冊の教材として利用することができますが、別売り教材『上級日本語教材　日本がわかる、日本語がわかる　ベストセラーの書評エッセイ 24』（凡人社）と併せてご利用いただくと学習効果が倍増します。語彙と文型は、『日本がわかる、日本語がわかる』の本文（第 1 課から第 12 課）と対応していますので、具体的にどのように文章の中で使うかをもう少し勉強したい方は本冊を読み、ご自身の理解度を文章の中や各課に設けられた練習の中で確認していただくと、記憶を定着させ運用力をさらに高めることができます。

❷ 教室でお使いいただく場合

各課で取り上げた語彙と文型は、別売り教材『上級日本語教材　日本がわかる、日本語がわかる　ベストセラーの書評エッセイ 24』（凡人社）の各課の導入語彙・文型と対応しています。例文や説明は、本冊にも掲載されていますが、本書では例文を追加し、詳細な説明を加え、複数の角度による練習を設けることで、本書の説明だけを読めば、十分に意味や用法を理解でき運用力を高めることができるように構成されています。

語彙については、読み方、複合語の意味、類義語、用法など、複数の観点から出題を行いました。文型についても、接続の形や意味だけではなく、他の文型との使い分けや用法について詳しく取り上げることで、語彙文型の学習用教材として独立して使えるようになっています。

授業の中で使用する場合は、授業で意味の解説や例文づくりなどの活動を実施したうえで、問題演習と答えの確認を宿題にするなど、授業活動と効果的に組み合わせてお使いいただくことができます。公式ウェブサイト（本頁末尾記載）にさまざまな活用事例が掲載されていますので、ご参照いただければ幸いです。

❸ 別売り教材と連携してお使いいただく場合

本書は独立した一冊の教材として利用することができますが、別売り教材『上級日本語教材　日本がわかる、日本語がわかる　ベストセラーの書評エッセイ 24』（凡人社）と併せてご利用いただくと学習効果が倍増します。別売り教材『上級日本語教材　日本がわかる、日本語がわかる　ベストセラーの書評エッセイ 24』（凡人社）は、公式ウェブサイト（本頁末尾記載）上でワークシートが公開されており、アクティブラーニング型の学習活動が行えるように編集された本冊教材です。本冊と本書を組み合わせ、連携させてお使いいただくことも可能です。

例えば、読解科目でお使いになる場合には、本冊を読解教材として授業の中でお使いいただき、文型表現を確認するための補助教材として、本書をお使いいただくことができます。また、語彙文型を重点的に指導する科目でお使いになる場合は、本書を授業用教材にしていただき、発展活動などで本冊をお使いいただくことで、学習した語彙や文型の知識を文章の中で定着させるための活動を行うことも可能です。さらに、公式ウェブサイト掲載のアクティブラーニングシートを併用することで、発表活動などを行うこともできます。

それぞれの学習環境、それぞれの教育現場に合わせた授業活動デザインに本書をお役立ていただければ幸いです。

上級日本語教材
日本がわかる、
日本語がわかる
ベストセラーの書評エッセイ24
http://www.bonjinsha.com/wp/bookreview

第1課

日本人と日本語（1）
問題な日本語

01　ありがち

アクセント— 0
品　　詞— ナ形容詞

〈意味〉よくあること。似た状態ができやすいこと。

・上司への報告を忘れるミスは新人にありがちな失敗だ。
・関西人はみなおもしろいというのは関東人にありがちな誤解だ。

02　ネタ [ねた]

アクセント— 0
品　　詞— 名詞

〈意味〉記事や文章の素材となるもの。

・自分の失敗を笑い話のネタにした。
・ネタがどうしても思いつかない。

03　差し出す [さしだす]

アクセント— 3 (0)
品　　詞— 動詞

〈意味〉（物を）相手の前に出すこと。

・私は握手をしようと手を差し出した。
・名刺は両手で差し出すのが適切だ。

04　よくよく

アクセント— 0
品　　詞— 副詞

〈意味〉「よく」を強調した言葉。特に念入りに何かをすること。

・よくよく思い出すと、今朝の彼の様子はいつもと違っていたのである。
・よくよく考えてみれば、そこまで怒ることもなかったかもしれない。

05　わざわざ

アクセント— 1
品　　詞— 副詞

〈意味〉必要性もないのに意識して行うこと。

・わかりきったことをわざわざ説明しなくてもいい。
・私がお酒が飲めないことを知っているのに、なんでわざわざお土産にワインを買ってくるんだろう。

06　要する [ようする]

アクセント— 3
品　　詞— 動詞

〈意味〉うまく機能するためになければならないもの、必要とすること。

・宇宙開発の実験には多くの時間を要する。
・これだけ大規模なプロジェクトとなると準備にも相当な時間を要するだろう。

07　ひとごと (他人事)

アクセント— 0
品　　詞— 名詞

自らには関係のないこと、または、他人に関係のあること。

・彼は他人事には関わろうとしない主義の人だ。

08　当て字 [あてじ]

アクセント— 0
品　　詞— 名詞

〈意味〉① 漢字の意味に関係なく、読み方を使って漢字を当てはめたもの。

　　　　② 漢字の読みに関係なく、意味を使って漢字を当てはめたもの。

〈当て字の用例〉

① 外来語に漢字の音を当てたもの
　亜米利加、仏蘭西、浪漫、如雨露、出鱈目、千切り

　※「如雨露」など漢字の意味をうまく使っている例も一部あるが、基本は音だけを当てた単語である。「千切り」は「繊切り」の当て字で、細く切るの意。もともと漢字で読める言葉によりわかりやすい文字を当てた例。

② 性質や特徴に合わせて漢字の意味が当てられたもの
　蝸牛、海老、燐寸、煙草、美食家、五月蝿い

　※「五月蝿い」は五月の蝿（はえ）の様子と「うるさい」の単語の持つ意味が合わさったもの。旧暦（きゅうれき）では、日本は五月頃が雨季にあたる梅雨の時期だった。昔はこの時期に蝿がとても増えた。

09　対応する [たいおうする]

アクセント— 0
品　　詞— 動詞

〈意味〉何か（もしくは誰か）に応じてふさわしい行動で対すること。

・あの店は客の要望にとても丁寧に対応するため、値段が高くても人気があるようだ。
・私は、電話でクレームに対応する仕事をしている。

---

10 根ざす (根差す) [ねざす] アクセント — 2 品　詞 — 動詞	〈意味〉植物が土の中に根をはること。これに由来して、「〜に定着する」または「〜に基づいて」という意味で使用する。 ・世界各地の祭りはその地域文化に根ざして行われているものが多い。 ・作家A氏の作品は、豊富な人生経験に根ざした独特の世界観が人気を集めている。
11 定着する [ていちゃくする] アクセント — 0 品　詞 — 動詞	〈意味〉慣例化することで一般のものとして浸透し、なじむこと。 ・若者言葉のいくつかはいずれ定着して日本語の一部として認められるだろう。 ・新しいシステムが定着するまでには、まだだいぶ時間がかかるだろう。
12 むやみやたら (無闇矢鱈) アクセント — ― 品　詞 — ナ形容詞	〈意味〉「むやみ」を強調した言葉。程度を超えて後先のことをまったく考えずに行動する様。 ※ なお漢字は当て字（①の意味）である。 ・むやみやたらに本を読んだからといって知恵がつくというものではない。 ・これからダイエットを始めると言ってからも、むやみやたらに食べているけど、いったいいつから始めるつもりなの？
13 開き直る [ひらきなおる] アクセント — 5 (0) 品　詞 — 動詞	〈意味〉態度を変えること。不利な状況に対して、無遠慮にまたは恐れないで応じること。 ・彼は自分の非を認めるどころか開き直って他人のせいにし始めた。 ・試験前夜となったが、もう開き直って、寝ることにした。
14 受け入れる [うけいれる] アクセント — 0 (4) 品　詞 — 動詞	〈意味〉何かを認めてそれを受け止めること。受諾。 ・彼の申し出を受け入れるべきかどうか悩んでいる。 ・今年交換留学で受け入れた留学生は100名をこえている。
15 吟味する [ぎんみする] アクセント — 1 (3) 品　詞 — 動詞	〈意味〉ものの良し悪しを丹念に見ること。また、その上で選ぶこと。 ・料理人が食材を吟味する。 ・この着物は、祖母が私のために吟味して贈ってくれたものだ。
16 奴 [やつ] アクセント — 1 品　詞 — 名詞	〈意味〉同輩、もしくは目下の人を指す言葉を乱暴にしたもの。通例、見下す意味で使われるが、暗に親しみを込めて言う場合もある。 ・奴の言うことなど信じられるわけがない。 ・授業に遅刻しておそるおそる教室に入ると、先生はまだ来ておらず、友達に運のいい奴と笑われてしまった。
17 文脈 [ぶんみゃく] アクセント — 0 品　詞 — 名詞	〈意味〉文章と文章の間、もしくは語句と語句の間にある、意味の論理的なつながり。 ・文脈を読み間違えると言葉の意味を誤解してしまう。 ・彼の話の文脈からはとても彼が嘘をついているとは思えなかった。
18 待ち合わせ [まちあわせ] アクセント — 0 品　詞 — 名詞	〈意味〉待ち合わせること。場所や時間を前もって決めてから会うこと。 ・友人との待ち合わせで時間を正午に指定した。 ・事故で電車が遅れて、私はデートの待ち合わせの時間に間に合わなかった。
19 取引先 [とりひきさき] アクセント — 0 品　詞 — 名詞	〈意味〉売買行為など、仕事上の営利関係がある相手。 ・営業担当者は新しい取引先を開拓するのが仕事です。 ・一口に取引先といっても、取引の内容が違うので、リストは重要なところから順番になっている。

20 宛 [あて] アクセント― 0 品　詞―接尾語	〈意味〉何かを送る際に、誰にもしくはどの団体に送ったのかを示す語。 ・申込書を私宛か、もしくは事務所宛にして送ってください。 ・故障した機器は、弊社宛に着払いで送ってください。
21 先方 [せんぽう] アクセント― 0 品　詞―名詞	〈意味〉相手側を指す意味のあらたまった言葉。 ・先方の意見を聞いて商品を開発する。 ・先方の都合の確認もせずに、こちらの都合だけで打ち合わせの日程は決められない。
22 やたら アクセント― 0 品　詞―ナ形容詞（副詞）	〈意味〉意味もなく頻繁にすること。むやみ。 ・彼はやたらにお金の話をするので、周囲から嫌われている。 ・はっきりとした状況がわからないうちは、やたらなことは言えない。
23 名乗る [なのる] アクセント― 2 品　詞―動詞	〈意味〉自身の名前・肩書きなどを言うこと。 ・彼は、仕事中は本名とは別の名前を名乗っている。 ・私は会社の受付で自分の名前を名乗り、父を呼んでもらった。
24 もはや（最早） アクセント― 1 品　詞―副詞	〈意味〉どうにかできるタイミングは過ぎている状態。すでに。今となっては。 ・もはや彼が犯人であることは疑いようもない事実になっていた。 ・もはや国内の病院でできることはないと医者に告げられたとき、私は海外で治療を受けることを決心した。
26 常日頃 [つねひごろ] アクセント― 1 品　詞―副詞（名詞）	〈意味〉ほぼ毎日のように続いていること。いつも。恒常的に。 ・お金持ちは、常日頃どんなものを食べているのだろうか。 ・父は常日頃から健康に気を使っていて、前の晩どんなに遅くなっても朝は必ず5時に起きて散歩にでかける。
27 役職 [やくしょく] アクセント― 0 品　詞―名詞	〈意味〉ある組織や団体の中で任命された仕事上の地位のこと。 　　　※ 会社の中で役職のないものを俗に「平社員」と呼ぶ。 ・彼の役職は営業部長です。 ・サラリーマンになったからには、一日も早く肩書きのある役職につきたいものだと思っている。
28 見受ける [みうける] アクセント― 0 (3) 品　詞―動詞	〈意味〉① 意図しないで見る。目に入る。見かける。 　　　　② 見たものに対して印象を持ったり判断をしたりすること。 ① 先日開催されたパーティでは多くの著名人の姿が見受けられた。 ② 私には彼を悪人だとは見受けられなかった。
29 こもる（籠もる） アクセント― 2 品　詞―動詞	〈意味〉気持ちや感情が満ちていること。 ・子どものために母が作る愛情のこもった手料理。 ・毎年母の日は、子どもたちからそれぞれ心のこもったプレゼントが届くうれしい日です。
30 見かける（見掛ける） [みかける] アクセント― 0 (3) 品　詞―動詞	〈意味〉意図しないで自然に見ること。見受ける。目にとまる。 　　　※「見受ける」の②の意味が「見かける」にはない。また、「見かける」のほうが日常会話ではより一般的に使われる。 ・街中で友人の姿を見かけた。

┃問1┃ 下線部の読み方として最も適切なものを、Ａ～Ｄの中から一つ選びなさい。

❶ メディアが事実を歪めて報道することはあってはならない。

　　　　A　ゆだめ　　　　　　B　ゆがめ　　　　　　C　いかめ　　　　　D　いだめ

❷ 作品の良し悪しはストーリーの組み立て方で決まる。

　　　　A　よしわるし　　　　B　よしあっし　　　　C　よしあし　　　　D　よしあくし

❸ 常日頃、大変お世話になっております。

　　　　A　じょうひごろ　　　B　じょうびろ　　　　C　つねひごろ　　　D　つねびろ

❹ 作品の含意を読み取るには作者の経歴も知る必要がある。

　　　　A　がんい　　　　　　B　はんい　　　　　　C　かんい　　　　　D　ふくむい

❺ 今年は営業成績が振るわなかったが、年末に大型契約を得て名誉を挽回した。

　　　　A　めんかい　　　　　B　わんかい　　　　　C　ばんかい　　　　D　ていかい

┃問2┃ 下線部に入る語として最も適切なものを、Ａ～Ｄの中から一つ選びなさい。

❶ 敵意がないことを示すために、こちらから手を＿＿＿＿＿＿握手した。

　　　　A　引き戻して　　　　B　引き出して　　　　C　差し出して　　　D　差し戻して

❷ 彼は自分の非を認めるどころか、＿＿＿＿＿＿他人のせいにし始めた。

　　　　A　開き直って　　　　B　聞き直って　　　　C　やり直して　　　D　作り直して

❸ 初めてメールを送るときは、まず＿＿＿＿＿＿ことから始めるといい。

　　　　A　名付ける　　　　　B　名にそむく　　　　C　名をあげる　　　D　名乗る

❹ 彼の申し出を＿＿＿＿＿＿べきかどうか悩んでいる。

　　　　A　受け取る　　　　　B　受け入れる　　　　C　受け継ぐ　　　　D　受け渡す

❺ 前期の試験で失敗した分は、後期で＿＿＿＿＿＿たい。

　　　　A　巻き起こし　　　　B　巻き込み　　　　　C　巻き返し　　　　D　巻き取り

問3 ┃から最も適切なことばを選び、下線部に正しい形で書きなさい。

❶ 何も考えずに、＿＿＿＿＿敬語を使うと、かえって失礼になる場合がある。

❷ わかりきったことを＿＿＿＿＿説明しなくてもいい。

❸ 旅行＿＿＿＿＿が好きなので、行き先はどこでもかまわない。

❹ 元気がない様子なので、＿＿＿＿＿聞いてみると試験に落ちたそうだ。

❺ このレポートは十分な根拠にもとづいて書かれておらず問題が＿＿＿＿＿ある。

> そのもの　　よくよく　　むやみやたら　　いくつも　　わざわざ

❻ ネット販売の売り上げが＿＿＿＿＿いる一方で、店舗のほうは下がった。

❼ パンダが産まれて以来、動物園を訪れる人が後を＿＿＿＿＿。

❽ 若者言葉は、いつの時代も大人たちから批判を＿＿＿＿＿ものだ。

❾ 幼少期から外国語を学ぶべきかどうかは、議論が＿＿＿＿＿テーマだ。

❿ 気持ちの＿＿＿＿＿手紙を受け取り感動した。

> こもる　　絶たない　　尽きない　　伸びる　　浴びる

問4 下線部に最も意味が近いものを、A～Dの中から一つ選びなさい。

❶ インターネットの情報は、その内容を十分に吟味する必要がある。
　　　A 決定する　　　B 味わう　　　C 確かめる　　　D 読む

❷ 町には大型スーパーだけでなく地域に根ざした商店も大切です。
　　　A 占めた　　　B 影響した　　　C 定着した　　　D 根が生えた

❸ 上司への報告を忘れるミスは、新人にありがちな失敗だ。
　　　A よくある　　　B あまりない　　　C 珍しい　　　D すぐする

❹ 今夏は、ワンピースの流行が見受けられます。
　　　A 見惑う　　　B 見聞きする　　　C 見知る　　　D 見て取れる

❺ すでに指摘されていることなので、ことさらに書き立てるほどのことでもない。
　　　A わざわざ　　　B さらに　　　C つねに　　　D そのうえ

┃問5┃　見出しの表現を使用した文として最も適切なものを、A〜Dの中から一つ選びなさい。

❶ 対応

　　　A　このアプリはスマートフォンだけでなくタブレットにも対応している。

　　　B　資格試験を受けるときは、傾向と対応を理解して勉強することが重要だ。

　　　C　ストレス対応のために毎日泳いでいる。

　　　D　場面に対応して言葉を使い分けることが大切だ。

❷ 見かける

　　　A　教室の一番後ろに座っても、黒板が見かける。

　　　B　警察は、交通事故を見かけた人に情報提供を呼びかけている。

　　　C　梅雨明けしてから半袖を着ている人を多く見かける。

　　　D　屋上からは富士山がきれいに見かける。

❸ もはや

　　　A　時が経つのは早いもので、結婚してもはや20年になった。

　　　B　探していた製品は既に生産終了で、もはや入手不可能だった

　　　C　有名な店なので、朝もはや並んで待たないと買えない。

　　　D　宿題はもはや終わったから、遊びに出かけた。

❹ 先方

　　　A　修学旅行の教員旅費免除規程により、ご参加の先方には新幹線代をお支払いいただく必要はございません。

　　　B　剣道の団体戦では、まず先方が勝利するとチームに勢いが増す。

　　　C　先方にて日時を確認させていただきまして、改めてご連絡いたします。

　　　D　確認のために、先方にメールやFaxを送っておいた。

❺ 取り戻す

　　　A　台風で乱れた電車のダイヤは、半日後にようやく取り戻した。

　　　B　後半戦にやっと1点を取り戻したが、小さなミスでまた点を落とした。

　　　C　コロナが落ち着いたら、観光客を取り戻す方策を考えないといけない。

　　　D　よい人材が応募してくれたが、見合う条件を出せず取り戻してしまった。

01　〜とすると／〜とすれば／〜としたら

どう使う？

名詞（−だ）/ ナ形（−だ） イ形 / 動詞	＋	とすると とすれば としたら

意味　「〜と仮定した場合」という意味で、「もしそれが成立するならば」「〜ということを前提にする」など、条件の設定を表す。

使い方　前件は「〜と仮定した場合」という意味を表し、後件には判断や推量、疑問を表す表現などが来る。「そうだとしたら」という形も使われる。文頭に「仮に」や「もし」、「もしも」を伴う場合もある。

注意点　「とすると」や「とすれば」は条件を表し、その結果どうするのか、あるいはどうなるのかを表す。「としたら」はこれに加えて、「〜したい」などの意志や評価を示す表現を続ける場合があるが、やや話し言葉的。他の二つの表現より使える範囲が広い。

言い換え　「〜なら」

例文
・生まれ変わるとしたら、男と女どっちを選ぶ？
・今日が月曜日だとすると、今月の終わりは何曜日になるの？
・もしこの報道が事実だとすれば大変なことだ。

02　〜に至る〈〜に至った / 〜に至って〉/ 〜に至っては / 〜に至るまで

どう使う？

名詞 動詞	＋	に至る〈に至った / に至って〉 に至っては に至るまで

意味
①「〜という状況・段階になる」という意味を表す。
②「〜という状況・段階になって（ようやく／やっと）」という意味を表す。
③「[名詞] に至っては」の後件では、否定的な事柄が述べられる。「ある状態や範囲の中で、最も極端なＡは」という意味。
④「〜に至るまで」は「〜から〜に至るまで」の形で用いられることが多い。

使い方　「[名詞] に至っては」は、好ましくない状況に使われることが多いが、物事の程度の激しさを表す場合には例外もある。

注意点　「に至るまで」は「〜まで広く／〜までに及んで」などの意味を持ち、対象範囲が広く及ぶというニュアンスがある。

例文
① 長年準備してきたこの本を、ようやく出版するに至った。
② 試験日の一週間前に至って、彼はやっと準備を始めた。
③ 億単位の赤字が出ているのに、社長に至っては「問題ない」とまったく気にしていない。
④ 日本の漫画は、アジアから欧米に至るまで、世界中の人々に読まれている。

03 〜わけだ

どう使う？	名詞 (–な / である) / ナ形 (–な) イ形 / 動詞	+	わけだ

意味
① 結果を表し、前の文章の内容を受けて、結論を論理的に導く。
② 理由や原因を表す。
③ 相手の会話を聞いて納得する気持ち。
④ 別の視点から見ると、「〜という意味・意義がある」ということを言い換える。
⑤ 自分がただ主観的にそう言っているのではなく、事実として根拠があるということを主張する。

使い方
前の文章などが示す内容を受けて、結論を論理的に導くときや、説明や解説をするときに用いる。
①の用法は「だから」「から」「ので」などを伴う場合が多い。また、③の用法は「どうりで、なるほど」とともに、④の用法は「つまり」「要するに」などの語句とともに使われる。

注意点
書き言葉でも話し言葉でも、最も多く使われるのは、⑤事実の主張の用法である。その次に①結果の用法が多く使われる。②原因理由を表す用法は、母語話者にはあまり使われない。また⑤の用法は、特に話し言葉で使用され、根拠なく説得を試みる場合に多用される。さらに⑤の用法は、相手に自分の意見を押しつけたり、相手が知らないにもかかわらず当たり前のことのように述べたりする場合にも用いられる。

例文
① 上海とは時差が1時間あるから、日本が8時なら上海は7時なわけだ。
② 彼女は猫と犬をたくさん飼っている。一人暮らしで寂しいわけだ。
③「隣の鈴木さん、退職したらしいよ。」「そうか。だから平日の昼間でも家にいるわけだ。」
④ 彼には両親も兄弟もいない。つまり孤独なわけだ。
⑤ 私は日本に住んでいたわけだから、学校で勉強しているような人よりも、日本語に詳しいわけだ。
　　（※日本に住んでいたことを周りの人が知っているかどうかにかかわらず、「あなたも知っているでしょうが」と後件の発言は根拠があるのだと言おうとするとき。）

04 〜いかんだ／〜いかんで（は）

どう使う？	名詞	+	いかんだ / 〜いかんで（は）

意味
①「〜かどうか（内容・中身）」が｛問題だ・理由となっている｝という意味を表す。
②「〜いかんだ」は、実現できるかどうかは前件の内容・状態によるという意味を表す。
③「〜いかんで（は）」は、「その内容・状態によって〜」という意味を表す。

使い方
前件で示したものが決定的な要因となって、判断や評価、意志や見方・感じ方、物事の展開などが決まるということを表す際に使う。

注意点
「〜次第」と同じ意味用法だが、「〜いかん」のほうがやや改まった言い方。

類義表現
「〜次第で」「〜によって」

例文
① 大学に進学できるかどうかは、結局あなたの努力いかんだ。
② その日の天候いかんで、運動会の開催が決まる。
② 条件いかんでは、その仕事を引き受けてもいい。

05 ～がてら

どう使う？	動詞（–ます） /（動作を示す）名詞 ＋ がてら

意味 「何かをする機会に、他のこともあわせてする」という意味を表す。

使い方 「Bという動作がAという動作に含まれる」「結果としてAをすればBもしたことになる」という意味で使われることが多い。前件と後件の主語は同じ。

注意点 「～がてら」は普段の会話でも使われるが、「～かたがた」は「お礼」「お見舞い」「ご報告」「ご挨拶」などの名詞に接続し、手紙文や改まった会話で用いられる場合が多い。

類義表現 「～かたがた」「～ついでに」

例文 ・京都に出張がてら、大阪の実家に帰った。
  （＝「京都に出張するついでに、実家にも帰った」という意味）
・彼は旅行記事ライターなので、仕事がてらいろいろな国に行った。
  （＝「仕事を主にしながらいろいろな国に行った」という意味）

06 ～をもって

どう使う？	名詞 ＋ をもって

意味 ①「それを伴って」という意味を表す。
②「～で（手段・方法・期限）」という意味を表す。

使い方 ①は「自信」「確信」「愛情」など抽象的な意味の名詞と用いて、「それを伴って」という意味を表す。
②は手段や方法を表す場合が多く、「～で」とほぼ同じ意味。

注意点 「～をもって」は改まった場面で使われる。「身をもって」は慣用表現。

類義表現 「～によって」「～で」

例文 ① この学校は、自信をもっておすすめできる学校です。
① これをもって、閉会の言葉とさせていただきます。
② 後日、書面をもってお知らせいたします。

07 ～たところで（～ない）

どう使う？	動詞（–た） ＋ ところで（～ない）

意味 「いくら～ても」という意味で、「仮に～をしても、期待する結果は得られない」という意味を表す。

使い方 ①「～しても意味がない」という逆接的な状況を示し、否定的に「無駄だ・無意味だ」と述べる場合に使う。
②「～しても大した程度にはならない」という期待できない程度の低さを表す場合に使う。

注意点 「{動詞(-る・-た・-ている)} ところ (に／へ／を)」という文法もあるが、その場合は「ちょうど〜ときに／場面」という意味を表す。

例 ・これから出かけようとしているところに、電話がかかってきた。
・留学するかどうか迷っていたところ、先輩の話を聞いて決心を固めた。

類義表現 「〜ても」

例文 ①(試験の前日) 今から勉強したところで、もう間に合わないよ。
① 一生懸命働いたところで、もらえる給料はわずかなものだ。
② 多少失敗したところで大きな問題にはならないから、慌てずに仕事を進めてください。

08 〜きらいがある

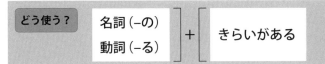

| どう使う？ | 名詞 (−の)
動詞 (−る) | ＋ | きらいがある |

意味 ①「〜という性質・傾向がある」
②「そうなりやすい」という意味を表す。

使い方 対象の中によくない性質や傾向が内在することを指摘する場合に使われる。「やや」「少し」「若干」「どうも」などの副詞といっしょに使われることがある。また、「〜すぎるきらいがある」という形で使う場合もある。

注意点 少し書き言葉的。自分に対して使わない。「〜がち」は自分自身のことにも使える。

類義表現 「〜がち」「〜ぎみ」

例文 ① 田中さんはまじめだが、おもしろみに欠けるきらいがある。
② その先生は質問したら親切にいろいろ教えてくれるが、説明が長すぎるきらいがある。

09 〜すら

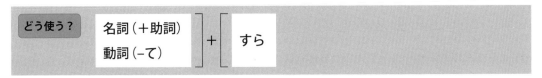

| どう使う？ | 名詞 (＋助詞)
動詞 (−て) | ＋ | すら |

意味 限定を表す表現で、「〜も」という意味。
①「もちろんそれ以上の他のもの・こともそうだ」というニュアンスを強調する。
②「それぐらいも〜ない」ということを強調する。

使い方 「〜すら」の「〜」では、程度の低いものとして極端な例を示す。②の意味を表す場合、後件では、否定的内容が述べられる場合が多い。

注意点 ②の場合はあまりよくないことに用いる。「〜すら〜ない」という形で最低限のこともできないなど、対象に対する驚きやあきれた気持ちを強く表す場合が多い。

類義表現 「〜さえ」

例文 ① 地球は丸いということは、子どもですらわかる。

② 最近の若者は、挨拶すらちゃんとできない人が多い。

② A：彼女と仲直りした？　　B：いや、謝りたいけど会ってすらくれない。

10　〜かねる

どう使う？　　動詞（–ます）　＋　かねる

意味　　「（話し手の立場や状況から）〜することができない／難しい」という意味を表す。

使い方　　話し手の許容範囲を越えたものであることを示す場合に使う。「耐えられない」「応じられない」などの心理的な抵抗感を表す。

注意点　　能力的・物理的にできない場合には使えないので注意。

　　例 パソコンが壊れたので、オンライン授業が受けられない。（× 受けかねる）

類義表現　　「〜がたい」「〜わけにはいかない」

例文　　・恐れ入りますが、レシートがない商品の返品や交換は受付けかねます。

　　・まだ正式には決定しておりませんので、お答えしかねます。

┃問1┃ （　　　）に入るものとして最も適切なものをＡ～Ｄから一つ選びなさい。

❶ 多少失敗した（　　　）、大きな問題にはならない。

    Ａ ところで   Ｂ わけだから   Ｃ ばかりで   Ｄ からこそ

❷ 彼のいい加減な説明では、納得し（　　　）。

    Ａ やすい   Ｂ かねる   Ｃ かねない   Ｄ なければならない

❸ 長年書きためてきた原稿を、ようやく出版する（　　　）。

    Ａ にかけた   Ｂ にもとづいた   Ｃ にわたった   Ｄ に至った

❹ 勝手ながら、本日（　　　）閉店させていただくことになりました。

    Ａ を限って   Ｂ を通じて   Ｃ をめぐって   Ｄ をもって

❺ 近くにお越しの際は、遊び（　　　）、うちにお立ち寄りください。

    Ａ とともに   Ｂ がてら   Ｃ と同時に   Ｄ ついでに

❻ 台風の状況（　　　）は、旅行をキャンセルせねばならない。

    Ａ をとわず   Ｂ いかんで   Ｃ まで   Ｄ かどうかで

❼ 最近の若者は、本を読まない（　　　）。

    Ａ きらいがある   Ｂ べきだ   Ｃ までもない   Ｄ わけがない

❽ 東日本大震災以来、原発の是非（　　　）、さまざまな意見が飛び交っている。

    Ａ を通じて   Ｂ をめぐって   Ｃ をもとにして   Ｄ を限りに

❾ 学生（　　　）大学なので、彼らのニーズへの対応が最重要である。

    Ａ に基づく   Ｂ とともに   Ｃ あっての   Ｄ をめぐって

❿ 足が痛くて登山（　　　）、歩くことさえできない。

    Ａ をはじめ   Ｂ がてら   Ｃ かたがた   Ｄ どころか

┃問2┃ 下線部に入るものとして正しいものをＡ～Ｄの中から選びなさい。

❶ 「彼女のお父さん、大企業の社長らしいよ。」「＿＿＿＿＿＿＿＿＿＿」

    Ａ だから、お金には困ってないわけだ。

    Ｂ だから、お金には困ってないことだ。

    Ｃ だから、お金には困ってないものだ。

    Ｄ だから、お金には困ってないべきだ。

❷ この店のカレーはとても辛い。ちょっと食べたら、＿＿＿＿＿＿＿＿＿＿＿＿＿＿。

    A　水を飲まずにはいられない

    B　水を飲まないわけがない

    C　水を飲まざるをえない

    D　水を飲まないでならない

❸ 日本人だからといって、＿＿＿＿＿＿＿＿＿＿＿＿＿。

    A　正しく敬語を使えるとは限らない

    B　正しく敬語を使える

    C　正しく敬語を使えなければならない

    D　正しく敬語を使わざるをえない

❹ コンサートは東京をはじめ＿＿＿＿＿＿＿＿＿＿＿＿。

    A　京都で開催された

    B　関西で開催された

    C　全国で開催された

    D　埼玉で開催された

❺ 彼の顔がおかしくて、＿＿＿＿＿＿＿＿＿＿＿＿。

    A　笑ってはいけなかった

    B　笑うわけがない

    C　笑いかねない

    D　笑わないわけにはいかない

┃問3┃ A～Dを並べ替えて文を作り、＿★＿ に入るものを一つ答えなさい。

❶ 明日も大変な仕事が＿＿＿＿ ＿＿＿＿ ＿★＿ ＿＿＿＿。

    A　飲みすぎる　　　　　　　　　B　わけだから

    C　わけにはいかない　　　　　　D　待っている

❷ 面接の結果は＿＿＿＿ ＿＿＿＿ ＿★＿ ＿＿＿＿お知らせします。

    A　メール　　　　　B　に関わらず　　　C　合否　　　　D　をもって

❸ このアニメは子ども＿＿＿＿ ＿＿＿＿ ＿★＿ ＿＿＿＿層で人気がある。

    A　幅広い　　　　　B　大人　　　　　　C　に至るまで　　D　から

❹ テスト前日＿＿＿＿ ＿＿＿＿ ＿★＿ ＿＿＿＿結果は変わらない。

    A　から　　　　　　B　勉強した　　　　C　になって　　　D　ところで

❺ インフルエンザの＿＿＿＿ ＿＿＿＿ ★ ＿＿＿＿体調管理には十分注意してください。

A 普段　　　　　　　 B に関わらず　　　 C から　　　　　　 D 流行

問4 （　　　 ）内の文型を用いて文を完成させなさい。

❶ うちの家族は生活リズムがそれぞれ違うから、＿＿＿＿＿＿＿＿＿＿＿＿＿＿＿＿＿＿＿＿。

（めったにない）

❷ JLPT の N1 に合格できるかどうかは、＿＿＿＿＿＿＿＿＿＿＿＿＿＿＿＿＿＿＿＿＿＿。

（いかんだ）

❸ ＿＿＿＿＿＿＿＿＿＿＿＿＿＿＿＿＿＿＿＿＿＿＿＿＿＿＿＿＿＿＿＿＿買い物をしてきた。

（がてら）

❹ 彼は日本に 10 年も住んでいたのに、＿＿＿＿＿＿＿＿＿＿＿＿＿＿＿＿＿＿＿＿＿＿。

（どころか）

❺ スマホの普及により、＿＿＿＿＿＿＿＿＿＿＿＿＿＿＿＿＿＿＿＿＿＿＿＿＿＿＿＿＿。

（きらいがある）

第2課

日本人と日本語 (2)
暗誦文化

01　ものすごい

アクセント─ 4
品　　詞─ イ形容詞

〈意味〉程度が激しい様。「すごい」を強調した言葉。

・彼はものすごい勢いで目の前の仕事を片付けていった。
・数学のテストはものすごく難しくて、全然できなかった。

02　表題 [ひょうだい]

アクセント─ 0
品　　詞─ 名詞

〈意味〉表紙に書かれている本の名前。題名。

・出版する本の表題がまだ決まっていない。
・バンドの新しいアルバムには、表題曲の PV がついている。

03　読み上げる [よみあげる]

アクセント─ 4 (0)
品　　詞─ 動詞

〈意味〉声を出して読むこと。

・先生がホームルームの時間に、昨年転校した同級生からの手紙を読み上げた。
・スピーチのときに原稿を読み上げるのはよくない。

04　瀕する [ひんする]

アクセント─ 3
品　　詞─ 動詞

〈意味〉よくない事態がこれから起ころうとしていること。

　　※「危機」「死」「絶滅」「飢餓」などと使われることが多い。

・この会社は倒産の危機に瀕している。
・戦争を経験した祖父は、何度も死に瀕した経験があるそうだ。

05　隆盛 [りゅうせい]

アクセント─ 0
品　　詞─ 名詞

〈意味〉勢いがあり栄えていること。

　　※「極める」「誇る」と使われることが多い。

・19 世紀にはイギリスが隆盛を極めていた。
・パンクロックは、1970 年代に全世界で隆盛を誇った。

06　誇る [ほこる]

アクセント─ 2
品　　詞─ 動詞

〈意味〉自慢にする。あることに自信を持つ。誇示すべき価値ある状態にある。

・彼は日本で有数の腕を誇る名医です。
・監督の新作映画は、特にアジアで高い人気を誇っている。

07　とりたてて (取り立てて)

アクセント─ 0
品　　詞─ 副詞

〈意味〉特に強調して、特別強くという意味。

　　※通例 (つうれい)、「とりたてて〜ない」の形で否定の意味で使われる。

・私はとりたてて長生きしたいとは考えていない。
・今まで生きる意味なんてとりたてて考えてみたことはなかった。

08　折に触れて [おりにふれて]

アクセント─ ─
品　　詞─ 慣用表現

〈意味〉機会があるといつも。

・父は折に触れて勉強の大切さについて説教する。
・私の先生は折に触れて大学時代の留学体験を話してくれる。

09　口ずさむ [くちずさむ]

アクセント─ 4
品　　詞─ 動詞

〈意味〉歌や詩を、思い浮かんだまま、小さな声で言ったり歌ったりすること。

・父は若い頃に流行った曲を時々口ずさんでいる。
・子どものときに覚えた詩を口ずさむと、懐かしい気持ちになる。

10　ひたすら

アクセント─ 0
品　　詞─ 副詞

〈意味〉〜に集中して。他のことには目を向けないでする様子。

・彼は酔うとひたすらしゃべり続ける。
・毎日アルバイトが入っていたので、夏休みはひたすら働いた。

第1課
第2課
第3課
第4課
第5課
第6課
第7課
第8課
第9課
第10課
第11課
第12課

11 古臭い [ふるくさい]

アクセント― 4
品　詞―イ形容詞

〈意味〉昔から進展していないもの。見るからに古い感じがする様子。

※「考え方」「価値観」「体制」などに対して、ネガティブな意味で使われることが多い。

・「汗水たらして長い時間働くことこそが尊（とうと）い」という古臭い考え方では、スピードとアイディア、高品質が求められる国際競争社会では生き残っていけないだろう。
・父と話していると古臭い価値観にときどき嫌な気持ちになる。

12 忌避する [きひする]

アクセント― 1
品　詞―動詞

〈意味〉本人にとって好ましくないと思っている出来事や物、人を避けること。

・誤解を招くような過激な言葉は、公的な場では忌避される。
・宗教上の理由で豚肉を食べるのを忌避する人も多い。

13 異を唱える [いをとなえる]

アクセント― ―
品　詞―慣用表現

〈意味〉反対すること。もしくは別の意見を述べること。

・私は友人の意見に異を唱えた。
・彼の新しい学説に異を唱えている研究者は多い。

14 冒頭 [ぼうとう]

アクセント― 0
品　詞―名詞

〈意味〉文章や物語、あるいは物事の初めの部分。

・この小説の冒頭は主人公の回想（かいそう）シーンで始まっている。
・日本では手紙の冒頭で季節の挨拶をするのが一般的だそうだ。

15 ひと通り [ひととおり]

アクセント― 0
品　詞―副詞

〈意味〉大まかに～する。全体に対して粗くすること。

・新人に仕事内容をひと通り説明した。
・先輩は私の話をひと通り聞いた後、丁寧な助言をくれた。

16 諳んじる [そらんじる]

アクセント― 4
品　詞―動詞

〈意味〉歌や詩、文などを覚えて何も見ないで言うこと。暗記する。

・その詩人の詩なら全部諳んじることができます。
・彼は好きな作家の言葉を諳んじていてよく会話の中で引用する。

17 重んじる [おもんじる]

アクセント― 4 (0)
品　詞―動詞

〈意味〉大事にする。敬意を払う。

・武道（ぶどう）は技術よりもその心を重んじる。
・軍隊生活では、何よりも規律に従うことが重んじられる。

18 不当 [ふとう]

アクセント― 0
品　詞―ナ形容詞

〈意味〉道理（どうり）に合わず適当でないこと。

・会社から不当な処分を受け、彼は裁判を起こした。
・不当な差別に対しては、我慢せずに戦うべきだ。

19 帯びる [おびる]

アクセント― 2
品　詞―動詞

〈意味〉物や人が、ある性質や状態を身につけること。

・彼女は哀愁（あいしゅう）を帯びた瞳で昔のことを思い出していた。
・電車の窓から夕日でオレンジ色を帯びた空がきれいに見えた。

20 趣旨 [しゅし]

アクセント― 1 (しゅ)
品　詞―名詞

〈意味〉文章や書物で伝えたい内容の主な方向性。

・話をするときは趣旨を明確にしないと伝わりにくい。
・質問の趣旨がよくわからなかったので、何も答えられなかった。

21 示唆に富む [しさにとむ]

アクセント― ―
品　詞―慣用表現

〈意味〉暗（あん）に教えられることが多くあること。

・古人の言葉を集めたこの本は、大変示唆に富んでいる。
・友人は、相談するといつも示唆に富んだアドバイスをくれる。

22	むしろ	〈意味〉二つの文を比較して、前の文よりも後の文のほうが適切だという意を表す。
	アクセント─ 1 品　詞─ 副詞	・彼は自分を慎重な人だと言うが、むしろ彼は臆病な人だと私は思う。 ・このカクテルは酒というより、むしろ野菜ジュースのような味がする。
23	コツ［こつ］	〈意味〉何かをするときにより正確に、また、手際よくするために必要な要領。
	アクセント─ 0 品　詞─ 名詞	・おいしく料理するためのコツをつかむ。 ・毎日メイクしているうちに、だんだんコツがわかってきた。
24	結びつく［むすびつく］	〈意味〉あるものとあるものとの関係が深いこと。
	アクセント─ 4 品　詞─ 動詞	・彼の活躍がチームの勝利に結びついた。 ・能力の高さが必ず成功と結びつくというわけではない。
25	フォーム	〈意味〉スポーツをしているときの姿勢の型。
	アクセント─ 1（フォ） 品　詞─ 名詞	・あのピッチャーは投球フォームが安定しているのでコントロールがいい。 ・彼女は美しいフォームで泳ぐので、まるで人魚のように見える。
26	的を射る［まとをいる］	〈意味〉文章や発言が論理の要点をつかんでいること。正鵠を射る。
	アクセント─ ─ 品　詞─ 慣用表現	・彼の指摘は的を射たものである。 ・後輩ではあるが、彼女の意見はいつも的を射ている。
27	ひとまず	〈意味〉何かをする前に別の何かを（優先度を上げて）すること。とりあえず。
	アクセント─ 2 品　詞─ 副詞	・疲れたので、次の仕事をする前にひとまず食事をしよう。 ・警察から財布が見つかったと連絡があり、ひとまず安心した。

｜問１｜ 下線部の読み方として最も適切なものを、Ａ～Ｄの中から一つ選びなさい。

❶ この小説の冒頭は主人公の回想シーンで始まる。

　　　Ａ ほうとう　　　　Ｂ ぼうとう　　　　Ｃ ぼうず　　　　Ｄ ほうず

❷ その詩人の詩なら全部諳んじることができます。

　　　Ａ さとんじる　　　Ｂ あんじる　　　　Ｃ そらんじる　　　Ｄ なんじる

❸ 話をするときは趣旨を明確にしないと伝わりにくい。

　　　Ａ しゅし　　　　　Ｂ しゅうし　　　　Ｃ しゅじ　　　　　Ｄ しゅうじ

❹ この会社は倒産の危機に瀕している。

　　　Ａ びんして　　　　Ｂ ぜまして　　　　Ｃ ひんして　　　　Ｄ せまして

❺ 浮世絵は江戸時代に隆盛を極めた。

　　　Ａ りゅぜい　　　　Ｂ りゅうぜい　　　　Ｃ りゅせい　　　　Ｄ りゅうせい

｜問２｜ 下線部に入る語として最も適切なものを、Ａ～Ｄの中から一つ選びなさい。

❶ 防犯カメラの映像が犯人の逮捕に＿＿＿＿＿。

　　　Ａ 思いついた　　　Ｂ 飛びついた　　　Ｃ 結びついた　　　Ｄ しがみついた

❷ このアプリは、ウェブサイトを自動音声で＿＿＿＿＿くれるので便利だ。

　　　Ａ 読みはじめて　　Ｂ 読み上げて　　　Ｃ 読み出して　　　Ｄ 読み終えて

❸ 辛いことがあったとき、この歌を＿＿＿＿＿と元気が出てくる。

　　　Ａ 口に上る　　　　Ｂ 口に合う　　　　Ｃ 口ごもる　　　　Ｄ 口ずさむ

❹ 早起きを＿＿＿＿＿ために、夜はできるだけ早く寝るようにしている。

　　　Ａ 性格づける　　　Ｂ 義務づける　　　Ｃ 習慣づける　　　Ｄ 基礎づける

❺ アルバイト先の仕事は、本の箱詰めを＿＿＿＿＿だけの仕事で嫌になる。

　　　Ａ 繰り返す　　　　Ｂ 取り返す　　　　Ｃ ぶり返す　　　　Ｄ 読み返す

|問3| ▢から最も適切なことばを選び、下線部に正しい形で書きなさい。

❶ この部屋はきれいというより、＿＿＿＿＿＿何もないと言ったほうが正しい。

❷ 食堂のメニューは、全部＿＿＿＿＿＿食べてみた。

❸ 友達と行った映画館の中が＿＿＿＿＿＿寒くて、風邪を引いてしまった。

❹ 悩み事は、今日のところは＿＿＿＿＿＿横に置いておいて、おいしいものでも食べよう。

❺ 大学で好きだった人のことを一途（いちず）に＿＿＿＿＿＿思い続けて、15 年経ってしまった。

> ものすごく　　むしろ　　ひとまず　　ひたすら　　ひと通り

❻ 社長の意見に異議を＿＿＿＿＿＿人は誰もおらず、新商品の発売が決まった。

❼ かつて若者に絶大（ぜつだい）な人気を＿＿＿＿＿＿あの俳優も今年 60 歳になった。

❽ コーチは熱を＿＿＿＿＿＿口調で、選手たちをはげました。

❾ 研究室に入ったばかりの頃は、なかなか的を＿＿＿＿＿＿意見が言えなかった。

❿ 指導教官（きょうかん）のコメントは、いつも的確で、示唆（しさ）に＿＿＿＿＿＿ものが多い。

> 射た　　富む　　誇る　　唱える　　帯びる

|問4| 下線部に最も意味が近いものを、A〜Dの中から一つ選びなさい。

❶ 初対面の人と話すときは、込み入った話題は忌避されることが多い。
　　A とりあげられる　　B にげられる　　C やりすごされる　　D さけられる

❷ この幼稚園は、芸術を重んじた教育を行うことで知られている。
　　A 重宝した　　　　B 愛用した　　　　C 重視した　　　　D 尊敬した

❸ 取り立てて好きな料理があるわけでもないが、毎日この店で晩ご飯を食べる。
　　A 主に　　　　　　B 特別に　　　　　C 何も　　　　　　D 総じて

❹ 子どもの頃、祖父が折に触れて戦争の悲惨さについて話してくれた。
　　A 何となく　　　　B 事あるごとに　　C 時々　　　　　　D 日ごとに

❺ 卒業論文の表題をどうするか、来週先生に相談しようと思っている。
　　A ムード　　　　　B コンセプト　　　C タイトル　　　　D テーマ

第1課

第2課

第3課

第4課

第5課

第6課

第7課

第8課

第9課

第10課

第11課

第12課

┃問5┃ 見出しの表現を使用した文として最も適切なものを、A～Dの中から一つ選びなさい。

❶ 不当

　　　A 不当な差別は絶対に許されない。

　　　B あのような失言(しつげん)は会議でのふるまいとして不当だ。

　　　C 自信があった答えが不当で、テストで100点が取れなかった。

　　　D 会社が不当をこうむる契約を部長がするわけがない。

❷ 古臭い

　　　A この傘は古臭いので、穴が開いていて大雨の日には使えない。

　　　B 冷蔵庫にちょっと古臭い牛乳があったが、飲むのをやめておいた。

　　　C 友達にシャツをもらったが、デザインが古臭いので着られない。

　　　D ３年前にフランスで食べた古臭いチーズの味が忘れられない。

❸ コツ

　　　A シェフをしている兄においしいチャーハン作りのコツを教えてもらった。

　　　B このバンドのドラムは、プロとしてはコツが足りないと思う。

　　　C 母はよく人間のコツは、人に対するやさしさにあると言っていた。

　　　D 先週から肩こりがひどいので、整骨院(せいこついん)で背中のコツを押してもらった。

❹ フォーム

　　　A 昨日、駅のフォームで偶然、中学時代の友人に会った。

　　　B プロ野球選手は、年齢とともにバッティングのフォームを調整するらしい。

　　　C 大学のフォームで500人の前で発表をした。

　　　D 私の町には変わったフォームの教会があり、町のシンボルになっている。

❺ 軽んじる

　　　A 嫌なことがあったが、お酒を飲んで友達と話したら気分が軽んじた。

　　　B 仕事で帰りが遅くなったので、寝る前に軽んじた食事をとることにした。

　　　C 母はときどき父のことを軽んじているような話し方をすることがある。

　　　D 友達の結婚式とはいえ、そんな軽んじた服装で行くのは失礼だ。

01　〜たものではない／〜たものでもない

どう使う？　動詞（−た）＋　ものではない／ものでもない

意味
① 〜たものではない：可能動詞を受けて、それを否定の形にすることで、「不可能だ」という意味合いを特に強調するのに用いる。
② 〜たものではない／たものでもない：「あるものの価値を否定する意味」を含んだ表現に接続し、逆接的に「そこまで〜ではない」という意味を表す。

使い方　可能動詞の場合とそうでない場合でニュアンスがほぼ逆になる。

注意点　通例では話し言葉に用いられる。「〜たもんじゃない」はくだけた表現である。①は否定的な評価を表す事柄に用いる。

例文
① この干物は塩辛くてとても食べられたものではない。
① 将来はイラストと写真を組み合わせた作品をつくる芸術家になりたいが、今はイラストも写真もまだまだ勉強中で、見せられたものではない。
① このお菓子は人工的な味がしますし、何日経っても腐りません。何が入っているか、わかったものではありません。
② 東日本大震災では、たくさんの人々が甚大な被害を受けたが、人々が復興に向けて助け合う姿を見て、世の中まだまだ捨てたものではないと思った。
② 欲望を持つのは悪いことではないが、さして褒められたものでもない。

02　〜ながら（も）／〜ながらに

どう使う？
名詞
ナ形
イ形（−い）
動詞（−~~ます~~）
＋
ながら（も）
ながらに

意味　前の語を受けて、それと反する結果になったことを示す。

使い方　一般的に評価の低い語を受けて、予想に反して高い評価であることを示したいときに使う。

注意点　「〜ながらに」はやや古い言い方で文語的。「〜ながらも」は「〜ながら」に比べてやや強調された表現。また、「我が子ながらよくできた子です。」のような用法も慣用的にある。（※「私の子どもだけれども、（私に似ないで）よくできた子です。」という意味）

類義表現　「〜だけれども」「〜ではあるが」「〜にもかかわらず」

例文
・我が子ながらよくできた子です。
・古いながらも、しっかりとした造りの家だ。
・この俳優は新人ながらに、なかなか度胸がある。

24

03 〜ずにはすまない／〜ないではすまない

どう使う？	動詞（−ない）	＋	ずにはすまない
	動詞（−ない）	＋	ではすまない

意味　その行為をしないでは終わらないという状況を示す。

使い方　「〜たら」や「〜から」に起因して、未来にあることが起こることは避けられないことを予想するときに使う。

注意点　ともに硬い表現で通例マイナスの状況を表すのに用いられる。「〜ないわけにはいかない」「〜しないではすまされない」のほうが口語的である。

類義表現　「〜ないわけにはいかない」「〜ないではすまされない」

例文
・彼を怒らせてしまったら、仕事の邪魔をされずにはすまないだろうね。
・彼を怒らせてしまったら、仕事の邪魔をされないではすまないだろうね。
・わざとではないにしても壊してしまったのだから、弁償せずにはすまないでしょう。
・わざとではないにしても壊してしまったのだから、弁償しないではすまないでしょう。

04 〜なくもない

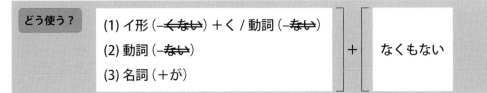

どう使う？	(1) イ形（−くない）＋く／動詞（−ない） (2) 動詞（−ない） (3) 名詞（＋が）	＋	なくもない

意味
① 「状況として成立する可能性、あるいはある行為をする可能性が完全には否定できない」という意味を表す。
② 「はっきりとではないが、感じられる」という意味を表す。
③ 「ある心情や感情、意思が少しはある」という意味を表す。

使い方
① 否定形の動詞、もしくはイ形容詞を前に置く。
② 知覚動詞や感覚動詞を前に置く。
③ 通例、心情や感情、意志を表す名詞を前に置く。

注意点　消極的に肯定する言い方なので、肯定的に表したい場合は使わないほうが望ましい。

言い換え　「〜ないこともない」「〜ないでもない」「〜なくはない」

例文
① あなたの願いはかなわなくもない、と思う。
① よく考えてみれば、彼女の志はすばらしくなくもない。
② 彼が怒った理由もわからなくもない。
② 弟は自分の将来について考えなくもないが、特に何もしていない。
③ 彼と親しくなりたい気持ちがなくもない。
③ 息子の独立はうれしいが、一方で寂しさがなくもない。

05 AだのBだの

名詞1（だの）名詞2（だの）

意味　多くのあるものの中から、二つや三つのものを例に挙げる際に用いる。

使い方　A（名詞1）やB（名詞2）以外にも該当するものがあることを示している。

注意点　現在では通例、否定的なニュアンスで用いられる。通常は名詞だが、動詞の命令形や普通形につく。

類義表現　「AとかBとか」「AやB」

例文　① 小学校に入学する子どものために、机だのランドセルだの買ってやらなければならない。
　　② 女子高生たちは恋だの愛だのと騒いでいる。
　　③ 勉強しろだの塾へ行けだのと親にしつこく言われて気が滅入った。

┃問1┃ （　　　）に入るものとして最も適切なものをA～Dから一つ選びなさい。

❶ 有名な旅館だというので期待していたのだが、やや（　　　）印象だ。

    A 古いらしい　　　　B 古いみたい　　　　C 古くさい　　　　D 古ぶる

❷ うまい（　　　）言わずに、出されたものを食べればよい。

    A だのまずいだの　　　　　　　　B ようまずいよう

    C からまずいから　　　　　　　　D くせまずいくせ

❸ 保存状態が悪かったのか、このバイオリンの音は（　　　）。

    A 聞いているわけがない　　　　　B 聞けたものではない

    C 聞いたことはない　　　　　　　D 聞く耳を持たない

❹ 何かあったら報告しろと言われても、（　　　）何も報告することがない。

    A とりもなおさず　　　　　　　　B とりつつ

    C とりたてて　　　　　　　　　　D とりあげて

❺ グーグルマップを見ながら行き（　　　）戻り（　　　）、3時間もかけてようやく着いた。

    A だの／だの　　　　　　　　　　B たり／たり

    C つ／つ　　　　　　　　　　　　D や／や

❻ こちらの物件は古い（　　　）、しっかりした造りなのでお勧めです。

    A としても　　　　B ながらも　　　　C ほどに　　　　D からして

❼ この学校の伝統はいまやだんだんと失われ（　　　）と言えるでしょう。

    A てきた　　　　B つつある　　　　C たという　　　　D ながら

❽ 成功するまで脇目も振らずに（　　　）努力を積み重ねてきた。

    A それほど　　　　B あいまに　　　　C ともすれば　　　　D ひたすら

❾ 確かにこれだけのものであれば、彼が手放しでほめる理由が（　　　）。

    A わかりかねる　　　　　　　　　B わからなくもない

    C わからずにいた　　　　　　　　D わかりたくもない

❿ 社会人であれば、休日にビジネス書の一冊でも読んでおく（　　　）。

    A わけだ　　　　B ものだ　　　　C みたいだ　　　　D ほうだ

| 問2 | 下線部に入るものとして正しいものを A ～ D の中から選びなさい。

❶ あれだけのことを言ってしまったら、＿＿＿＿＿＿＿＿＿＿＿＿。

    A　辞任しなくてもよい

    B　辞任せずにはすまない

    C　辞任しないでかまわない

    D　辞任しないではおよばない

❷ 表現は適切ではないかもしれないが、＿＿＿＿＿＿＿＿＿＿＿＿。

    A　事実としても間違ったものだ

    B　事実としても間違いではない

    C　事実としては間違いがいなめない

    D　事実としては間違ったものではない

❸ 彼は自らの過ちを認め、＿＿＿＿＿＿＿＿＿＿＿＿。

    A　涙ながらに謝罪した

    B　涙さえも謝罪した

    C　涙もろく謝罪した

    D　涙なんか謝罪した

❹ 彼女の指摘は、＿＿＿＿＿＿＿＿＿＿＿＿。

    A　的を見たものである

    B　的を撃ったものである

    C　的を射たものである

    D　的を達したものである

❺ 私はこの曲を聞くとつい昔を思い出し、＿＿＿＿＿＿＿＿＿＿＿＿。

    A　涙を流さなければならない

    B　涙を流すにちがいない

    C　涙を流さずにすまない

    D　涙を流さずにいられない

問3 A～Dを並べ替えて文を作り、＿★＿に入るものを一つ答えなさい。

❶ 彼は学者肌という ＿＿＿ ＿＿＿ ＿★＿ ＿＿＿と言うほうがふさわしい。

    A むしろ   B よりも   C である   D 芸術家肌

❷ 旅行先で見た＿＿＿ ＿＿＿ ＿★＿ ＿＿＿だった。

    A ほど美しい   B 言いようがない   C 光景   D 夕日は

❸ この本には、＿＿＿ ＿＿＿ ＿★＿ ＿＿＿載っており勉強になる。

    A 富む   B 指摘が   C 私にとって   D 示唆に

❹ この本の作者は常に＿＿＿ ＿＿＿ ＿★＿ ＿＿＿いる。

    A 風潮に   B 唱えて   C 異を   D そうした

❺ 日本には＿＿＿ ＿＿＿ ＿★＿ ＿＿＿いまに受け継がれている。

    A 文化が   B 歴史を   C 育まれた   D 通じて

問4 （　　　）内の文型を用いて文を完成させなさい。

❶ ただでさえ遅れているのにさらに遅れたら、＿＿＿＿＿＿＿＿＿＿＿＿＿＿＿＿＿。

               （たものではない）

❷ ＿＿＿＿＿＿＿＿＿＿＿＿＿＿＿＿＿、私の話を真剣に聞いてくれた。（ながらも）

❸ 暑くて疲れたと思いますので、＿＿＿＿＿＿＿＿＿＿＿＿＿＿＿＿＿。（ひとまず）

❹ 彼女の気持ちを考えると、＿＿＿＿＿＿＿＿＿＿＿＿＿＿＿＿＿。（なくもない）

❺ ＿＿＿＿＿＿＿＿＿＿＿＿＿＿＿＿＿言っていたが、

結局は渋々ながらやることにしたようだ。

              （～だの～だの）

第3課

日本人と地震

01　襲う [おそう]

アクセント― 0
品　　詞―動詞

〈意味〉① 不意に危害を加えること、攻めかかること。
　　　　② 風雨や地震など、自然現象が被害を及ぼす。
① 銀行が強盗に襲われた。
② 河が洪水を起こして、畑を襲い、大きな被害を出した。

02　かき消す（掻き消す）
　　　　[かきけす]

アクセント― 3 (0)
品　　詞―動詞

〈意味〉すべて消す。無くす。消し去る。
・会社の倒産とともに、彼の夢もかき消された。
・過去の失敗をかき消すことはできない。

03　切り離す [きりはなす]

アクセント― 4 (0)
品　　詞―動詞

〈意味〉関係のある物事を別々のものとする。
・親子のきずなを切り離すことはできない。
・理想と現実を切り離して考える。

04　フォーカスする

アクセント― 1 (フォ)
品　　詞―動詞

〈意味〉特に注目し、取り上げること。
　　　　※英語の「focus」に由来し、「焦点」「集中」などの意味を持つ。
・被災者の心の支援にもフォーカスした議論が必要である。
・合唱の全国大会にむけて、心を一つにすることにフォーカスした練習に励んでいる。

05　圏内 [けんない]

アクセント― 1
品　　詞―名詞

〈意味〉定められた範囲の内側。以内。四方。
　　　　※圏は物理的な範囲以外にも、「英語圏＝英語を日常語として使っている範囲」など、何かをするのに可能な範囲を示す意味を持つこともある。
・彼の成績なら志望した大学も合格の圏内だ。
・私は引越しするにあたって、徒歩15分圏内に子どもの小学校やスーパー、銀行などがそろっている物件をさがしている。

06　管内 [かんない]

アクセント― 1
品　　詞―名詞

〈意味〉（ある機関や部署が）受け持っている区域。管下。
　　　　※本文中では「東京電力」が電力供給の担当をしている区域を指す。
・警察が管内のパトロールを強化する。

07　控える [ひかえる]

アクセント― 3 (2)
品　　詞―動詞

〈意味〉あることに気を遣い自分の行動などを抑えること。節約。
　　　　※「控えてください」などの形で弱い禁止を示すこともある。
・お酒を飲んだ後の入浴は控えたほうがいい。
・体重を気にするのであれば暴飲暴食を控えてください。

08　そもそも

アクセント― 1
品　　詞―接続詞

〈意味〉ある事柄を改めて問題にするときに使う言葉。
　　　　※物事のもとから考える、という意味の「そも」を重ねた言葉。転じて、名詞として「最初から。もともと。どだい」という意味を持つ。また副詞的にも使われる。
・君は今回の失敗を嘆いてばかりいるが、そもそも実験に失敗はつきものだ、いつか成功すればいいじゃないか。（副詞）
・そもそも引越しを考える前に、多すぎる物をどうにかすることを考えよう。（接続詞）
・私が留学を決めたそもそもの理由は恋人と別れたからだった。（名詞）

09 被ばく（被曝）[ひばく]

アクセント— 0
品　詞—名詞

〈意味〉人体が直接放射線にさらされること。

※体の外から被ばくしたものを「外部被ばく」、食品などを介して体内に入ったもので被ばくしたものを「内部被ばく」という。また、『曝』は常用外の漢字なので一般的には「被ばく」と書かれることが多い。それに対して、原子爆弾などで放射線の被害を受けることは「被爆」と書くので区別が必要。

・実際には、人間はX線撮影や太陽光でも被ばくしている。
・日本は世界で唯一の被爆国として核の恐ろしさを世界に伝えていかなければならない。

10 煽り立てる[あおりたてる]

アクセント— 5
品　詞—動詞

〈意味〉（特定の行動をさせることを目的として）不安や興奮、恐怖など、感じていることをさらに強くすること。扇動。

・映画では、音楽や効果音が観客の興奮を煽り立てるのに使われている。
・テレビのCMでは、購買欲を煽り立てるために大げさに紹介していることが多い。
・色恋沙汰は他人が煽り立てると、ろくなことにならない。

11 プラント

アクセント— 0
品　詞—名詞

〈意味〉ものを作るために必要な建物や機械等のすべてを合わせたものの総称。生産設備一式。工場。

※英語の「plant」に由来し、「機械装置」「施設設備」などの意味を持つ。原義では工場の意味もあるが、日本ではおおむね敷地や人員を含めた施設としての意味で用いられることが多い。

・大規模な石油プラントを設立する。
・私は、プラントエンジニアとして生産設備の設計や管理などの仕事を専門にしている。

12 もたらす

アクセント— 3
品　詞—動詞

〈意味〉ある物事が、何かを引き起こしたり、ある状態を実現させること。

・戦争は国民に多くの犠牲をもたらす。
・経済の発展が人々に豊かな生活をもたらした。

13 取るに足らない
[とるにたらない]

アクセント— ―
品　詞—慣用表現

〈意味〉取り上げて問題にするほどのことではない。気にするほどではない様子。

・会議は長時間続いたが、出たのは取るに足らない意見ばかりだった。
・大きな問題の前では小さな問題など取るに足らない。

14 デマ

アクセント— 1
品　詞—名詞

〈意味〉不正確でいい加減なうわさ話。うその話。

※「デマゴギー」の略。ドイツ語の「Demagogie」のことで、「政治的な目的をもって流すうその情報」の意味を持つ。そこから転（てん）じて、今のような意味も持つようになった。

・災害の直後にはデマが流れやすい。
・インターネット上の情報はデマもあるので注意が必要だ。

15 飛び交う[とびかう]

アクセント— 3
品　詞—動詞

〈意味〉複数のものが、入り乱れ行き交うこと。

・海の上をかもめが飛び交っていた。
・事件直後にはさまざまな憶測が飛び交っていた。
※目に見えないもの（言葉やうわさなど）も、あるものとして表現している。

16 痛ましい[いたましい]

アクセント— 4
品　詞—イ形容詞

〈意味〉目をそむけたくなる程にひどい状況であること。悲惨。

※特にそのような状況を辛く思うという感情的な意味を強く表す。

・彼女は交通事故で顔に痛ましい傷がついた。
・年老いた彼はすべてを失って痛ましい姿になっていた。

17	素早い [すばやい]	〈意味〉行動が非常に速く行われる様。
	アクセント— 3	・彼の素早い対応で事故の被害は最小限で済んだ。
	品　詞— イ形容詞	・獲物を狙うときの動物はとても素早く動く。

18	もはや（最早）	〈意味〉過去と現在とでは状態が変わっていることを表す。今となっては。すでに。
	アクセント— 1	・彼にはもはや昔のような権力はない。
	品　詞— 副詞	・問題はどんどん大きくなり、もはや私たちで解決できる規模ではなくなっていた。

19	信憑性 [しんぴょうせい]	〈意味〉情報などに対し信用できる度合い。信頼性。
	アクセント— 0	・その話の信憑性はあまり高くない。
	品　詞— 名詞	・うわさの信憑性を確かめる。

20	もっぱら（専ら）	〈意味〉ある一つの物事を主に行うこと。ひたすら。
	アクセント— 0 (1)	・彼は、休日はもっぱら寝てばかりいる。
	品　詞— 副詞	・彼の仕事はもっぱら頭を下げることだ。

21	疑わしい [うたがわしい]	〈意味〉不信に思う様子。信用できない。
	アクセント— 5 (0)	・彼がその事件の犯人かは疑わしい。
	品　詞— イ形容詞	・疑わしい情報は信じないことにしている。

22	フィジカル	〈意味〉① 物質などの形に関係を持つこと。物理的。
	アクセント— 1 (フィ)	② 肉体に関係すること。身体的。肉体的。
	品　詞— ナ形容詞	※英語の「physical」に由来し、「物理的」「身体的」という意味を持つ。

①物事をフィジカルな側面で検証する。
②外国の選手に比べるとどうしても国内の選手はフィジカルな面で劣るのでそれを補う練習が必要だ。

23	ヴァーチャル	〈意味〉物理的な物を伴わないこと。仮想的。
	アクセント— 1	※英語の「virtual」に由来し、「実質上の」などの意味を持つ。「バーチャル」と表記されることもある。
	品　詞— ナ形容詞	・インターネット上ではヴァーチャルな世界が次々とつくられている。
		・バーチャルショッピングなんて夢の話かと思っていたが、すでに現実に買い物ができるらしい。

24	見舞う [みまう]	〈意味〉災難などが振りかかること。
	アクセント— 2 (0)	※一般的には好ましくないことに使われる。受身で使われることが多い。
	品　詞— 動詞	・旅では時に予想もしなかった事態に見舞われることがある。
		・今年の夏、日本列島は例年にない猛暑に見舞われ、地域によっては40度を越す暑さになった所もあった。

25	どさくさ	〈意味〉突然の出来事で混乱している状態。混乱。
	アクセント— 0	・事故の後のどさくさに巻き込まれる。
	品　詞— 名詞	・戦後のどさくさを題材にした小説には日本人のバイタリティーを感じさせるものがたくさんある。

26	**まぎれる** [紛れる]	〈意味〉他のものと見分けがつかない状況を利用する。乗じて。
	アクセント― 3 品　　詞― 動詞	・男は夜の闇にまぎれて泥棒をした。 ・犯人は人波にまぎれて逃亡した。

27	**出回る** [でまわる]	〈意味〉その物をよく見かけたり、耳にするようになる。
	アクセント― 0 (3) 品　　詞― 動詞	・市場には旬の野菜が出回っている。 ・偽ブランド品が大量に出回る。

28	**飲み込む** [のみこむ]	〈意味〉自然現象によって人や物が取り囲まれたり、中に引き込まれること。
	アクセント― 0 (3) 品　　詞― 動詞	※水や渦、嵐など、自然現象を生き物に例えている表現。 ・建物が砂嵐に飲み込まれた。 ・私の故郷はあの津波によってすべて飲み込まれてしまった。

29	**流言飛語** [りゅうげんひご]	〈意味〉世の中に広まった不正確なうわさ話。
	アクセント― 5 品　　詞― 四字熟語	・災害の後には決まって流言飛語が流れるので注意が必要だ。 ・ネットで流言飛語を発信したり拡散させたりすると、罪に問われることがあるので気をつけなければならない。

30	**裏付け** [うらづけ]	〈意味〉物事の正確さを他の面から証明すること。
	アクセント― 0 品　　詞― 名詞	・刑事事件では犯人である証拠の裏付けが必要になる。 ・理論の正しさの裏付けを得るために実験を行う。

31	**惑わす** [まどわす]	〈意味〉思考や判断などを混乱させる。
	アクセント― 3 品　　詞― 動詞	・感情は時に人の判断を惑わす。 ・多すぎる情報はかえって人を惑わす。

32	**既視感** [きしかん]	〈意味〉実際には体験をしたことがないことを、どこかで体験したことのように感じること。
	アクセント― 2 品　　詞― 名詞	※もとはドイツ語の「déjàvu」を訳した言葉（英語を経由したという説もある）。もとは心理学用語。 ・旅先で見た光景に既視感を覚える。 ・初めて見た映画の中の街並みや風景がとても懐かしく感じられたが、こういう感じのことを既視感というのだろうか。

┃問１┃ 下線部の読み方として最も適切なものを、Ａ～Ｄの中から一つ選びなさい。

❶ 川面（かわも）を見ながら散歩していると、気が<u>紛れる</u>。

  Ａ　もつれる   Ｂ　まきこまれる Ｃ　まぎれる   Ｄ　ふんれる

❷ ソーシャルメディアの情報に<u>惑わされ</u>ないように気をつける。

  Ａ　まどわされ Ｂ　わくわされ   Ｃ　うしわされ Ｄ　こんわされ

❸ この論文の説は出典（しゅってん）が不明瞭なことから<u>信憑性</u>に欠ける。

  Ａ　しんぴょうせい Ｂ　しんらいせい Ｃ　しんようせい Ｄ　しんじせい

❹ 関東大震災は社会全体に<u>甚大</u>な被害をもたらした。

  Ａ　いだい   Ｂ　ぼうだい   Ｃ　しんだい   Ｄ　じんだい

❺ 彼はお金を返してくれると約束したが、<u>疑わしい</u>と思う。

  Ａ　ぎわしい   Ｂ　うたがわしい Ｃ　いかがわしい Ｄ　いぶかわしい

┃問２┃ 下線部に入る語として最も適切なものを、Ａ～Ｄの中から一つ選びなさい。

❶ 猛吹雪（もうふぶき）で彼女の姿は＿＿＿＿＿＿＿＿ようにして一瞬で見えなくなった。

  Ａ　取り消される Ｂ　打ち消される Ｃ　塗り消される Ｄ　かき消される

❷ 理想と現実を＿＿＿＿＿＿＿＿考える必要がある。

  Ａ　切り落として Ｂ　切り離して   Ｃ　切り取って   Ｄ　切りかかって

❸ いたずらに対立を＿＿＿＿＿＿＿＿報道が後を絶（た）たない。

  Ａ　煽り立てる   Ｂ　引き立てる   Ｃ　吹き立てる   Ｄ　がなり立てる

❹ 震災（しんさい）後、人々の不安から世間にはいろいろなうわさが＿＿＿＿＿＿＿＿。

  Ａ　飛び交った   Ｂ　飛び落ちた   Ｃ　飛び込んだ   Ｄ　飛び下がった

❺ まだ８月なのに、秋の商品がすでに＿＿＿＿＿＿＿＿いる。

  Ａ　歩き回って   Ｂ　売り回って   Ｃ　ほっつき回って Ｄ　出回って

問3 ☐☐☐から最も適切なことばを選び、下線部に正しい形で書きなさい。

❶ 朝まで＿＿＿＿＿歩いて、ようやく近くの町にたどり着いた。

❷ ＿＿＿＿＿普段から部屋を片付けていないから、探し物が見つからないのよ。

❸ コンビニで買うこともあるが、最近昼ごはんは、＿＿＿＿＿この店で食べる。

❹ 病院に到着したときには、＿＿＿＿＿手遅れの状態だった。

❺ 祖母は＿＿＿＿＿同じ話をするが、何度聞いてもおもしろい。

そもそも　　もっぱら　　もはや　　いくども　　ひたすら

❻ 地震に＿＿＿＿＿、ヘルメットと乾パン（かんパン）は常備しておくべきだ。

❼ 原発（げんぱつ）を廃止すべきかどうかについて、SNSでコメントが多数＿＿＿＿＿。

❽ 不正に対して、反対の声を＿＿＿＿＿ことも重要だ。

❾ 災害時にすべての情報を一度に伝えてしまうとパニックに＿＿＿＿＿かねない。

❿ 最近の医師は特に、危険を＿＿＿＿＿治療方法を取りたがらなくなっている。

寄せる　　陥る　　伴う　　上げる　　備える

問4 下線部に最も意味が近いものを、A〜Dの中から一つ選びなさい。

❶ ダイエット中は、塩分と脂っこい食事を控えたほうがいい。

　　A 待つ　　　　　　　　　　　　B コントロールする
　　C 保留する　　　　　　　　　　D 抑制する

❷ わが社が合併されるという流言飛語に惑わされずに安心して仕事に励んでください。

　　A 世間話　　　　B デマ　　　　　C 伝説　　　　　D 便り

❸ 彼は戦後のどさくさに紛れて土地を安く買って、今日の財産の基礎をつくった。

　　A 貧困　　　　　B どしゃぶり　　　C 混乱　　　　　D 不景気

❹ 近年、技術の発展によって、ヴァーチャル空間をつくることが可能になった。

　　A 仮想的な　　　B 現実な　　　　C 多様な　　　　D 物理的な

❺ 災害に見舞われた方々への支援を目的とした緊急募金活動を開始しました。

　　A 遭われた　　　B 寄られた　　　C 囲まれ　　　　D 慰問され

問5 見出しの表現を使用した文として最も適切なものを、A～Dの中から一つ選びなさい。

❶ 裏付け

A 犯人が言ったことが本当かどうか、調査によって<u>裏付け</u>を取る。

B <u>裏付け</u>をもとに実験を行い、論文にまとめた。

C 合格<u>裏付け</u>制度は、不合格になった場合に授業料を返還する制度です。

D 論文中で他の文献を引用するときには必ず<u>裏付け</u>を明記しなければならない。

❷ フォーカス

A 動物を使ったり曲芸(きょくげい)をしたりする見世物を<u>フォーカス</u>という。

B 解決すべき課題に<u>フォーカス</u>して仕事をしたほうが効率的だ。

C 花火大会に人々が<u>フォーカス</u>したために、道路が人で埋(う)め尽(つ)くされた。

D 夜間の運転は、前をよく見て<u>フォーカス</u>する必要がある。

❸ 痛ましい

A 携帯を操作しながら歩いていたところ階段で転んでしまい、<u>痛ましかった</u>。

B 大変丁寧にご対応いただき、<u>痛ましい</u>。

C 家出するほどの環境にある小さい子どものことを思うと、<u>痛ましい</u>。

D 心を奮(ふる)い立(た)たせるような<u>痛ましい</u>行進曲。

❹ 飲み込む

A 体調が悪いときに、お酒を<u>飲み込む</u>のはあまりよくない。

B 相手の顔色(かおいろ)をうかがって、出かかった言葉を<u>飲み込んだ</u>。

C 電車が発車する寸前(すんぜん)の<u>飲み込み</u>乗車は危険です。

D 写真データのサイズが大きいため<u>飲み込み</u>に時間がかかる。

❺ 取るに足らない

A 学生時代は、よく友達とカフェで<u>取るに足らない</u>話を何時間もした。

B 友達に平気で嘘をつくなんて、本当に<u>取るに足らない</u>娘だ。

C 終業時間になったが、大雨で家に<u>取るに足らなかった</u>。

D 隣の部屋に<u>取るに足らない</u>お料理を準備してありますので、どうぞ召し上がってください。

第1課
第2課
第3課
第4課
第5課
第6課
第7課
第8課
第9課
第10課
第11課
第12課

01　①〜を余儀なくされる　②〜を余儀なくさせる

どう使う？

①名詞	＋	を余儀なくされる
②名詞	＋	を余儀なくさせる

意味
①行動を示す語句を前に置いて、「なんらかの要因によって、（人や物などが）するよりしかたのない状態・状況になる」という意味を表す。
②前に置く語句は①と同様だが、「なんらかの要因が、（人や物などを）するよりしかたのない状態・状況にする」という意味を表す。
※「余儀ない」とは、「他に選べる方法がなく、しかたのない状態」のことを指す。

使い方
行動を示す語句を前に置いて、文末に用いる場合が多い。ビジネスの場においては、「変更」「中止」「延期」などの用語とともに使い、不可抗力な事情で他に選択肢がなかったことを示す場合によく用いられる。

注意点
①②ともに、その時点よりも状態・状況が悪くなる場合に用いられる。話し言葉より、書き言葉でよく用いられる。

例文
① 新たなプロジェクトを立ち上げようとしたが、会社が倒産し、断念を余儀なくされた。
② 震災による大きな被害は、多くの住民に避難を余儀なくさせた。

02　〜だに

どう使う？

名詞 動詞（−る）	＋	だに

意味
①「〜さえしない」「まったく〜しない」という状況を示す。
②「〜するだけでも〜だ」という状況を示す。

使い方
①の用法では「[名詞]だにしない」の形で用いられる。古い形式の文語的な表現で「予想だに」「想像だに」「思うだに」「微動だに」「一顧だに」「夢想だに」といった慣用的な表現で用いられることがほとんどである。②の用法では、①とは異なり、後ろは肯定文になる。

注意点
②は、現在ではほとんど使われることのない表現であることに注意すること。

類義表現
「〜さえ」「〜だけでも」

例文
① 事態は予想だにしない結末となった。
① 士はどのような危険が迫っても、微動だにせず王を守り続ける。
② 毎年、交通事故で数千人が死亡しているとは、考えるだに恐ろしい。
② 私は彼女を思うだに、幸せな気持ちになる。

03　〜てからというもの

どう使う？　動詞（ーて）＋からというもの

意味　何かの出来事をきっかけとして大きな変化があったことを表す。

使い方　大きな変化のきっかけとなった動詞とともに、節で用いられる。

注意点　喜びや嘆き、驚きなどの話し手の感嘆を含んでいる。感情を含まずに継続的な出来事や繰り返される出来事を表したい場合には「〜以来」を用いる。

例文
・彼女は彼に会ってからというもの、別人のように明るくなった。
　　　（※話し手は彼女が明るくなったことを喜んでいる、または驚いていることを表す。）
・彼女は彼に会って以来、別人のように明るくなった。
　　　（※彼女が明るくなった事実だけを述べている。）

04　①〜に至っては　②〜に至ると　③〜に至っても

どう使う？　①名詞　②③名詞／動詞　＋　に至っては　に至ると／至っても

意味　①「Aに至っては」の形で「ある状態や範囲の中で、最も極端なAは」という意味を表す。
②「Aに至ると」の形で「Aという状況や状態に到達する」という意味を表す。
③「Aに至っても」の形で「Aという状況や状態になったにもかかわらず」という意味を表す。

使い方　②は後ろに「ようやく」、③は後ろに「まだ／なお／いまだに」などの語を伴うことが多い。

注意点　①の用法は、通例、好ましくない状況に使われるが、物事の程度の激しさを表す場合には例外もある。②の用法は状況や状態の他に場所や時刻などにも使うことができる。この場合は「そこに行きつく」という意味合いを持つ。③の用法は、通例、「これ以上、状況や状態に変化は起こらない」あるいは「これ以上ないくらいに極端な状況や状態になっている」という場合に用いられる。

例文
① 私の一族はみな短命で、父に至っては 30 歳で死んでしまった。
① 私の一族はみな長生きで、祖父に至っては 110 歳まで生きた。
② 彼はあてもなく世界を旅していたが、イタリアに至ると、その街並みの美しさにほれ込んで住み着いたのだった。
② 父は仕事で家にいない日のほうが多かったが、孫が誕生するに至ると、途端に隠居して家にいる日のほうが多くなってしまった。
③ 息子は借金を抱えて、生活に困る段階に至っても、賭け事をやめることができない。
③ 大叔父がその死の間際に至っても、気にかけていたのは行方の知れない息子のことだった。

05 〜んばかりの

どう使う?	動詞（~~ない~~）	＋	んばかりの

意味 「今まさに〜しようとしてる様子」、または「〜しているのとほとんど変わらない様子」「まるで〜しようとしているような状態」という意味を表す。

使い方 「言わんばかりの態度」や「割れんばかりの拍手」のように決まった言い回しが多い。

注意点 「〜と言わんとばかりに」には「相手の態度がいかにも〜と言いたそうに見える」という意味で用いる。実際には動作は行われておらず、「そのような雰囲気、または意味合いがある」といった範囲に留まることに注意。

例文
・彼はほとんど返事もせずに、早く帰れと言わんばかりだった。
・上野美術館はあふれんばかりの来場者で混雑していた。
・ピアニストの演奏が終わると、割れんばかりの拍手がわき起こった。

06 〜だけましだ

どう使う?	ナ形（-な） イ形 動詞	＋	だけましだ

意味 現在も状況的に望ましくはないが、さらに悪い状況を想定して、それに比べればいいという意味を表す。

使い方 通例、望ましくない状況を表す文や節を前に受けて用いられるが、前提として認識されている状況下では前の節が省略される場合も多い。不満があるが、今の状況を許す気持ちで使用する。

注意点 「まし」は、どちらかといえば他よりいいという意味。やや口語的な表現。

類義表現 「〜からまだいい」

例文
・不況の世の中では、仕事があるだけましだ。
・今年の冬は寒いが、大雪が降っていないだけましだ。

07 〜にあたり

どう使う?	名詞 動詞（-る）	＋	にあたり

意味 ある決心を要する特別なとき、重要な行動をする前に、それに対して積極的に何かをすると伝えるときに使用する。

使い方 公的な場面で何かを述べる際や、書面を記す際に用いることが多い。

<table>
<tr><td>**注意点**</td><td>日常会話ではあまり使わない。「～にあたって」は「～にあたり」より、ややくだけた言い方である。改まった言い方であるので、重要な行動や特別な場面で使用されるのが一般的で、日常的な普通のことに対しては使用されにくい。</td></tr>
<tr><td>**類義表現**</td><td>「～をするときに」「～に際して」</td></tr>
<tr><td>**例文**</td><td>・芥川賞の受賞者の選出にあたり、昨日、審議委員会が開かれた。
・今回の企画を実現するにあたりまして、皆様から多大なるご支援を賜りましたことを感謝いたします。</td></tr>
</table>

08　～よりほか（は／に）ない／～よりほか（は／に）いない

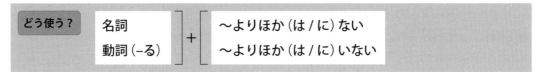

| **どう使う？** | 名詞
 動詞 (–る) | ＋ | ～よりほか（は / に）ない
 ～よりほか（は / に）いない |

<table>
<tr><td>**意味**</td><td>他の方法がないという状況を表す。</td></tr>
<tr><td>**使い方**</td><td>「～よりほか（は／に）ない」は、他に方法がないときに、しかたがないからそうするというような諦めの気持ちで用いるが、「～よりほか（は／に）いない」は、他によりよいものがいないという意味で、最も適任である様、唯一の存在である様を示す。</td></tr>
<tr><td>**注意点**</td><td>やや硬い表現。口語では「～しかない」「～しかいない」を使用する場合が多い。</td></tr>
<tr><td>**類義表現**</td><td>「～ほか（は／に）ない」「～しかない」「～しかいない」</td></tr>
<tr><td>**例文**</td><td>・バスがなければ歩くよりほかはない。
・その場にいなかったのだから、なにが起こったのか推測するよりほかはない。
・この文章を翻訳できるのは、あなたよりほかにいない。</td></tr>
</table>

09　AとB（と）が相まって／AがBと相まって

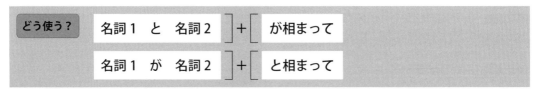

| **どう使う？** | 名詞1　と　名詞2 | ＋ | が相まって |
| | 名詞1　が　名詞2 | ＋ | と相まって |

<table>
<tr><td>**意味**</td><td>二つの要素が合わさって、別の要素を生み出すこと。</td></tr>
<tr><td>**使い方**</td><td>ある要素に別の要素が加わって影響し合うことにより、いっそうの効果を生むというときに、節で使用する。後ろの節は、その結果どうなったのかについて述べる。</td></tr>
<tr><td>**注意点**</td><td>文語的表現。三つ以上の場合には用いない。三つ以上の場合では「～が合わさって」を用いることができる。</td></tr>
<tr><td>**類義表現**</td><td>「～と影響し合って」「～が合わさって」</td></tr>
<tr><td>**例文**</td><td>・彼の想像力と彼女の表現力が相まって、彼らの作るアニメは非常におもしろいものになっている。
　　（＝彼の想像力と彼女の表現力が合わさって、彼らの作るアニメは非常におもしろいものになっている。）
・車の性能に彼の運転技術とチームの整備力が相まって、最高のF1チームになった。
　　（＝車の性能に彼の運転技術とチームの整備力が合わさって、最高のF1チームになった。）</td></tr>
</table>

10 ～（の）かいもなく

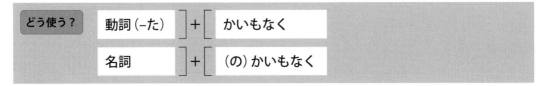

| どう使う？ | 動詞（-た） | ＋ | かいもなく |
| | 名詞 | ＋ | （の）かいもなく |

意味　ある事柄について、尽力したがよい結果にならなかった状況を表す。

使い方　前の節では、いい結果を期待して行った行為や努力などを述べ、後ろの節では、期待や努力に反して、よい結果にならなかった状況を述べる。

注意点　反対に、ある事柄について、尽力した結果、よい効果や成果があった場合には、「かいがあって」という表現を用いる。「かい」は漢字で「甲斐」と表記し、「行為による効果や報い、よい結果」や「行為をする意味や意義、価値」を表す。

　　　　例 オリンピック優勝おめでとう。がんばったかいがあったね。

例文　・昨日は甲子園まで応援に行ったかいもなく、試合結果は阪神タイガースの惨敗だった。
　　　　・父は手術したかいもなく、今朝亡くなった。

11 ～めく

| どう使う？ | 名詞 | ＋ | めく |

意味　名詞に付いて、「それが表す要素を持っている」という意味を表す。「～のような傾向がある」「～らしくなる」「～ように感じられる」という意味。

使い方　例えば、「春めく」は少しずつ春のようになってきたということで、冬の終わり頃に「だんだんと春めいてきた」という形で使うことが多い。実際使用する場合は、通例_{つうれい}、「～めいた」「～めいてきた」の形で用いられる。

注意点　「[名詞1]めいた[名詞2]」の形で、「[名詞1]のような感じがする[名詞2]」という意味を表す場合もある。

例文　・季節はだんだん秋めいてきた。
　　　　・なんとなく予感めいたものがあり、急いで家に帰ったら、着くと同時に雨が降り出した。
　　　　・その皮肉めいた話し方は直しなさい。

12 ～ものを

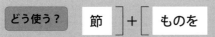

| どう使う？ | 節 | ＋ | ものを |

意味　不満の意味を表す。「～のに」とほぼ同じ意味だが、「～のに」が話し言葉であるのに対し、「～ものを」は硬い表現であり、話し言葉ではあまり使われない。

使い方　現実が期待と異なったことを悔やんだり、不満に思ったりしたときに使う。不満、非難、後悔、恨みなどネガティブな気持ちを込めて用いることが多い。

| 注意点 | 「〜ものを」は「〜のに」と似ているが、「〜のに」よりも後件が実現しなかったことに対する不満や後悔を表す傾向がある。また、「〜ば〜ものを〜」という文型で、「〜であれば〜（な）のに実際は〜」という意味を表すために使われることが多い。なお、「〜ものを」は「〜のに」よりも硬い言い方であり、話し言葉ではあまり使われない。 |

| 類義表現 | 「〜のに」 |

| 例文 | ・前々から準備していれば、締め切り直前になって慌てなかったものを。
・すぐに謝ればいいものを、プライドが高いがために「ごめん」の一言が言えず、彼女とは仲違い<ruby>なかたが</ruby>したままだ。 |

13　いかにも〜そうだ／いかにも〜らしい

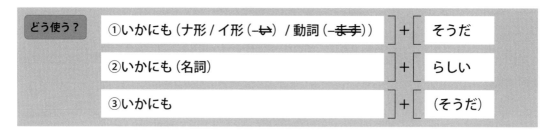

| 意味 | ①「とても〜であるかのように見える」という意味を表す。
②「名詞の典型的な特徴や性質を表している」という意味。または、「〜に似合っている」「〜にふさわしい」という意味を表す。
③「そうだ」「そのとおりだ」の意味を強調する。 |

| 使い方 | ①の用法は、「いかにも」+「ナ形／イ形（-い）／動詞（-ます）＋そうだ」の形で、「見たところ非常に〜と思える」という意味で使われる。
②の用法は、「いかにも」+「名詞＋らしい」の形で、「そのものの典型的な特徴・性質がよく現れている」「そのものにふさわしい様子である」という意味で使われる。 |

| 注意点 | ③は同意を表すが、ある程度の以上の年齢の男性が用いる古めかしい話し言葉。若者や女性が用いると仰々しく<ruby>ぎょうぎょう</ruby>感じられるのであまり用いない。 |

| 類義表現 | ①②「なんとも」 |

| 例文 | ① 宣伝を見ると、あの映画はいかにもおもしろそうだ。
① この携帯はいろいろな機能がついていていかにも便利そうだ。
② 青空に大きな入道雲<ruby>にゅうどうぐも</ruby>。いかにも夏らしい空になっている。
③ Ａ：太田先生でいらっしゃいますか。　　Ｂ：いかにもそうだ。 |

|問1|　（　　　）に入るものとして最も適切なものを A ～ D から一つ選びなさい。

❶ 「待て」と言われた犬は、まるで置物_{おきもの}のように微動_{びどう}（　　　）しなかった。

　　　A でも　　　　　　　B こそ　　　　　　　C ずに　　　　　　　D だに

❷ 給料は安いが、仕事がある（　　　）。

　　　A だけましだ　　　B だけなのだ　　　C よりほかない　　　D よりましだ

❸ 住んでいる地域に避難指示が出たため、避難（　　　）。

　　　A は余儀_{よぎ}なかった　　　　　　　　B を余儀_{よぎ}なくされた
　　　C を余儀_{よぎ}した　　　　　　　　　　D の余儀_{よぎ}がある

❹ お酒とたばこをやめてから（　　　）、体の調子がとてもよくなった。

　　　A というもの　　　B というのは　　　C というのに　　　D ということで

❺ 明日の避難訓練（　　　）、お願いしたいことが数点あります。

　　　A にあたり　　　　B に関するので　　　C をついて　　　　D を際し

❻ だんだんと、秋（　　　）きた。

　　　A めいて　　　　　B らしく　　　　　　C みたいに　　　　　D ように感じて

❼ 素直になればいい（　　　）、いつも本当の気持ちを伝えられない。

　　　A だけど　　　　　B ものを　　　　　　C ながら　　　　　D ところに

❽ 久々に会った元夫は、もう二度と顔も見たくないと（　　　）の態度だった。

　　　A 思わんばかり　　B 思うばかり　　　C 言うばかり　　　D 言わんばかり

❾ 主役を任せるのであれば、あの人気俳優より（　　　）。

　　　A しかない　　　　B だけではない　　　C ほかはいない　　D しかたない

❿ 大きな怪我_{けが}はしたものの、命が助かった（　　　）まだましだ。

　　　A ほか　　　　　　B より　　　　　　　C だけ　　　　　　D ものを

|問2|　下線部に入るものとして正しいものを A ～ D の中から選びなさい。

❶ 新型コロナウイルスの感染拡大は、開催期間の＿＿＿＿＿＿＿＿＿＿＿。

　　　A 延期を余儀_{よぎ}なくさせた

　　　B 延期を余儀_{よぎ}した

　　　C 延期を余儀_{よぎ}なくされた

　　　D 延期を余儀_{よぎ}ない

❷ 彼は＿＿＿＿＿＿＿＿＿＿＿＿話し方をしたが、本当は結構悩んでいるようだ。

    A 冗談めいた

    B 冗談ぶった

    C 冗談らしい

    D 冗談に至る

❸ 今日までの 30 年間、両親には＿＿＿＿＿＿＿＿＿＿＿＿愛情をもらってきた。

    A 疑わしいばかりの

    B 懐かしいばかりの

    C 言わんばかりの

    D あふれんばかりの

❹ インターネットで服を購入したが、いかにも＿＿＿＿＿＿＿＿＿＿＿＿ものが届いた。

    A 安くて

    B 安かった

    C 安いらしい

    D 安そうな

❺ 必死の努力の＿＿＿＿＿＿＿＿＿＿＿＿、第一志望の大学には合格できなかった。

    A かいあって

    B かいもなく

    C おかげさまあって

    D おかげもなく

┃問3┃ A～Dを並べ替えて文を作り、 ★ に入るものを一つ答えなさい。

❶ 事態が＿＿＿ ＿＿＿ ★ ＿＿＿、大変驚いている。

    A 予想   B だにしない   C 展開に   D なり

❷ ずいぶん頭がいい家族だ＿＿＿ ＿＿＿ ★ ＿＿＿東大を首席で卒業した。

    A 次男に   B とは   C 至っては   D 思っていたが

❸ 週末、買い物に行ったが＿＿＿ ＿＿＿ ★ ＿＿＿なかった。

    A 買い物   B あふれんばかりの

    C 人込みで   D どころでは

❹ 留学の実現＿＿＿ ＿＿＿ ★ ＿＿＿たくさん支えてもらった。

    A に   B には   C あたり   D 両親

❺ こんなに相手を怒らせたのだから、謝罪＿＿＿ ＿＿＿ ＿★＿ ＿＿＿。

    A する   B ない   C ほかは   D より

┃問4┃ （　　　　）内の文型を用いて文を完成させなさい。

❶ ＿＿＿＿＿＿＿＿＿＿＿＿＿＿＿＿＿＿＿＿＿＿＿＿＿＿＿＿、熱はまだ下がりそうにない。

                                                           （かいもなく）

❷ 会議は＿＿＿＿＿＿＿＿＿＿＿＿＿＿＿＿＿＿＿＿＿＿＿＿＿＿、まだ終わりそうにない。

                                                           （に至っても）

❸ ＿＿＿＿＿＿＿＿＿＿＿＿＿＿＿＿＿＿＿＿＿＿＿＿＿、彼女はすっかり変わってしまった。

                                                   （てからというもの）

❹ 大型の台風が接近しているため、＿＿＿＿＿＿＿＿＿＿＿＿＿＿＿＿＿＿＿＿＿＿。

                                                   （を余儀なくされる）

❺ 住む家を失った彼と比べると、＿＿＿＿＿＿＿＿＿＿＿＿＿＿＿＿＿＿＿＿＿＿＿。

                                                   （だけましだ）

第4課

日本人とビジネス（1）
ウエブ社会の変化

01　振り返る [ふりかえる]

アクセント― 3
品　　詞―動詞

〈意味〉過ぎた出来事について考える。後ろを向く。

・祖父は若い頃のことを振り返っては、私に昔話を聞かせてくれた。
・名前を呼ばれて振り返ると、知らない男が立っていた。

02　欠かす [かかす]

アクセント― 0
品　　詞―動詞

〈意味〉～なしで済ませること。～が足りない状態ですること。

※「欠かすことのできない」のように、多くは否定の形で用いる。

・彼は会社には欠かすことのできない人材です。
・醤油は日本料理をつくるときに欠かせない調味料です。

03　集約する [しゅうやくする]

アクセント― 0
品　　詞―動詞

〈意味〉物事を整理して集めて、一カ所にまとめること。

・学級委員長がクラスの生徒の意見を集約して先生に報告した。
・広告業務は本社に集約し、支社では営業のみを行うことになった。

04　見通し [みとおし]

アクセント― 0
品　　詞―名詞

〈意味〉以前の状況から、将来こうなるのではないかと思われる予測のこと。

・10 年先までの世界経済の見通しが発表された。
・この道は、昼間は見通しが利くが、夜になると何も見えない。
・新製品の完成がいつになるか、まったく見通しが立たない。

05　善し悪し [よしあし]

アクセント― 1 (2)
品　　詞―名詞

〈意味〉人の性格や行動、物事の道理としての善悪。

※表記を変えて「良し悪し」と書く場合は「魚の良し悪しを判断する」など、物の品質に対して用いる。読みは同じで、意味もよく似ているが、用法が異なるので注意。

・私は聖人君子ではないので、他人の行動の善し悪しを語る資格はない。

06　飛び交う [とびかう]

アクセント― 3
品　　詞―動詞

〈意味〉複数のものが入り乱れ行き交うこと。

・海の上をかもめが飛び交っていた。
・事件直後にはさまざまな憶測が飛び交っていた。

※目に見えないもの（言葉やうわさなど）にも使われる。

07　手軽 [てがる]

アクセント― 0
品　　詞―ナ形容詞

〈意味〉手間がかからず、簡単な様子。

・インスタント食品は、手軽に済ませる食事として人気です。
・この料理本には、日本料理の手軽なレシピが紹介されている。

08　いっそう

アクセント― 0
品　　詞―副詞

〈意味〉ある状態よりもさらに程度が大きくなること。ますます。

・初夏から真夏になり、昼間の暑さがいっそう辛くなってきた。
・友達の話を聞いて、海外への興味がいっそう強くなった。

09　もたらす

アクセント― 3
品　　詞―動詞

〈意味〉ある物事が、何かを引き起こしたり、ある状態を実現させること。

・戦争は国民に多くの犠牲をもたらす。
・経済の発展によって、人々に豊かな生活がもたらされた。

10　受け入れる [うけいれる]

アクセント― 0 (4)
品　　詞―動詞

〈意味〉何かを認めてそれを受け止めること。

・彼の申し出を受け入れるべきかどうか悩んでいる。
・ホストファミリーは家族の一員として私を受け入れてくれた。

第1課
第2課
第3課
第4課
第5課
第6課
第7課
第8課
第9課
第10課
第11課
第12課

11	アマチュア	〈意味〉職業とはしないで、趣味、もしくは余暇で行う人。

アクセント― 0
品　　詞―名詞

・最近は、アマチュアミュージシャンの演奏も質が高まってきており、プロの
ミュージシャンと遜色（そんしょく）がない。
・市民会館でアマチュアピアニストによるコンサートが開かれる。

12	唱える [となえる]	〈意味〉理論や学説、見解などを、人よりも先に主張すること。提唱（ていしょう）する。

アクセント― 3
品　　詞―動詞

・アインシュタインが唱えた「相対性理論」は世界で最も有名な理論の一つだ。
・占い師は不思議な呪文を唱えながらカードをめくった。

13	突入する [とつにゅうする]	〈意味〉場所や状態などに勢いをつけて入ること。

アクセント― 0
品　　詞―動詞

・20世紀中頃に、日本は高度経済成長期に突入した。
・警察が建物に突入したときには、犯人はいなくなっていた。

14	取り上げる [とりあげる]	〈意味〉何事かを特に選んで検討するか、もしくは問題として扱うこと。

アクセント― 0 (4)
品　　詞―動詞

・これは「食事と体の健康」をテーマとして取り上げた本だ。
・昨日のネット記事では、若者の貧困問題が取り上げられていた。

15	及ぶ [およぶ]	〈意味〉物事が広がっていく中で、今まで関係のなかった範囲にまで届くこと。達する。

アクセント― 0
品　　詞―動詞

・世界恐慌（きょうこう）によるアメリカの不景気の影響は世界各国に及んだ。
・地震によって起きた津波の被害は、広範囲に及んだ。

16	そもそも	〈意味〉ある事柄を改めて問題にするときに使う言葉。

アクセント― 1
品　　詞―接続詞

※物事のもとから考える、という意味の「そも」を重ねた言葉。転（てん）じて、名詞として「最初から。もともと。どだい」という意味を持つ。また副詞的にも使われる。

・君は今回の失敗を嘆いてばかりいるが、そもそも実験に失敗はつきものだ、
いつか成功すればいいじゃないか。（副詞）
・そもそも引越しを考える前に、多すぎる物をどうにかすることを考えよう。
（接続詞）
・私が留学を決めたそもそもの理由は恋人と別れたからだった。（名詞）

17	画一的 [かくいつてき]	〈意味〉工夫されずに同じ形でそこにある様。個性や特徴のない様。

アクセント― 0
品　　詞―ナ形容詞

・マニュアル通りで画一的（かくいつてき）な店員の対応には、うんざりする。
・画一的な教育では、子どもの主体性を育てることはできない。

18	あらかじめ (予め)	〈意味〉前もって。あることが起こる前にしておくこと。

アクセント― 0
品　　詞―副詞

・故障に備えてあらかじめパソコンのデータのバックアップを取っておく。
・団体旅行は、ご飯を食べる店もあらかじめ手配してくれるので楽だ。

19	乗っかる [のっかる]	〈意味〉相手の意見や考え方、方法に同意することで、同じ結果を得ようとすること。

アクセント― 0
品　　詞―動詞

※「乗る」はもともと「乗り物に乗る」という意味で、「運ばれる」という意味がある。そこから、「相手の意見に乗る」ことで、「同じ行き先に運ばれる＝同じ結果になる」という意味を持つようになった。

・今回の討論会では、私も君の意見に乗っかることにします。
・人の考えに乗っかっていても、オリジナリティは生まれない。

20 くまなく

アクセント─ 3 (2)
品　詞─副詞

〈意味〉隅から隅まで行き届いている様。余すところなく。

※くまなくは漢字で「隈無く」と書く。「隈」とは「物の陰で暗くなっている部分」を意味する。暗くなっている部分がない、つまり、すべての場所に光が届いている、という状況を示すことから、このような意味を持つようになった。

・街中をくまなく探したが、犯人は見つからなかった。
・海岸をくまなく調べたが、落とした財布はどこにもなかった。

問1 下線部の読み方として最も適切なものを、A～Dの中から一つ選びなさい。

❶ この道は夜になると<u>見通し</u>が悪くなるので、一人で歩かないほうがいい。

    A みとし　　　　　B みとうし　　　　C みとおし　　　　D みいとし

❷ 社会人になると、物事の<u>善し悪し</u>を考えて行動する責任が大きくなる。

    A よしあし　　　　B よいしあし　　　C よしあくし　　　D よしわるし

❸ 条例をめぐる話し合いでは、賛成意見と反対意見が激しく<u>飛び交</u>っていた。

    A とびこうって　　B とびかわって　　C とびまじって　　D とびかって

❹ 国のリーダーには、<u>画一的</u>ではない柔軟な対応が求められている。

    A がいちてき　　　B かくいつてき　　C がいつてき　　　D かくいちてき

❺ 2000年代半ばから、日本では「Web2.0」という言葉が<u>頻繁</u>に使われた。

    A ひんはん　　　　B びんはん　　　　C ひんぱん　　　　D ぴんはん

問2 下線部に入る語として最も適切なものを、A～Dの中から一つ選びなさい。

❶ 改めて中学校時代を＿＿＿＿＿みると、本当に友達に恵まれていたと思う。

    A 振りかぶって　　B 振り込んで　　　C 振り返って　　　D 振り出して

❷ 今朝のニュース特集は、最近の若者言葉について＿＿＿＿＿いた。

    A 取り上げて　　　B 取り返して　　　C 取り出して　　　D 取り組んで

❸ 彼の意見は、偏見に基づいたものであり＿＿＿＿＿ものではなかった。

    A 受け取れる　　　B 受け入れられる　C 受け継げる　　　D 受け止められる

❹ 社長の退任の理由については、多くの噂話が＿＿＿＿＿いる。

    A 飛びついて　　　B 飛び降りて　　　C 飛び込んで　　　D 飛び交って

❺ インターネット掲示板に匿名で誹謗中傷を＿＿＿＿＿、頭にきた。

    A 書き入れられて　　　　　　　　　B 書き出されて
    C 書き込まれて　　　　　　　　　　D 書き上げられて

問3 ▊から最も適切なことばを選び、下線部に正しい形で書きなさい。

❶ どこかでデートしたいと思ったが、＿＿＿＿＿彼女がいないことに気づいた。

❷ その店は不定休なので、店が開いているか＿＿＿＿＿調べて行ったほうがいい。

❸ ヨーロッパの歴史が好きなので、いつか各国を＿＿＿＿＿旅してみたい。

❹ ここまで頑張ってきたのに、＿＿＿＿＿日本語の勉強をやめるなんてもったいない。

❺ 新作映画の演技を見て、その女優のことが＿＿＿＿＿好きになった。

今さら　　いっそう　　そもそも　　くまなく　　あらかじめ

❻ 彼は、チームの優勝のためには＿＿＿＿＿ことのできない選手だ。

❼ たった一つの企業の倒産が、国の経済に大混乱を＿＿＿＿＿ことがある。

❽ 話し合いの結果を＿＿＿＿＿うえで、来週の会議で報告することになった。

❾ 世界で飛行機事故が起きると、陰謀説を＿＿＿＿＿メディアが必ず現れる。

❿ 彼はいつも人の意見に＿＿＿＿＿ばかりいて自分の意見を持っていない。

唱える　　乗っかる　　欠かす　　もたらす　　集約する

問4 ▊下線部に最も意味が近いものを、A〜Dの中から一つ選びなさい。

❶ 専門家の会議で発言したが、自分だけアマチュアの意見で恥ずかしかった。
    A 常識人　　　　　B 玄人　　　　　C 職業人　　　　　D 素人

❷ デザインの完成が遅れたので、商品の発売日は延期される見通しだ。
    A 計画　　　　　B 見込み　　　　　C 視界　　　　　D 目標

❸ 富士山は手軽に登れる山ではないので、ハイキングのつもりで行くと大変だ。
    A 気軽に　　　　B 気安く　　　　C 安楽に　　　　D 身近に

❹ 起業家に必要なのは、イノベーションを起こすための原動力だそうだ。
    A 発明　　　　　B 革新　　　　　C 回復　　　　　D 改善

❺ インターネットにアップされている動画のコンテンツにも著作権がある。
    A 題目　　　　　B 製作　　　　　C 内容　　　　　D 音声

■問5■ 見出しの表現を使用した文として最も適切なものを、A～Dの中から一つ選びなさい。

❶ 突入

    A その女優は週刊誌の<u>突入</u>インタビューを受けて、事実を話すことにした。

    B SNS上での個人に対する<u>突入</u>が法律で厳しく罰せられる国もあるそうだ。

    C 1990年代にバブル崩壊した後、日本は長い不況の時代に<u>突入</u>した。

    D 兄は18歳で料理人の世界に<u>突入</u>し、以来20年すし職人として働いている。

❷ 及ぶ

    A 彼は20年に<u>及ぶ</u>研究の成果として、500ページもある本を出版した。

    B 旅行先から毎日家族に手紙を出したのに、一通も<u>及ば</u>なかったそうだ。

    C 台風の影響を受け、バンコク行きの飛行機は5時間遅れで空港に<u>及んだ</u>。

    D 紙がなくなるという噂が<u>及び</u>、トイレットペーパーの買い占めが始まった。

❸ 画一的

    A 今度の件については、私は彼女の意見に<u>画一的</u>に賛成だ。

    B 参加費は、参加者全員から<u>画一的</u>に2,000円ずつ集めることになった。

    C 接客マニュアルは大切だが、<u>画一的</u>なサービスではお客は満足しない。

    D <u>画一的</u>に見ると問題はなさそうだが、細かい部分ではまだ改善点がある。

❹ 進化

    A 忘年会のはじめに、会社の今後の<u>進化</u>を願って全員で乾杯した。

    B 計算機は、1940年代にコンピュータへと<u>進化</u>したと言われている。

    C 幼児の<u>進化</u>においては、両親とのコミュニケーションが重要になる。

    D 彼女がついた小さな嘘が大事件に<u>進化</u>してしまい、会社は大騒ぎになった。

❺ 拡散する

    A 京都では夏になると建物の前に水を<u>拡散し</u>、暑さをしのいでいる。

    B 都市の地価が高くなっているため、工場を地方に<u>拡散させる</u>ことにした。

    C リモートワークでの勤務条件について、会社から資料が<u>拡散された</u>。

    D ネットに上げた写真は一瞬で世界中に<u>拡散される</u>ので注意が必要だ。

01　～かたわら

どう使う？	名詞（＋の） 動詞（－る） ＋ かたわら

意味　①「～する一方で、～している」という意味で、主な活動・作業をしながら、他の活動も両立させている。
②「～のそば」という意味を表す。

使い方　①の用法は、「AかたわらB」の形で「Aをしながら、（空いた時間に）Bをする」という両立させている様子を表すときに使う。Aは、職業や立場、活動など一定期間以上持続することを表す語に限られる。②の用法は「～（の）そば」と同じだが、情景描写として物語などで使われる文語的表現で、会話ではあまり使われない。

注意点　①の用法では主語が同じで、②の用法は主語が同じではない。また、二つの動作が同じ時間に並行して行われている場合には使えない。その場合は「～ながら」が使われる。

　🄌 音楽を聞きながら宿題をする。（✕ 聞くかたわら）

類義表現　「～のそば」「～ながら」

例文　① A社は小売業のかたわら、飲食店も経営している。
② 母が晩御飯を作っているかたわらで、父はピアノを弾いていた。

02　～ないまでも

どう使う？	動詞（－ない） ＋ までも

意味　「そこまでの程度には達しないが」という意味を表す。

使い方　後件では、「少なくとも～」「せめて～」くらいはできるだろうと、話し手が満足できる最低限の量や程度、内容が述べられる。「～言わないまでも／言えないまでも」「～とは行かないまでも」という形でよく使われる。

注意点　AとBは程度の違う同じ事柄を指し、Aのほうが程度が高い。Bは最低限の義務や相手の希望が入る。Bに入る内容によって強制の度合いが変化する。

例文　・毎年とは言わないまでも、たまには海外旅行に行きたい。
・確実とは言えないまでも、まず試験には合格することでしょう。
・（予約をキャンセルした場合）　全額とはいかないまでも、せめて50%返金してほしい。

03　〜ずくめ

どう使う？	名詞 ＋ ずくめ

意味　「身の回りにあるのがそればかりである」もしくは「全体的に〜ばかりである」ということを表す。

使い方　「黒ずくめ」「いいことずくめ」「ごちそうずくめ」など決まった言い方で使うことが多い。

注意点　特に、「黒ずくめ」のように、色を表すときには「黒」以外には使えないことに注意しなければならない。例えば、「白ずくめの服装」は誤用となる。もし、白いものばかりを身につけていることを表したければ、「白基調の服装」（※基調＝何かを基本にして全体を調えること）か「白一色の服装」（※一色＝一種類しかないことを示す。色以外にも使う）にする。

類義表現　「〜ばかり」「〜だらけ」「〜まみれ」

例文　・彼はいつも黒ずくめの格好をしている。
　　　　・試験にも合格したし、彼女もできたし、最近いいことずくめだ。

04　〜なしに（は）／〜なくして（は）

どう使う？	名詞 ＋ なしに（は）／なくして（は）

意味　①「Aなくして（は）B」「Aなしに（は）B」の形で、「Aが成立しないならBも成立はしないだろう」という仮定推量の意味を表す。
　　　　②「AなしにB」の形で、「AをせずにBをする」という意味を表す。

使い方　①の用法は、は仮定推量の用法であるが、通例、かなり確信している場合に用いる。また、「だろう」などの表現は省略される場合もある。②の用法の場合は、通例、「するのが当たり前であるがそれをしないで、〜をする」という文脈で使われる。

注意点　「彼は何の連絡もなしに突然姿が消えた」のように、「何の」の場合は「も」が入って、「何の[名詞]もなしに」という形で使われる。

類義表現　「〜抜きにして」「〜しないで」「〜しなければ」「〜がいなければ／なければ」「〜がいなかったら／なかったら」

例文　① インフラ問題の解決なくして、この国の発展は期待できない
　　　　② この寮では、断りなしに外部の人を入れてはいけないことになっている。
　　　　② 日本語能力試験N1に合格したが、字幕なしには日本の映画を見ることはできない。

問1 （　　　）に入るものとして最も適切なものを A 〜 D から一つ選びなさい。

❶ 有名な作家はいつも忙しいから、面会の約束（　　　）人と会ったりしない。

    A なしに　　　　　　B を兼ねて　　　　　C ことなく　　　　　D 抜きに

❷ 海外旅行とは言わ（　　　）、国内旅行ぐらいは年に 1 回はしたい。

    A ずにはいられない　　　　　　　　B ないまでも

    C なければならない　　　　　　　　D ないで

❸ 母は家事の（　　　）、近所に住む外国人に日本語を教えている。

    A そばに　　　　　　B がてら　　　　　　C ついでに　　　　　D かたわら

❹ 毎日家にいて誰にも会わない（　　　）、身だしなみには気をつけている。

    A ともかく　　　　　B とすると　　　　　C とはいえ　　　　　D となると

❺ 明日テストがあるから、今晩遅くまでゲームをする（　　　）。

    A わけだ　　　　　　B わけではない　　　C ところだ　　　　　D わけにはいかない

❻ 今日は日曜日だから、銀行は閉まっている（　　　）。

    A べきだ　　　　　　B ことだ　　　　　　C はずだ　　　　　　D ものだ

❼ やると言ったからには、最後までやり抜く（　　　）と思う。

    A べきだ　　　　　　B ところだ　　　　　C いかんだ　　　　　D みたいだ

❽ 一億円ある（　　　）、真面目な人でも働かなくなるだろう。

    A といっても　　　　B とすると　　　　　C からといって　　　D からには

❾ レストラン F は大阪（　　　）、全国 30 か所に出店している。

    A をはじめ　　　　　B をなしに　　　　　C かたわら　　　　　D ずくめ

❿ 明日がレポートの締切だと知り（　　　）、つい遊んでしまった。

    A つつ　　　　　　　B なくして　　　　　C がてら　　　　　D かねなくて

問2 下線部に入るものとして正しいものを A 〜 D の中から選びなさい。

❶ インターネットが便利な道具であるとはいっても、＿＿＿＿＿＿＿＿＿＿＿＿。

    A いいことずくめではない

    B いいことばかりだ

    C いいことにすぎない

    D いいことと言えないまでもない

❷ AIには負の側面が存在することも認めつつ、＿＿＿＿＿＿＿＿＿＿＿。

    A　開発を促進するまでもない

    B　開発を促進しなくてもいい

    C　開発を促進していくほうが大事だ

    D　開発を促進するわけにはいかない

❸ 完全に暗記できないまでも、＿＿＿＿＿＿＿＿＿＿＿。

    A　100％覚えておくべきでしょう

    B　80％くらいは覚えておくべきでしょう

    C　10％くらいは覚えておくべきでしょう

    D　覚えておく必要がないでしょう

❹ 母は会社で働くかたわら、＿＿＿＿＿＿＿＿＿＿＿。

    A　大学院で勉強もしていた

    B　毎日遅くまで残業していた

    C　父も同じ会社で働いていた

    D　家事があまりできなかった

❺ 彼の活躍なしには、＿＿＿＿＿＿＿＿＿＿＿。

    A　チームはもっと仲良かったはずだ

    B　チームの勝利は期待できたでしょう

    C　チームはもっと強くなれたはずだ

    D　チームの勝利はなかったでしょう

┃問3┃　A～Dを並べ替えて文を作り、★に入るものを一つ答えなさい。

❶ 父は鉄道会社で＿＿＿　＿＿＿　★　＿＿＿としても活躍している。

    A　かたわら　　　　　B　する　　　　　C　小説家　　　　　D　電気技師を

❷ 毎日＿＿＿　＿＿＿　★　＿＿＿。

    A　たまには　　　　　　　　　　　B　いい店で

    C　食べたい　　　　　　　　　　　D　とは言わないまでも

❸ 休日の出勤は、＿＿＿　＿＿＿　★　＿＿＿。

    A　なしに　　　　　　　　　　　　B　ことになっている

    C　届け出　　　　　　　　　　　　D　してはいけない

❹ 彼は_____ _____ ★ _____、暑苦しそうに見える。

    A 黒ずくめ   B 格好をして   C 夏でも   D の

❺ 彼はまだ_____ _____ ★ _____なんてできない。

    A 一人暮らし   B ので   C 子ども   D にすぎない

問4 （   ）内の文型を用いて文を完成させなさい。

❶ 母が＿＿＿＿＿＿＿＿＿＿＿＿＿＿＿＿＿＿＿＿＿、子どもは折り紙で遊んでいる。

                                               （かたわら）

❷ 毎日＿＿＿＿＿＿＿＿＿＿＿＿＿＿＿＿＿、このままだと自分がすりへっていきそうだ。

                                               （ずくめ）

❸ ＿＿＿＿＿＿＿＿＿＿＿＿＿＿＿＿＿＿＿＿＿＿、この目標は達成できない。

                                             （なくしては）

❹ ＿＿＿＿＿＿＿＿＿＿＿＿＿＿＿＿＿＿＿＿＿＿、せめて３割引きくらいにしてほしい。

                                             （ないまでも）

第5課

日本人とビジネス（2）
ドラッカーの経営学

01　目覚める [めざめる]

アクセント— 3
品　　詞— 動詞

〈意味〉気がつかなかったものに気がつく。または眠っていた能力を発揮し始めること。

・彼は学問の魅力に目覚めた。
・アニメの主題歌を聞いて日本語の音声のおもしろさに目覚めた。

02　留まる [とどまる]

アクセント— 3
品　　詞— 動詞

〈意味〉ある場所に止まっていること、またある範囲から出ないこと。

・日本の製造業は、国内に留まらず積極的に海外に進出している。
・大雨が降ってきたのでしばらく山小屋の中に留まることにした。

03　口出し [くちだし]

アクセント— 0
品　　詞— 名詞

〈意味〉口を出すこと。本来であれば意見する立場にないのに意見すること。

・余計な口出しはしないでくれ。
・親友でもお互いの家庭のことに口出しするのは控えるべきだ。

04　ぶち

アクセント— ー
品　　詞— 接頭語

〈意味〉動詞につくことで程度を強めたり勢いをつける語。

※「ぶっ」「ぶん」などはこれの発音が変化したもの。

※程度を強くする言葉であるが、通例 (つうれい) では乱暴な意味で使われるので、正式な場所では使われない。

・結婚式のスピーチの最中に不謹慎 (ふきんしん) な発言があり、せっかくのお祝いの席がぶち壊しになった。
・彼はマンションを二部屋買い、壁をぶち抜いて改装したそうだ。

05　都度 [つど]

アクセント— 1
品　　詞— 名詞

〈意味〉そのたびに。毎回。

※「その都度」の形で多く使われる。

・失敗はその都度直せばいい。
・わからないことは、その都度先輩に聞いて教えてもらった。

06　立ち返る [たちかえる]

アクセント— 3 (0)
品　　詞— 動詞

〈意味〉ある位置に戻ること。基本にしていることを思い出して、そこから始めること。

・うまくいかないときは、まずは一度初心に立ち返ってみることだ。
・基本に立ち返って考えてみたら、いいアイディアが浮かんだ。

07　指針を求める
　　　[ししんをもとめる]

アクセント— ー
品　　詞— 慣用表現

〈意味〉進むべき方向を見いだそうとすること。

※「指針」とはもともとはコンパスの針のこと。そこから「物事の進む方向を示す」という意味になった。

・彼は父の言葉に自らの指針を求めた。
・人生に迷ったら、哲学者の言葉に指針を求めるようにしている。

08　ネームバリュー

アクセント— 4 (バ)
品　　詞— 名詞

〈意味〉直訳では「名前の価値」。著名人の名前が持つ社会的な影響力。

※和製英語である点に注意。企業などの場合は同じ意味で「ブランド」と言う場合もある。

・アメリカ大リーグのチームは、ネームバリューの高い日本人選手を採用することで、日本のファンも獲得しようとしている。
・ネームバリューを利用して政治家になろうとする芸能人は多い。

09 大して [たいして]

アクセント― 1
品　　詞― 副詞

〈意味〉「大して～ない」の形で、「それほど～ではない」の意味で使われる。

・有名なわりには、この店の料理は大しておいしくない。
・身長は私と大して変わらないのに、彼女のダンスはダイナミックですばらしい。

10 曲芸 [きょくげい]

アクセント― 0
品　　詞― 名詞

〈意味〉普通の人にはできない、危険もしくは難しい芸当。

・一輪車世界大会優勝チームのすばらしい演技は、もはや曲芸の域に達している。
・彼女はまるで曲芸師のように自転車の上で立ち上がった。

11 試みる [こころみる]

アクセント― 4
品　　詞― 動詞

〈意味〉実験的に何かをしてみること。（結果がわからないことを）実際にやってみること。

・彼は社内に新たな情報共有システムの導入を試みた。
・車が故障したので自力で修理を試みたが、途中であきらめた。

12 携わる [たずさわる]

アクセント― 4
品　　詞― 動詞

〈意味〉（仕事などに）関わること。参加する。

・彼は医療関係の仕事に携わっています。
・脚本家である母は、テレビドラマの制作にも携わっている。

13 身の回り [みのまわり]

アクセント― 0
品　　詞― 名詞

〈意味〉日常で生活する中で必要な物事。その周辺。

・彼は身の回りのことがうまくできない。
・親に何も言わず、少年は身の回りのものだけを持って家出した。

14 古風 [こふう]

アクセント― 1
品　　詞― ナ形容詞

〈意味〉昔のまま変わらないでいる様子。古めかしい様子。

・彼は古風な物言いをする。
・父は特に教育に関しては古風な考え方でしつけも厳しかった。

15 ことあるごとに
（事ある毎に）

アクセント― ―
品　　詞― 慣用表現

〈意味〉関連する何かが起こるたびに。折に触れては。

・彼はことあるごとに昔の話ばかりをする。
・祖父はことあるごとにおもちゃを買ってプレゼントしてくれた。

16 レジュメ

アクセント― 0
品　　詞― 名詞

〈意味〉論文、講演、会議の要点を短くまとめたもの。

・会議のレジュメを作成する。
・今日中に来週の発表用のレジュメを終わらせないといけない。

17 払う [はらう]

アクセント― 2
品　　詞― 動詞

〈意味〉気持ちをあることに向けること。

※本文では「関心＝興味」、「関心を払う」＝「興味を持つ」

・私は彼の努力に尊敬の意を払う。
・高いグラスと聞いて、割らないように細心の注意を払いながらワインを飲んだ。

18 個々 [ここ]

アクセント― 1
品　　詞― 名詞

〈意味〉多くあるもの中での一つ一つ。おのおの。それぞれ。

・多感な時期の中学生の教育現場では、個々の考えの違いを認めることが大切だ。
・チームが勝つためには個々の力を十分に発揮する必要がある。

19 結束力 [けっそくりょく]

アクセント― 3
品　　詞― 名詞

※《接尾語「～力」》で「～できる力」という意味を持つ。

・難題を高い結束力で解決する。
・友人と3人で共同生活をするうちに、結束力が生まれてきた。

20	掲げる [かかげる]	〈意味〉人に見えるように高い所に上げること。方針をわかるように明確にすること。

20 掲げる [かかげる]
アクセント― 0
品　詞― 動詞

〈意味〉人に見えるように高い所に上げること。方針をわかるように明確にすること。
・日本は資本主義を掲げている。
・彼はオリンピック出場を目標に掲げて毎日練習を続けている。

21 生かす [いかす]
アクセント― 2
品　詞― 動詞

〈意味〉人や物などを有効に使うこと。活用する。
　　　※「活かす」とも書く。
・地元の食材を生かした料理。
・留学の機会を最大限に活かして、多くのことを学びたい。

22 かつて（嘗て）
アクセント― 1
品　詞― 副詞

〈意味〉過去のある時点を示す。
・かつてここには大きな杉の木があった。
・かつてサッカーをした公園は、今では駐車場になってしまった。

23 定年 [ていねん]
アクセント― 0
品　詞― 名詞

〈意味〉法律や契約上の規則により、一定の年齢で退職すること。
・今年、私は定年で会社を退職する。
・父は定年後ゆっくり温泉旅行を楽しみたいと言っている。

24 ノウハウ
アクセント― 1
品　詞― 名詞

〈意味〉物事のやり方。特に、専門的な技術のことを指すことが多い。
　　　※英語の「know」と「how」に由来する和製英語。
・起業をめざしているとしても、企業に就職して仕事のノウハウを学ぶことは重要です。
・ラーメン屋で3年働いて飲食店のノウハウを知ることができた。

25 あらゆる
アクセント― 3
品　詞― 連体詞

〈意味〉当てはまるものすべてのものという意味。
・彼女はあらゆる形態の女性差別撤廃をめざして活動しています。
・ピアニストになるために、彼女はあらゆるものを犠牲にして今まで頑張ってきた。

26 顧みる [かえりみる]
アクセント― 4
品　詞― 動詞

〈意味〉気にかけること。また、過去を思い出して考えること。
　　　※原義（げんぎ）は「返り見る」、振り向いて後ろを見ることを指す。
・現状を顧みないで行動を起こしても失敗するだけだ。
・父は仕事人間で、まったく家庭を顧みない人だった。
・韓国に留学していた一年間は、自分を顧みるよい時間になった。

27 なし得ない
（成し得ない・為し得ない）
[なしえない]
アクセント― ―
品　詞― 慣用表現

〈意味〉～することができない。
　　　※「成す」＋「得ない」。「成す」は「～する」の意味。「得ない」は接尾語「得る」の否定の形。「得る」は「～できる」の意味。「得ない」は「～できない」の意味。
・彼の存在なくしてはこの計画の成功はなし得ない。
・彼は18歳の若さで、今まで誰もなし得なかった偉業を達成した。

28 つぶる（瞑る）
アクセント― 0
品　詞― 動詞

〈意味〉目を閉じること。（何かを）見ないようにして見逃すこと。
　　　※「目／眼を～」の形で用いる。
・小さな失敗には目をつぶることも必要だ。
・彼は目をつぶってしばらく考えていたが突然わかったと叫んだ。

29	即座 [そくざ]	〈意味〉その場で〜する。ただちに。すぐに。
	アクセント― 1 品　詞― 名詞	※通例 (つうれい)、「即座に」の形で使われる。
		・彼は問題を即座に解決した。
		・あのクラスは優秀な学生が多く、何を質問しても即座に答えが返ってくる。
30	めぐる (巡る)	〈意味〉(事柄や人物に) 関連する。〜に関する。
	アクセント― 0 品　詞― 動詞	・このドラマは日本のとある武士の一生をめぐる物語である。
		・近所のゴルフ場開発をめぐる問題はなかなか解決しそうもない。
31	賃金 [ちんぎん]	〈意味〉労働に対して労働者が受け取る報酬。給料。
	アクセント― 1 品　詞― 名詞	※ほとんどの場合は通貨だが、現物 (げんぶつ) で受け取る場合も賃金という。
		・時給とは 1 時間あたりの賃金のことだ。
		・地域による賃金格差が大きな社会問題になっている。
32	さなか (最中)	〈意味〉まさに〜しているとき。〜がもっとも盛んなとき。真っ最中。
	アクセント― 1 品　詞― 名詞	・観光旅行のさなかに病気になってしまった。
		・1970 年代、日本は高度経済成長のさなかだった。
33	もはや (最早)	〈意味〉どうにかできるタイミングは過ぎている状態。すでに。今となっては。
	アクセント― 1 品　詞― 副詞	・彼にはもはや昔のような権力はない。
		・問題はどんどん大きくなり、もはや私たちで解決できる規模ではなくなっていた。

問1 下線部の読み方として最も適切なものを、A〜Dの中から一つ選びなさい。

❶ 彼の活躍は音楽に<u>留まる</u>ことなく、デザインや映像分野にも及んでいる。

       A　とまる　　　　　B　りうまる　　　　C　とどまる　　　　D　るいまる

❷ 来日したての頃は、わからないことは、その<u>都度</u>先輩に教えてもらっていた。

       A　ついど　　　　　B　つうど　　　　　C　つどう　　　　　D　つど

❸ 息子はサーカスの<u>曲芸</u>を見て自分もやりたいと体操教室に通い始めた。

       A　きょくげい　　　B　くせげい　　　　C　まげげい　　　　D　まがげい

❹ うちの父は、<u>定年</u>したら母と二人で世界旅行に行く約束をしている。

       A　じょうねん　　　B　てえねん　　　　C　さだねん　　　　D　ていねん

❺ <u>個々</u>の考えの違いがあってこそ、話し合う意味があるというものだ。

       A　こご　　　　　　B　こっこ　　　　　C　 here　　　　　D　こっこう

問2 下線部に入る語として最も適切なものを、A〜Dの中から一つ選びなさい。

❶ 物事がうまくいかないときは、原点に＿＿＿＿＿みるといい。

       A　立ち返って　　　B　立ち入って　　　C　立ち向かって　　D　立ち会って

❷ 順調に進んでいた商品開発は、予算不足という大きな壁に＿＿＿＿＿。

       A　ぶち込んだ　　　B　ぶちまけた　　　C　ぶち当たった　　D　ぶち壊した

❸ 仲がいいといっても、人の子育ての考え方に＿＿＿＿＿する権利はない。

       A　手出し　　　　　B　目出し　　　　　C　顔出し　　　　　D　口出し

❹ 60年間職人として仕事を続けることは、誰でも＿＿＿＿＿ことではない。

       A　わかり得る　　　B　なし得る　　　　C　あり得る　　　　D　され得る

❺ 難しいことに挑戦し困難を＿＿＿＿＿ときに、人間は大きく成長する。

       A　乗り換えた　　　B　乗りこなした　　C　乗り越えた　　　D　乗り込んだ

問3 　　　　　から最も適切なことばを選び、下線部に正しい形で書きなさい。

❶ 何度も考えてみたが、＿＿＿＿＿自分の考え方は間違っていないと思う。

❷ 兄弟は、父親から女の人を泣かせてはいけないと＿＿＿＿＿教えられてきた。

❸ この場所には、＿＿＿＿＿私が通った小学校があったはずだ。

❹ 夫は＿＿＿＿＿普通のサラリーマンで、どこにでもいる中年男性だ。

❺ 有名料理人だと聞いたが、料理の味は近所の店と＿＿＿＿＿変わらなかった。

かつて	大して	ことあるごとに	やはり	ごく

❻ 子どもがまだ小さいので、外を散歩するときは常に注意を＿＿＿＿＿いる。

❼ 仕事でミスをしたが、部長が目を＿＿＿＿＿くれたおかげで助かった。

❽ 今でも悩んだときは、大学の恩師（おんし）の言葉に指針（ししん）を＿＿＿＿＿ことが多い。

❾ 到着した消防士は、危険を＿＿＿＿＿ずに、火の中に飛び込んでいった。

❿ 卒業したら、留学経験を＿＿＿＿＿ことのできる仕事をするつもりだ。

求める	払う	いかす	つぶる	顧みる

問4 下線部に最も意味が近いものを、A～Dの中から一つ選びなさい。

❶ 会社の新しいプロジェクトに携わり、多くの貴重な経験ができた。
　　A 従事する　　　B 主従する　　　C 従属する　　　D 服従する

❷ 警察は犯人グループに対して電話で説得を試みたが、失敗に終わった。
　　A いどんだ　　　B せかした　　　C のぞんだ　　　D ためした

❸ 優勝を目指して毎日練習を重ねるうちに、チームに結束力が生まれてきた。
　　A 団体　　　　　B 集団　　　　　C 団結　　　　　D 集合

❹ 彼女は即座に否定したが、私たちはまだ彼女が怪しいと思っている。
　　A 確固　　　　　B 早速　　　　　C 強固　　　　　D すぐ

❺ 法律が変わり、同一労働に対しては同一賃金が保証されることになった。
　　A 日当　　　　　B 相当　　　　　C 該当　　　　　D 見当

第1課 第2課 第3課 第4課 第5課 第6課 第7課 第8課 第9課 第10課 第11課 第12課

67

|問5| 見出しの表現を使用した文として最も適切なものを、A〜Dの中から一つ選びなさい。

❶ 最中

    A　広場の<u>最中</u>にある噴水では、たくさんの親子が水遊びをしている。

    B　1990年代の<u>最中</u>に流行したJ-POPのCDを趣味で集めている。

    C　マラソン大会ではコースの<u>最中</u>地点に給水ポイントがある。

    D　シャワーを浴びている<u>最中</u>に知り合いから電話がかかってきた。

❷ 身の回り

    A　年老いた母は、町のヘルパーに<u>身の回り</u>の世話をしてもらっている。

    B　帰りが遅いので夜洗濯していたら、<u>身の回り</u>の人から苦情がきた。

    C　祖母のお葬式に行った後、急に死が<u>身の回り</u>に感じられるようになった。

    D　ホテルの<u>身の回り</u>には緑が広がっていて朝散歩すると気持ちがよかった。

❸ 掲げる

    A　このビタミン剤は、体の免疫力を<u>掲げる</u>と雑誌で紹介されていた。

    B　娘の高校では、成績はすべて教室の後ろの壁に<u>掲げ</u>られるそうだ。

    C　選手団はスタジアムに入場すると各国の国旗を<u>掲げ</u>てパレードを行った。

    D.　夜間の外出を禁止する条例に対して、市民は反対の声を<u>掲げ</u>ている。

❹ ネームバリュー

    A　友人の<u>ネームバリュー</u>にかけて、彼はそんな人間ではないと証言した。

    B　子どもが<u>ネームバリュー</u>品を欲しがる背景にはメディアの影響がある。

    C　人によって考え方や<u>ネームバリュー</u>は違うのだから、決めつけはよくない。

    D　大企業の<u>ネームバリュー</u>と競うためには、商品の質を高めるしかない。

❺ ノウハウ

    A　アルバイト先の不動産屋の社長から会社経営の<u>ノウハウ</u>を学んだ。

    B　学校で学んだ教科書の<u>ノウハウ</u>は、思わぬところで役立つことが多い。

    C　車の自動運転の<u>ノウハウ</u>が開発されれば、事故が減り渋滞も解消される。

    D　彼は学生時代から舞台演劇に出演し、俳優としての<u>ノウハウ</u>を積んだ。

01　～に（も）まして

| どう使う？ | 名詞 ＋ に（も）まして |

意味　「よりももっと」という比較の意味を表す。

使い方　「～よりも」との言い換えが可能であるが、比較元の名詞の評価という点で、「～よりも」は中立的であり、「～にまして」は「そもそも比較元の程度が大きい（大きかった）のに、それをさらに上回って」というニュアンスがある。

注意点　「前」や「何」、「いつ」など、抽象的な語と用いられることが多い。

類義表現　「～よりも」「～に加えて」「～よりも」「～の上に」

例文
・太郎は食いしん坊だ。だが、次郎は太郎にもましてよく食べる。
・以前にもまして自動車の排気ガスによる汚染がひどくなった。

02　～ばこそ

| どう使う？ | 名詞 / ナ形（–であれば）
イ形（–ければ）
動詞（–ば）　＋　こそ |

意味　現在の状態や出来事の前提について、その理由や根拠を強調する。

使い方　文末に用いる場合（①）と、理由を表す節として用いる場合（②）がある。いずれの場合も、現在の状態や出来事の前提として、絶対に欠くことのできない条件であることを強調するため、評価としてプラスとなる。

注意点　「～からこそ」に比べて硬い表現であり、書き言葉的である。「～からこそ」がプラス・マイナスの区別なく用いることができるのに対して、「～ばこそ」は、その理由がプラスに働く場合にしか用いることができない。

類義表現　「～からこそ」

例文
① このような偉業を達成できたのも、周囲のあたたかいサポートがあればこそだ。
② 健康な体があればこそ、仕事や恋愛といった、生きる楽しみを味わえるのだ。

03　〜と思いきや

どう使う？	節 ＋ と思いきや

意味　結果が予想に反したことを示す。

使い方　節につくのが一般的であるが、「山田さんかと思いきや」のように「名詞＋かと思いきや」の形でも使うことができる。

注意点　やや古い文語的表現。「〜かと思いきや」と「か」を伴って表現することもある。

類義表現　「〜と思えば」「〜と思ったら」

例文
・チャンピオンが勝つのかと思いきや、まさかの失格になってしまった。
・今日は予報どおりに晴れになるかと思いきや、雨が降り出してきた。
・彼は考え込んで目を閉じているのかと思いきや、眠っているだけだった。

04　〜にこしたことはない

どう使う？	名詞 / ナ形（である） イ形（–い）/ 動詞（–る） ＋ にこしたことはない

意味　条件を仮定する中で「（必ずしもそうでなくてはいけないということはないが）状況は〜のほうが勝っている」という意味を表す。

使い方　「〜ほうがいい」のように相手に対する働きかけで用いられることはほとんどなく、独話（どくわ）的に用いられる。また、現在の状況に対する判断なので、過去形で用いられることはない。

注意点　通例（つうれい）、一般的によい状況であると認められるのが、当たり前である物事や事柄に用いられる。また、仮定した条件は省略して用いられることも多い。

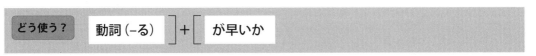
　　人生の選択肢は多いにこしたことはない。
　　（＝人生の選択肢は（もし増やせるのであれば）多いにこしたことはない。）

類義表現　「〜ほうがいい」

例文
・同じ内容の仕事をするなら、給料が高い会社でするにこしたことはない。
・もし休める時間があるなら、休むにこしたことはない。
・十分にこなせるなら、両方やるにこしたことはない。

05　〜が早いか

どう使う？	動詞（–る） ＋ が早いか

意味　「Aが早いかB」で、「Aが起こってからほぼ同時に（直後に）Bが起こる」という意味を表す。

使い方　「Aが早いかBが早いかわからない」という構文が略された形で、AとBがほぼ同時に始まるという意味の慣用的な表現。

注意点	一般に、前件と後件の主語が同じになる。
類義表現	「～とほぼ同時に」「～や（否や）するとすぐに」
例文	・彼はその話を聞くが早いか猛然と怒り出してしまった。 ・チーターは獲物を見つけるが早いかものすごいスピードで襲いかかった。

06　～にあって

どう使う？	名詞 ＋ にあって

意味	「AにあってB」の形で、「Aのような状況や状態にいるなかで、Bをする」あるいは「Aのような状況や状態にいるにもかかわらず、Bをする」という意味を表す。
使い方	順接の意味になる場合は、Aには場所や時間などの状況が来る場合が多く、逆接の意味になる場合は職業や立場など人間の属性に関するものが来る場合が多い。
注意点	意味の違いはAとBの関係によって決まる。BがAにふさわしい行動でない場合にのみ、「Aのような状況や状態にいるにもかかわらず、Bをする」という意味を持つことに注意。
類義表現	「～の中で」「～であるにもかかわらず」「～にありながら」
例文	・知らない土地にあって、家族を養うのは大変だ。 ・彼は、社長という立場にあって、常に社員のことを気にかけている。 ・警察官という職にあって、窃盗を行うとは許せない。 ・祖母は100歳にあって、まだまだ元気に農業を営んでいる。

┃問1┃ （　　　）に入るものとして最も適切なものをA〜Dから一つ選びなさい。

❶ 新しい映画が公開されたので見に行ったが、前作（　　　）つまらなかった。
　　　A　にかけて　　　　B　にもよって　　　　C　に超えて　　　　D　にもまして

❷ 子どもたちを指導する立場（　　　）、危険な遊びはさせられない。
　　　A　としては　　　　B　については　　　　C　によっては　　　　D　に関しては

❸ これまで積み重ねてきた経験こそが、本番では必ず活きる（　　　）。
　　　A　べきだ　　　　B　からだ　　　　C　ものだ　　　　D　わけだ

❹ これまで長く取り組んできた仕事だが、この状況ではあきらめ（　　　）。
　　　A　ざるを得ない　　　B　がいがない　　　C　かけられない　　　D　ようがない

❺ このチームに君が（　　　）、今回のプロジェクトが成功できたのだ。
　　　A　いるからには　　　B　いればこそ　　　C　いるとすれば　　　D　いるならば

❻ 太陽が西から昇ることは、天と地がひっくり返っても（　　　）。
　　　A　なし得ない　　　B　あり得ない　　　C　やむを得ない　　　D　禁じ得ない

❼ 試合が佳境を迎えている（　　　）、彼女は戦線を離脱することになった。
　　　A　さなかに　　　　B　まさに　　　　C　最後に　　　　D　ところに

❽ やっと届いたのかと（　　　）、予想していたのと違うものだった。
　　　A　思うように　　　B　思いきや　　　C　思いきり　　　D　思うには

❾ 彼女は質問を聞く（　　　）、「在庫はこの展示品しかない」と答えた。
　　　A　につけて　　　　B　を認めて　　　　C　からに　　　　D　が早いか

❿ もう明日が締め切りだというのに、とっかかり（　　　）できていない。
　　　A　すら　　　　B　つつ　　　　C　まで　　　　D　だけ

┃問2┃ 下線部に入るものとして正しいものをA〜Dの中から選びなさい。

❶ もし大学に進学できるのであれば、進学する＿＿＿＿＿＿＿＿＿＿。
　　　A　するわけがない
　　　B　にこしたことはない
　　　C　ことはありえない
　　　D　にはほかならない

❷ _____、このような決断をされたことに感謝したい。

     A 厳しい状況について

     B 厳しい状況にかけて

     C 厳しい状況によって

     D 厳しい状況にあって

❸ このようなときこそ、これまでの蓄積が_____。

     A 繰り返されるはずだ

     B 顧みられるべきだ

     C 見返されるようだ

     D 返還されるそうだ

❹ 曇(くも)りの日が続くなか、今日こそ晴れるか_____、大雨が降り出した。

     A といえども

     B ときたら

     C とはいえ

     D と思いきや

❺ あの老人は_____、昔の思い出話ばかりする。

     A ことあるごとに

     B あるかのように

     C いつかみたいに

     D 言わんばかりに

問3 A～Dを並べ替えて文を作り、★に入るものを一つ答えなさい。

❶ 彼女は_____ _____ ★ _____を端から順に調べ始めた。

     A 着く   B 本棚   C が早いか   D 図書館に

❷ 災害時を問わず、_____ _____ ★ _____は重要だ。

     A 場面で   B 安全経路の   C 確認   D あらゆる

❸ 十分な鍛錬(たんれん)が_____ _____ ★ _____。

     A 真の   B あればこそ   C 実力が   D 発揮できる

❹ 彼は_____ _____ ★ _____十分にできない。

     A 身の回り   B すら   C こと   D の

❺ この街はもともと寂(さび)れていたが、＿＿＿＿ ＿＿＿＿ ＿★＿ ＿＿＿＿。

      A 寂しくなった　　　B にも　　　　　　　C 以前　　　　　　　D まして

┃問4┃ （　　　　）内の文型を用いて文を完成させなさい。

❶ ＿＿＿＿＿＿＿＿＿＿＿＿＿＿＿＿＿＿＿＿＿＿＿＿＿＿＿、自身の健康に無頓着(む とんちゃく)なのは問題だ。

（にあって）

❷ こんなところまで浸水(しんすい)しているとは、＿＿＿＿＿＿＿＿＿＿＿＿＿＿＿＿＿＿＿＿＿＿＿＿。

（もはや）

❸ ＿＿＿＿＿＿＿＿＿＿＿＿＿＿＿＿＿＿＿＿＿＿＿＿＿、まさか彼女が会長になるとは意外だ。

（思いきや）

❹ 「能ある鷹(たか)は爪を隠す」とは、自信が＿＿＿＿＿＿＿＿＿＿＿＿＿＿＿＿＿＿＿＿＿＿＿＿。

（ばこそ）

❺ 不景気がこれだけ続くと、＿＿＿＿＿＿＿＿＿＿＿＿＿＿＿＿＿＿＿＿＿＿＿＿＿＿＿。

（だけましだ）

第6課

日本人と文学（1）
「心を支配するもの」に向き合う

| 01 | **殺到する** [さっとうする] | 〈意味〉出来事や人、動物が一箇所に大量に集中すること。 |
| | アクセント— 0
品　詞—動詞 | ・人気のある仕事には応募が殺到する。
・店がテレビで紹介されると、全国から観光客が殺到した。 |

| 02 | **生業** [なりわい] | 〈意味〉生活を成り立たせるためにしている仕事のこと。 |
| | アクセント— 0 (3)
品　詞—名詞 | ・私の父は米作りを生業としています。
・昔からこの地域には、生業として漁業を営む伝統がある。 |

| 03 | **始末する** [しまつする] | 〈意味〉物事の片付けをすること。また不要なものを消すこと。 |
| | アクセント— 1
品　詞—動詞 | ・サラブレッドは走れなくなると始末されてしまう。
・急に帰国することになり、部屋の物を始末するのが大変だった。 |

| 04 | **時折** [ときおり] | 〈意味〉時間の間隔を開けて、たまに起こること。ときどき。 |
| | アクセント— 0
品　詞—副詞 | ・この地域では、夏に時折強い風が吹く。
・彼女は時折寂しそうな顔をする。 |

| 05 | **アマチュア** | 〈意味〉職業とはしないで、趣味、もしくは余暇で行う人。 |
| | アクセント— 0
品　詞—名詞 | ・サッカーの交流試合にはプロとアマチュアの選手が参加した。
・母は趣味としてアマチュアのミュージカル劇団に所属している。 |

| 06 | **すんなり** | 〈意味〉物事が問題なく進む様。 |
| | アクセント— 3
品　詞—副詞 | ・彼の意見は会議ですんなりと可決された。
・兄はすんなりと一流大学に合格し、卒業後、大企業に就職した。 |

| 07 | **銘打つ** [めいうつ] | 〈意味〉自身の作品に、特に思い入れを込めて名前を付けること。 |
| | アクセント— 1
品　詞—動詞 | ・彼は自画像に「孤独の人」と銘打った。
・新しい電子辞書には翻訳者向けと銘打ったソフトが入っている。 |

| 08 | **備わる** [そなわる] | 〈意味〉物や人の一部分として能力などが身についていること。 |
| | アクセント— 3
品　詞—動詞 | ・彼には周りの人を黙らせるほどの迫力が備わっている。
・この冷蔵庫には音声で人を認識する機能が備わっている。 |

| 09 | **命がけ** [いのちがけ] | 〈意味〉生死を気にしないという気持ち。決死の覚悟で。 |
| | アクセント— 0
品　詞—名詞 | ・母親は命がけで子を産む。
・昔は飛行機もなく、海を渡って外国に行くことは命がけだった。 |

| 10 | **脱走する** [だっそうする] | 〈意味〉閉じ込められている場所から、抜け出して逃げること。 |
| | アクセント— 0
品　詞—動詞 | ・刑務所から囚人が脱走する。
・軍隊の生活は厳しいので、脱走する若者が多いそうだ。 |

| 11 | **稼業** [かぎょう] | 〈意味〉生活を成り立たせるためにしている仕事のこと。 |
| | アクセント— 1
品　詞—名詞 | ※「生業」に比べて、商売という意味合いが強く、単純に「職業」または「仕事」を指す場合に使うことが多い。

・私の稼業は小説家です。
・その男は生活に困って、裏稼業（＝公にできない仕事）を始めた。 |

12 拍子 [ひょうし]

アクセント― 3
品　　詞― 名詞

〈意味〉何かをしたとき。はずみ。とたん。

※「何かの拍子に」というのは、「何か想像していないことが起こったときに」あるいは「気がついていない何かが起こったときに」という意味を持つ慣用表現。

・海を見た拍子に、海辺にある故郷のことを思い出した。
・人とぶつかった拍子に持っていたジュースをこぼしてしまった。

13 構える [かまえる]

アクセント― 3
品　　詞― 動詞

〈意味〉（建物などを）つくること。使えるように整えること。

・先日、友人が東京に新居を構えた。
・日本の企業は、東京に本社を構える会社が多い。

14 自活する [じかつする]

アクセント― 0
品　　詞― 動詞

〈意味〉助けを受けずに、自らの力で生活を成り立たせること。

・大学入学を機会に、兄は親の元から離れて自活するようになった。
・30歳を過ぎても自活できず、両親と一緒に暮らす若者は多い。

15 出馬する [しゅつばする]

アクセント― 0
品　　詞― 動詞

〈意味〉選挙などに立候補すること。

・国会議員を決める選挙に出馬する。
・おじは60歳で議員選挙に出馬したが、落選してしまった。

16 絶やす [たやす]

アクセント― 2
品　　詞― 動詞

〈意味〉何かをないままの状態にしておくこと。

※通例（つうれい）、「絶やさない」など否定の形で用いる。

・寒い日は暖炉の火を絶やさないようにしてください。
・姉は明るい性格でいつも笑顔を絶やすことがない。

17 立ち向かう [たちむかう]

アクセント― 0 (4)
品　　詞― 動詞

〈意味〉物事に対して、逃げずに解決に取り組むこと。

※通例（つうれい）は困難、難局（なんきょく）、難問（なんもん）など、苦しい状況を示す名詞とともに使う。

・彼は今、難題に立ち向かっています。
・困難があったときでも、逃げずに立ち向かう勇気が欲しい。

18 囲い込み [かこいこみ]

アクセント― 0
品　　詞― 名詞

〈意味〉（人や組織などを）自分の側に引き入れること。

※動詞は「囲い込む」。

・政治家は、有権者の囲い込みばかりを考えて、政策を口にしている。
・カード会社は様々な特典をつけて顧客の囲い込みを狙っている。

19 枠組み [わくぐみ]

アクセント― 0 (4)
品　　詞― 名詞

〈意味〉枠を組むこと。物事のおおよその仕組み。

・会社の発展計画の枠組みを決める。
・近年、結婚という枠組みにとらわれない若者が多くなっている。

20 出来合い [できあい]

アクセント― 0
品　　詞― 名詞

〈意味〉すでに誰かの手によって作られているもの。既成。

・忙しいので、出来合いの料理を買ってきて食事を済ませた。
・店で売っている出来合いの服に満足できず、姉はデザインの勉強を始めた。

21 ありのまま

アクセント― 5
品　　詞― 副詞（名詞）

〈意味〉実際にあるそのままの姿のこと。

・自らの失敗を上司にありのままに報告する。
・ありのままの自分で生きていたいと思うが、なかなか難しい。

22 名付ける [なづける]

アクセント― 3
品　　詞― 動詞

〈意味〉人やペット、物などに名前を付ける。命名する。

・飼い猫をトラと名付ける。
・子どもを名付けるときは、子どもの将来のことも考えるべきだ。

23	呼び寄せる [よびよせる]	〈意味〉呼んでそばに招くこと。
	アクセント― 4 品　詞― 動詞	・親が子どもを呼び寄せる。 ・都会に住む息子が、一緒に暮らすために両親を呼び寄せた。

24	築き上げる [きずきあげる]	〈意味〉努力して、何か十分な形まで築くこと。
	アクセント― 5 品　詞― 動詞	・彼は一代で莫大な財産を築き上げた。 ・新婚の二人は、協力して幸せな家庭を築き上げると誓った。

25	連れ回す [つれまわす]	〈意味〉あちこちに連れていくこと。
	アクセント― 4 品　詞― 動詞	※「回す」は動詞以外にも、動詞の連用形に付き、「さんざん～する」または「あちこちに～する」という意味を持つ複合動詞をつくる。 ・友人を連れ回して、東京を観光した。 ・娘の買い物で一日中連れ回されて、疲れ果ててしまった。

26	疎外する [そがいする]	〈意味〉ある集団の中から誰かを嫌って外すこと。除け者にする。
	アクセント― 0 品　詞― 動詞	・どの時代にも社会から疎外される者は必ずいる。 ・職場のバーベキューに私だけ誘われず、強い疎外感を覚えた。

27	引き取る [ひきとる]	〈意味〉（人や動物などを）自分の手元において世話をすること。
	アクセント― 3 品　詞― 動詞	・彼は捨てられた犬を引き取って育てている。 ・姉が亡くなって、小さい息子をうちで引き取ることになった。

28	否応 [いやおう]	〈意味〉承知をしないことと承知をすること。
	アクセント― 0 (3) 品　詞― 名詞	※「否応なく」「否応なしに」の形で副詞として使われる。「好きでも嫌いでも」という意味。 ・生きるものは否応なく死ぬ。 ・上司が否応なしに部下を飲み会に誘うのはパワハラだと思う。

29	見いだす [みいだす]	〈意味〉（隠れているものを）見つけ出す。発見する。
	アクセント― 3 (0) 品　詞― 動詞	・監督が優れた選手をチームから見いだす。 ・状況から逆転の可能性を見いだす。

30	しがらみ	〈意味〉まとわりついて邪魔をするもの。絶ちたくても絶てない関係。
	アクセント― 0 品　詞― 名詞	※「しがらみ」は漢字で「柵」と書き、川の流れなどを止めるために杭（くい）を打って竹や柴（しば）を絡ませたもの。そこから転（てん）じて「邪魔をするもの」という意味を持つようになった。 ・人と人とのしがらみはどこに行ってもある。 ・会社関係のしがらみに疲れてしまい、思い切って転職した。

31	ひょっとすると	〈意味〉確実ではないが、可能性としては考えられるもの。
	アクセント― 0 品　詞― 副詞	・今回の実験はひょっとすると成功するかもしれない。 ・ひょっとすると兄は会社を辞めてしまったのかもしれない。

32	宿る [やどる]	〈意味〉何かの中に、状態を変えないままあり続けること。
	アクセント― 2 品　詞― 動詞	・この本には作者の思いが宿っている。 ・昔は、山や川などの自然に神が宿ると考えられていた。

33	檻 [おり]	〈意味〉何かを逃げないように閉じ込めておく、鉄格子（てつごうし）などで囲まれた部屋。
	アクセント― 2 品　詞― 名詞	・動物園では、危険な動物は檻の中にいる。 ・ペットショップで檻に入れられた子犬を見ると悲しくなる。

問1 下線部の読み方として最も適切なものを、A〜Dの中から一つ選びなさい。

❶ 鉄道写真家とは、鉄道の撮影を生業とする写真家のことである。

　　　A せいぎょう　　　B なりわざ　　　C なりぎょう　　　D なりわい

❷ ただ漫画を読むだけというアルバイトに大学生からの応募が殺到した。

　　　A さつとう　　　B せいてい　　　C さっとう　　　D せつとう

❸ うちに帰ると、飼っていたうさぎが檻から脱走していなくなっていた。

　　　A さく　　　B かん　　　C おり　　　D ぼう

❹ 何かの拍子に子どものときの歌を思い出して、歌詞を調べることがある。

　　　A はくし　　　B ひょおし　　　C ぱくし　　　D ひょうし

❺ 彼は起業し、東京に庭付きの一軒家を構えるという夢をかなえた。

　　　A かまえる　　　B たちえる　　　C かこえる　　　D くみえる

問2 下線部に入る語として最も適切なものを、A〜Dの中から一つ選びなさい。

❶ 映画を見て、たった一人で敵に＿＿＿＿＿いく主人公の姿に感動した。

　　　A 立ち会って　　　B 立ち向かって　　　C 立ち返って　　　D 立ち入って

❷ 大金で多くの有名選手を＿＿＿＿＿いるチームを応援したいとは思えない。

　　　A 入れ込んで　　　B 詰め込んで　　　C しまい込んで　　　D 囲い込んで

❸ 日本での仕事が落ち着いたら、国から妻と息子を＿＿＿＿＿つもりだ。

　　　A 呼び寄せる　　　B 呼び込む　　　C 呼び止める　　　D 呼びかける

❹ 祖父は戦後に小さな店を開き、30年で巨大グループ企業を＿＿＿＿＿。

　　　A 押し上げた　　　B 仕上げた　　　C 築き上げた　　　D 盛り上げた

❺ 家族だといっても、旅行に＿＿＿＿＿のは犬にとってはストレスだ。

　　　A かき回す　　　B 使い回す　　　C 追い回す　　　D 連れ回す

79

問3 ▢ から最も適切なことばを選び、下線部に正しい形で書きなさい。

❶ 電話もつながらないし、＿＿＿＿＿彼はもう帰国したのかもしれない。

❷ その俳優は昔大人気だったが、今では＿＿＿＿＿テレビ CM で見かけるだけだ。

❸ まだ大学生だから、両親も＿＿＿＿＿結婚を認めるわけにはいかないだろう。

❹ 警察に行って＿＿＿＿＿事実を話したが、まったく信じてもらえなかった。

❺ この仕事を一人で終わらせるには、＿＿＿＿＿1 週間は必要だろう。

時折　　すんなり　　ありのままに　　ひょっとすると　　少なくとも

❻ 生まれたばかりの子猫を＿＿＿＿＿、うちで育てることになった。

❼ 国のために働きたいと思い立ち、参議院選挙に＿＿＿＿＿ことを決めた。

❽ 暖炉（だんろ）の火を＿＿＿＿＿ように、まきをたくさん準備しておいた。

❾ 弟は学校生活に意義を＿＿＿＿＿ことができず、家にいることが多かった。

❿ 霊能者（れいのうしゃ）には生まれつき特殊能力が＿＿＿＿＿いるというが、本当だろうか。

備わる　　出馬する　　絶やす　　引き取る　　見いだす

問4 下線部に最も意味が近いものを、A 〜 D の中から一つ選びなさい。

❶ 母は仕事が忙しくなると、晩ご飯にデパートで出来合いの惣菜（そうざい）を買ってくる。

　　A 類似品　　　　B 既製品　　　　C 中古品　　　　D 一品

❷ 人形には作者の魂が宿っているという話を聞き、怖くて寝られなくなった。

　　A 留まっている　　B 停止している　　C 泊まっている　　D 滞在している

❸ 夫の急な海外転勤で引っ越すことになり、家具の始末に困ってしまった。

　　A 駆除　　　　　B 処分　　　　　C 消去　　　　　D 抹殺

❹ 「究極の逸品（いっぴん）」と銘打った味噌を店で見つけて、思わず買ってしまった。

　　A 映った　　　　B 挙げた　　　　C うたった　　　　D 揚げた

❺ お坊（ぼっ）ちゃんと呼ばれた彼も、今は親元（おやもと）を離れて自活しているそうだ。

　　A 孤立　　　　　B 孤独　　　　　C 独居　　　　　D 独立

┃問5┃ 見出しの表現を使用した文として最も適切なものを、A～Dの中から一つ選びなさい。

❶ 殺到する

    A 大型客船が近くを通るたびに波が<u>殺到し</u>、小さなボートは大きく揺れた。

    B テレビで流された差別的なコメントに対して、抗議の電話が<u>殺到している</u>。

    C 企業の在宅ワーク化が進み、ノートパソコンに対する需要が<u>殺到している</u>。

    D マラソン大会の参加者は、ピストルの音とともに<u>殺到して</u>走り出した。

❷ 否応なく

    A 研修会は定刻に始まり、スケジュール通りにすべて<u>否応なく</u>行われた。

    B 実力からすれば、彼女は<u>否応なく</u>オリンピック代表に選ばれるだろう。

    C 料理が得意な母は、買ってきた食材を一週間ですべて<u>否応なく</u>使い切る。

    D 隣の席の人の話し声が<u>否応なく</u>耳に入ってきて、読書に集中できなかった。

❸ 疎外する

    A トンネルが完成するまでは、この辺りの地域は山で東西に<u>疎外されて</u>いた。

    B このドレッシングは<u>疎外しやすい</u>ので、よく振ってから使ったほうがいい。

    C 病院の中にはウイルス感染者を<u>疎外できる</u>特別な病室が設けられている。

    D 新しい住民が地域から<u>疎外されない</u>ように交流イベントが開かれている。

❹ 稼業

    A 彼は会社員になってからも実家の<u>稼業</u>である米屋を続けている。

    B 今月に入ってから会社の<u>稼業</u>が忙しくなり、毎日残業が続いている。

    C 社外の人に社内の<u>稼業</u>内容を話してはいけないと先輩にきつく注意された。

    D 海外で地元の人を相手にして<u>稼業</u>を始めるには、相当の準備が必要だ。

❺ しがらみ

    A 高校時代の仲間との固い<u>しがらみ</u>は、50歳になった今でも変わらない。

    B 過去の<u>しがらみ</u>をすべて断ち切って、一人で生きていくことに決めた。

    C 海外生活では、言葉の<u>しがらみ</u>を超えることが一つの課題になる。

    D 試合に出場するのは初めてなので、チームの<u>しがらみ</u>にならないか心配だ。

01　～や否や

どう使う？	動詞（−る） + や否や

意味　①二つの事態が連続して起こったことを示す。
②二つの動作がほぼ同時に起こったことを示す。

使い方　①「Aや否やB」で「Aという事態・行為を受けて、Bという動作・行為が起こる」という意味になる。
②「Aや否やB」で「Aという動作が起こってからほぼ同時にBという動作が起こる」という意味になる。

注意点　①「～や」で言い換えることができる。
②「～が早いか」に言い換えることができる。

類義表現　「～や」「～が早いか」

例文　①彼女は彼に会うや否や、泣き出してしまった。
①「母危篤（きとく）」の知らせを受けるや否や、私はタクシーに飛び乗って病院へと向かった。
①男はその光景を見るや否や、何も言わずにいなくなってしまった。
②彼はその話を聞くや否や、猛然（もうぜん）と怒り出してしまった。

02　～ながら（も）／～ながらに

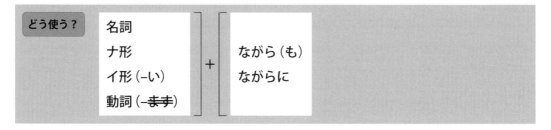

どう使う？	名詞 ナ形 イ形（−い） 動詞（−ます） + ながら（も） ながらに

意味　前の語を受けて、それと反する結果になったことを示す。

使い方　一般的に評価の低い語を受けて、予想に反して高い評価であることを示したいときに使う。

注意点　「～ながらに」はやや古い言い方で文語的。「～ながらも」は「～ながら」に比べてやや強調された表現。また、「我が子ながらよくできた子です。」のような用法も慣用的にある。（＝「私の子どもだけれども、（私に似ないで）よくできた子です。」という意味）

類義表現　「～のに」「～けれども」「～が」「～にもかかわらず」

例文　・古いながらも、しっかりとした造りの家だ。
・この俳優は新人ながらに、なかなか度胸（どきょう）がある。
・受験まで一週間となった。合格を信じながらも、ときどき不安になる。

03　〜まみれ

どう使う？	名詞 ＋ まみれ

意味　［名詞］が全面に付いている状態を表す。

使い方　「汗」「血」「ほこり」「泥」など、汚いものに使われる。

注意点　「〜だらけ」は多量に存在することを表し、「〜まみれ」は全体に付着している状態を表す。比喩的に「〜が頻発する」または「〜を頻繁にする」といった意味で使用されることもある。

類義表現　「〜だらけ」「〜ずくめ」

例文
・雨の次の日は、サッカーの練習着が泥まみれになるので洗濯が大変だ。
・こんなにほこりまみれの部屋で生活していたら、病気になってしまう。
・炎天下の中作業をしていたので、全身汗まみれだ。

04　わりと

どう使う？	わりと ＋ 文

意味　「予想された状況と実際にあった状況を比較すれば」という意味を表す。

使い方　基準・標準と比較する表現。基準と違った場合に用いるので評価はプラスでもマイナスでも関係なく用いることができる。

注意点　普通は、かしこまった場面ではあまり使わない。

類義表現　「結構」

例文
・この店、内装は古いけど、ケーキはわりとおいしいね。
　（＝「店の内装や評判などから期待される味よりもおいしかった」という意味）
・毎日運動しているからか、仕事のストレスが溜まっていてもわりと元気だ。

05　〜と（は）うってかわって

どう使う？	名詞 ＋ と（は）うってかわって

意味　状況や状態が以前とは別の状態に大きく変わった様子を表す。

注意点　「うってかわって」のみを副詞的に用いる場合もある。

　例　昨日の彼は元気だったのに、今日はうってかわって落ち込んでしまっている。

例文
・昨日の大雨とはうってかわって、今日は雲一つない晴天だ。
・フルオーケストラを使った前作とはうってかわって、今回の作品はギターとウクレレだけでシンプルに表現した。

06　ＡなりＢなり

どう使う？	［名詞 / 動詞（-る）１］なり]+[［名詞 / 動詞（-る）２］なり

意味　「似たような類のものから代表的な二つを並べて、どちらかを選ぶ」という意味。

注意点　実際の意味合いとしては、その類に入るすべてを対象にしている場合もある。

　　　　⦿ 君は今のうちにパンなりごはんなり、何か食べておきなさい。
　　　　　（＝「食事をとるのであれば、何でも構わない」という意味）

類義表現　「ＡかＢか」

例文　・この件に関しては課長なり部長なり、ともかく上の判断を仰ぐしかない。
　　　　・仕事が終わったのだから、帰るなり次の仕事にかかるなりしてください。

07　〜ともなく／〜ともなしに

どう使う？	① ［疑問詞］＋［助詞］ともなく
	② ［動詞（-る）］ともなく / ともなしに

意味　①「〜かは、わからないが」という意味を表す。
　　　　② 目的や意図がはっきりとしていない形で動作が行われていることを示す。

注意点　①の用法は、疑問詞に続く文ではあるが、疑問の内容を特定する意味は含まず、「はっきりとしない」
　　　　という状況だけを表現する。②の用法は、動詞には人間の意志が含まれる行為（見る、聞く、言う
　　　　など）を表すものが入る。目的や意図がないため、「何」「どこ」など疑問詞を伴うことが多い。

類義表現　②「〜でもなく」「〜でもなしに」

例文　① 夕飯時にはどこからともなく良い匂いが漂ってくる。
　　　　① 同窓会で誰からともなく思い出話が始まった。
　　　　② 何をするともなしに昔のアルバムを見始めた。
　　　　② どこに行くともなくぶらぶらと散歩した。

08　〜なりに〈〜なりの〉

どう使う？	名詞 / ナ形 イ形（-い）/ 動詞]+[なりに〈なりの〉

意味　「必要な内容には十分な状態ではないが、おおむね期待に対してふさわしい程度の状態ではある」
　　　　という意味を表す。

注意点　通例、前に置く名詞や形容詞は、能力的に不十分であることが認められる人物や状態を示したも
　　　　のが入る。

例文　・私なりに努力はしてみましたが、この問題を解決することができませんでした。

　　　　・この絵は３歳の息子が彼なりに一生懸命になって書いてくれたものです。

　　　　・この改善案は私なりに考えて提出したものです。

　　　　・新入部員は経験が浅いなりに健闘しています。

　　　　・安売りの品物には、安いなりの理由があるのかもしれないから、買うときはよく見てからにする
　　　　　ように母に言われた。

第 2 課
第 3 課
第 4 課
第 5 課
第 6 課
第 7 課
第 8 課
第 9 課
第 10 課
第 11 課
第 12 課

▌問1▌ （　　　）に入るものとして最も適切なものを A～D から一つ選びなさい。

❶ 私（　　　）考えた結果、今回の話は断ることにしました。

    A 的に　　　　　　　B なりに　　　　　　　C ともなく　　　　D まみれに

❷ 先生に怒られるだろうと思い（　　　）、やめることはできなかった。

    A なりに　　　　　　B ながらも　　　　　　C きや　　　　　　D にあって

❸ あの先生は厳しいことで有名だが、真面目な学生には（　　　）優しい。

    A わりと　　　　　　B なるべく　　　　　　C 否や　　　　　　D ほとんど

❹ 彼はいつもどこから（　　　）現れて、私を助けてくれる。

    A もなく　　　　　　B どこまで　　　　　　C どこなく　　　　D ともなく

❺ 5年ぶりに母の顔を見る（　　　）、思わず泣いてしまった。

    A 後で　　　　　　　B まで　　　　　　　　C ともなしに　　　D や否や

❻ 何（　　　）手帳を見てみると、今日、大事な会議があることに気がついた。

    A でも　　　　　　　B かしら　　　　　　　C なりに　　　　　D ともなしに

❼ 「来るんだったら電話（　　　）メールなり、連絡くれればよかったのに。」

    A やら　　　　　　　B か　　　　　　　　　C なり　　　　　　D と

❽ 古い（　　　）清潔に保たれている宿だ。

    A なり　　　　　　　B ながらも　　　　　　C や否や　　　　D ともなく

❾ 昨日の嵐とは（　　　）かわって、きれいな青空が広がっている。

    A うって　　　　　　B きっと　　　　　　　C そっと　　　　D やっぱ

❿ 自転車で派手に転んで、足が血（　　　）になった。

    A まみれ　　　　　　B ずくめ　　　　　　　C まめ　　　　　　D ずるむけ

▌問2▌ 下線部に入るものとして正しいものを A～D の中から選びなさい。

❶ 知らなかったとはいっても、＿＿＿＿＿＿＿＿＿＿＿いくらでも方法はあったはずだ。

    A 人に聞くなり、自分で調べるなり

    B 人に聞いても、自分で調べても

    C 人に聞くと、自分で調べると

    D 人に聞いて、自分で調べて

❷ 日本語はまだ下手だが、＿＿＿＿＿＿＿＿＿＿＿がんばって書いた。

  A 私なりに

  B 私にして

  C 私だからこそ

  D 私ながらも

❸ 合格の知らせを＿＿＿＿＿＿＿＿＿＿＿部屋を飛び出した。

  A 聞くともなく

  B 聞きながらも

  C 聞かんばかりの

  D 聞くや否や

❹ 昨日はあんなに機嫌がよかったのに、今日＿＿＿＿＿＿＿＿＿＿＿怒ってばかりいる。

  A とはうってかわって

  B とうってかわって

  C はうってかわって

  D うってかわって

❺ この国での生活にまだ＿＿＿＿＿＿＿＿＿＿＿、よくがんばって生活している。

  A 慣れながらも

  B 慣れないから

  C 慣れてから

  D 慣れないながらも

┃問3┃ A～D を並べ替えて文を作り、＿＿＿ に入るものを一つ答えなさい。

❶ 野球部の息子は＿＿＿ ＿＿＿ ★ ＿＿＿帰ってくる。

  A いつも   B まみれ   C 泥   D になって

❷ あの学生は＿＿＿ ＿＿＿ ★ ＿＿＿が多い。

  A こと   B 授業を   C さぼる   D わりと

❸ ＿＿＿ ＿＿＿ ★ ＿＿＿言葉が彼女を深く傷つけてしまった。

  A 何   B に   C ともなし   D 言った

❹ ＿＿＿ ＿＿＿ ★ ＿＿＿を込めて丁寧に作った。

  A に   B 不器用   C なり   D 愛

❺ 泣き虫だった子ども時代＿＿＿ ＿＿＿ ＿★＿ ＿＿＿立派になった。

      A　うって　　　　　　　B　とは　　　　　　　C　かわって　　　　　D　今は

┃問4┃ （　　　　）内の文型を用いて文を完成させなさい。

❶ あの先生は＿＿＿＿＿＿＿＿＿＿＿＿＿＿＿＿＿＿＿＿＿＿＿＿＿、いつもよくがんばっている。

                                            （なりに）

❷ 学園祭の準備をしていたら、帰る頃には＿＿＿＿＿＿＿＿＿＿＿＿＿＿＿＿＿＿＿。

                                            （まみれ）

❸ ＿＿＿＿＿＿＿＿＿＿＿＿＿＿＿＿＿＿＿＿＿＿＿＿、すっかり便利な時代になった。

                               （とは、うってかわって）

❹ 期待していなかったが、新しい映画は＿＿＿＿＿＿＿＿＿＿＿＿＿＿＿＿＿＿＿＿。

                                            （わりと）

❺ この漫画は＿＿＿＿＿＿＿＿＿＿＿＿＿＿＿＿＿＿＿＿＿＿＿＿、予約が殺到した。

                                            （や否や）

第 7 課

日本人と文学 (2)
自分を変えたい

01　ホメちぎる（褒めちぎる）
アクセント— 4 (0)
品　詞— 動詞

〈意味〉これ以上ないくらいに褒めること。絶賛する。激賞する。
・先生が生徒をホメちぎる。
・入選した絵を皆の前でホメちぎられて少し恥ずかしかった。

02　ウケる（受ける）
アクセント— 2
品　詞— 動詞

〈意味〉身振りや話し方などで、観客や聴衆から、好評を得たり、人気を博すること。
・あのコメディアンの芸は若い世代によくウケる。
・彼女の美しく優しい表情が年上の男性にはよくウケる。

03　導く［みちびく］
アクセント— 3
品　詞— 動詞

〈意味〉物事をある形になるように働きかけること。指導する。
・彼の行動が戦いを勝利に導いた。
・先生が教え導いてくださったことを私は卒業しても決して忘れることはないだろう。

04　ダラダラ（だらだら）
アクセント— 1
品　詞— 副詞

〈意味〉気分にしまりがなく、物事がのろのろと進んでいる様。のんべんだらり。
※「ダラダラと」の形で使うことが多い。
・ダラダラと歩くのはみっともないのでやめてください。
・夏休み中ダラダラと過ごしていたせいで、体重が5キロも増えてしまった。

05　豪語する［ごうごする］
アクセント— 1
品　詞— 動詞

〈意味〉自信たっぷりの様子で大きなことを言うこと。大言。壮言。
・彼は自分が世界一の名医だと豪語している。
・彼はレース前のインタビューで「世界記録で優勝する」と豪語していた。

06　逸話［いつわ］
アクセント— 0
品　詞— 名詞

〈意味〉世間にはあまり知られていない、ある人物の興味深い話。エピソード。
※現在では、知られていない話自体が少なくなっているので、「ある人についてのおもしろい話」という意味合いが強くなっている。
・歴史上の人物の逸話を集める。
・彼の両親が話してくれた、幼い頃の彼の逸話はどれもおもしろいものばかりで爆笑してしまった。

07　説く［とく］
アクセント— 1
品　詞— 動詞

〈意味〉相手によくわかるように物事の理屈や筋道を話すこと。説明すること。
・親が子に人としての道理を説く。
・道徳の時間に先生が説いてくださった自由の意味は私が考えていたものとは少し違っていた。

08　ありふれる（有り触れる）
アクセント— 0 (4)
品　詞— 動詞

〈意味〉世の中に多くあり、見聞きすることが多いこと。どこにでもあり珍しくない。
※通例（つうれい）、「ありふれた」あるいは「ありふれている」の形で用いる。
・ありふれた問題でも本人にとっては大事だ。
・緊急事態宣言が発令されたことによって、私たちのありふれた日常はなくなってしまった。

09　目の当たり［まのあたり］
アクセント— 3 (0)
品　詞— 副詞

〈意味〉（「〜に」の形で）人から聞くのではなく、自分で直接見聞きすること。
・すっかり変わった故郷の街並みを目の当たりにする。
・目の当たりにした地震後の風景は、まるで地獄絵図のようだった。

10　かたどる

アクセント― 3
品　　詞― 動詞

〈意味〉あるものに形を似せて作ること。

・小学校には薪を背負って歩きながら本を読む子どもの姿をかたどった銅像がある。
・「練り切り」という和菓子は日本の四季や花鳥風月などをかたどった見た目の美しい生菓子です。

11　語りかける[かたりかける]

アクセント― 5
品　　詞― 動詞

〈意味〉誰かに向かって、話して聞かせること。

・隣で父が私に何か語りかけていたが、周囲がうるさくて聞こえなかった。
・「スピーチのコツは？」とたずねたら、聞いている人たちに語りかけるように話すことだと教えられた。

12　どうやら

アクセント― 1
品　　詞― 副詞

〈意味〉「～である」と推測すること。「もしかしたら違うかもしれないが、おおむねそうである」と判断すること。おそらく。たぶん。

・彼はどうやら怒っているようだが、理由がわからなかった。
・学年末試験で3教科も赤点をとってしまったが、追試で良い点がとれたのでどうやら留年はまぬがれた。

13　名乗る[なのる]

アクセント― 2
品　　詞― 動詞

〈意味〉自分が何者であるか、あるいはどんな姓名であるかを告げること。

・彼は自分を学者だと名乗った。
・男は林と名乗った。

14　食い意地[くいいじ]

アクセント― 0
品　　詞― 名詞

〈意味〉食べ物を食べたいという欲望。食い気。

　※「食い意地が張っている」で「必要を超えて食べ物を食べたいという欲望が強い様子」を表す。通例（つうれい）、あまりよい意味では使わない。

・彼の食い意地は相当なものだ。
・バイキングだからといってあまりにもたくさん食べるのは、食い意地が張っているみたいで、みっともない。

15　やけに

アクセント― 1
品　　詞― 副詞

〈意味〉物事の程度を超えている様。やたらに。ひどく。

　※物事の程度を表すだけなので、言葉自体がよい、もしくは、悪い意味を含んでいるわけではない。

・彼は雨が降る日はやけに眠くなるそうだ。
・彼女はお茶の味にはやけにうるさい。

16　ほど遠い
（程遠い）[ほどとおい]

アクセント― 0 (3)
品　　詞― イ形容詞

〈意味〉あるものとの間に大きな隔たりがあること。

・この薬品はまだ完成にはほど遠い。
・街の中心からほど遠い場所に私の実家がある。

17　ちやほや

アクセント― 1
品　　詞― 副詞

〈意味〉相手の機嫌を取ること。甘やかすこと。

・いくら孫がかわいいからといって、あまりちやほやされるとわがままな子になってしまうのではないかと心配になる。
・男兄弟の末っ子に生まれた彼女を、兄たちは蝶よ花よとちやほやしてかわいがった。

18　抜け出す[ぬけだす]

アクセント― 3
品　　詞― 動詞

〈意味〉①ある状況や状態から脱出すること。

　※通例（つうれい）、好ましくない状況や状態からの脱出を意味する。

②ある組織や空間からこっそりと出ること。

①彼は貧困から抜け出すために必死に努力した。
②彼は仕事場を抜け出してはどこかで休んでいる。

19	言いくるめる （言い包める）[いいくるめる] アクセント—5 品　詞—動詞	〈意味〉言葉をうまく使って、相手を自分の思うように動かそうとすること。口先で丸め込む。 ・彼は上司に何かと言いくるめられ、面倒な仕事を押し付けられてしまう。 ・私は友達に貸したお金を返してほしいと思っているが、催促するたびに言いくるめられてしまい、結局返してもらえない。
20	言い張る[いいはる] アクセント—3 品　詞—動詞	〈意味〉「～である」と自分の主張を言って押し通すこと。 ・彼は最後まで自分は無実だと言い張っていた。 ・最近はいろいろな場面で強く言い張った人の意見が通ってしまう傾向があるような気がする。
21	日課[にっか] アクセント—0 品　詞—名詞	〈意味〉毎日の習慣。日々続けている事柄。 ・私は早朝の散歩を日課としています。 ・私は飼っている猫の動画を撮ってSNSにアップすることを日課にしている。
22	気にかける （気に掛ける）[きにかける] アクセント—— 品　詞—慣用表現	〈意味〉何かに対して気にすること。気を配ること。 ・母は何よりも子のことを気にかけるものだ。 ・職場の後輩が失敗したときには、必要以上に気にかけないようにとアドバイスしている。
23	一見[いっけん] アクセント—0 品　詞—副詞	〈意味〉少し見ただけでは。ひと目見ただけでは。 ・彼は一見不真面目に見えるが、根はとても真面目だ。 ・彼女は一見学生のように見えるけれど、実際には高校生の子どもを持つお母さんだ。
24	理屈[りくつ] アクセント—0 品　詞—名詞	〈意味〉物事がある状況や状態になった理由。道理。 ・理屈どおりに物事が運ぶことはまれです。 ・親と口論になるとよく「理屈ばかり言うんじゃない！」と怒られるが、そのたびに納得いかない気持ちになる。
25	根付く[ねづく] アクセント—2 品　詞—動詞	〈意味〉①植え替えた植物が根を伸ばしてその場所で育つこと。 ②①に由来して、「～に定着する」または「～になじむ」という意味。根差す。 ①外国から輸入され、その土地に根付いた植物を外来種という。 ②あまりにも斬新な説は、世の中に根付くのに長い時間がかかる。
26	投げかける[なげかける] アクセント—4 (0) 品　詞—動詞	〈意味〉疑問など、言葉を相手に届くように伝えること。提示する。 ・彼女は初めて会った人に話題を投げかけるのが上手だ。 ・豪雨により河川が氾濫して起こった大災害は、日本のダム治水に対して大きな疑問を投げかけることとなった。
27	唸る[うなる] アクセント—2 品　詞—動詞	〈意味〉苦しんだり、悩んだりしているときに言葉にならない低い声を出すこと。 ・彼は難しい問題を前に、思わず唸ってしまった。 ・父がインフルエンザにかかったとき、寝ながら唸っていたので、よほど辛いのだろうと思った。
28	呈する[ていする] アクセント—3 品　詞—動詞	〈意味〉差し出して示すこと。差し上げること。進呈する。 ・彼は友人に苦言を呈した。 ・政府の経済政策に対しては、疑問を呈する専門家も多い。

29 ひたむき

アクセント― 0
品　詞―ナ形容詞

〈意味〉一つのことに熱中している様子。一つのことを一生懸命にしている様子。いちず。

・彼はただひたむきに自身の研究に取り組んだ。
・彼女の長年にわたるひたむきな努力は世界新記録として実を結んだ。

30 倒錯する [とうさくする]

アクセント― 0
品　詞―動詞

〈意味〉位置や状態が入れ違ってしまい、本来のあるべき形の逆になってしまうこと。逆さになる。

・それまで固定的であった武士と商人の関係は、江戸の末期には財産の有る無しで上下関係が倒錯してしまった。
・彼女は病気の後遺症で味覚に倒錯が起きてしまい料理の味付けがうまくできなくなってしまった。

31 それなり

アクセント― 0
品　詞―名詞

〈意味〉欠点や限界はあるが、一応問題ないと認められること。許容範囲内であること。それ相応。

①年齢ごとにそれなりの格好というものがある。
②立場によってそれなりの苦労がある。

※例文①②ともに本文中の意味と同じだが、①が「一応問題ないと認められる程度」という意味合いが強いのに対して、②は「それ相応」という意味合いが強い。文脈によって変化する点に注意。

32 またぐ（跨ぐ）

アクセント― 2
品　詞―動詞

〈意味〉時間的、空間的に一方から他方に及ばせること。またがる。

・昼頃から降り出した雨は、夜をまたいで翌朝まで降り続いた。
・この踏切は通勤時間帯にはなかなか遮断機が上がらないので、踏切をまたいで架けられている陸橋を渡ったほうが早いといわれている。

33 臨む [のぞむ]

アクセント― 0
品　詞―動詞

〈意味〉ある場面や状況に向かい合うこと。対する。

・彼は万全の態勢で試合に臨んだ。
・息子の中学の卒業式に PTA 会長として臨み、祝辞を述べた。

34 窮屈 [きゅうくつ]

アクセント― 1
品　詞―ナ形容詞

〈意味〉融通が利かず余裕のない状態。自由がなく、必要以上に選択肢を制限してしまっている状態。

・あまり窮屈な考え方をしていては、人生がつまらなくなってしまう。
・高校生のときの制服は首が窮屈だったので、いつも襟のホックをはずしていた。

35 たどり着く（辿り着く） [たどりつく]

アクセント― 4
品　詞―動詞

〈意味〉さまざまな経験や苦労をして、目的地に着くこと。

・多くの失敗を経て成功にたどり着く。
・軽い気持ちで出かけたハイキングコースで道に迷い、何時間も歩いてやっともとの道にたどり着いたときには、ほっとしてへたり込んでしまった。

┃問1┃ 下線部の読み方として最も適切なものを、A～Dの中から一つ選びなさい。

❶ 道路が渋滞していると、カーナビは空いている道に導いてくれる。

    A　ひきいて　　　　B　みちびいて　　　　C　みちいて　　　　D　ひきびいて

❷ 坂本龍馬にまつわる逸話はたくさんあるが、史実は定かではない。

    A　いつわ　　　　B　えつわ　　　　C　めんわ　　　　D　みんわ

❸ 弟はいつも夏休みの最後の日に唸りながら宿題をしている。

    A　ねじり　　　　B　うじり　　　　C　うねり　　　　D　うなり

❹ 彼は必死な思いで今日の手術に臨んだ。

    A　おがんだ　　　　B　のぞんだ　　　　C　いどんだ　　　　D　つとんだ

❺ うちは貧乏だが、子どもたちにはあまり窮屈な思いはさせたくない。

    A　きゅうきょ　　　　B　こうくつ　　　　C　きゅうくつ　　　　D　こうきょ

┃問2┃ 下線部に入る語として最も適切なものを、A～Dの中から一つ選びなさい。

❶ さんざん道に迷ったけど、やっと目的地に＿＿＿＿＿。

    A　めぐり合えた　　　B　たどり着いた　　　C　きり開いた　　　D　だし抜いた

❷ 落ち込んでいる親友の横で、私は＿＿＿＿＿言葉すら見つからなかった。

    A　言いはる　　　　B　投げたおす　　　　C　言いくるめる　　　D　投げかける

❸ 落ちこぼれだった私を、先生はとても＿＿＿＿＿くれた。

    A　気になって　　　B　気をそらして　　　C　気にかけて　　　D　気をつけて

❹ 5歳の甥が書いた絵を＿＿＿＿＿ら、すごくやる気を出した。

    A　ホメちぎった　　　B　ホメおえた　　　C　ホメつくした　　　D　ホメちらした

❺ あの名門校は＿＿＿＿＿に勉強しないと絶対に合格できない。

    A　それぞれ　　　　B　それほど　　　　C　そこそこ　　　　D　それなり

┃問3┃ ☐☐☐☐から最も適切なことばを選び、下線部に正しい形で書きなさい。

❶ 天才だと＿＿＿＿＿＿＿されても努力を怠るな。

❷ 毎日＿＿＿＿＿＿＿と過ごしていたら、大学の４年間あっという間に終わるぞ。

❸ 今日は＿＿＿＿＿＿＿元気だな。何かいいことでもあったの？

❹ 彼が机に向かって＿＿＿＿＿＿＿に勉強している姿がとても印象的だった。

❺ ＿＿＿＿＿＿＿塩と砂糖を間違えたようだ。

> ダラダラ　　どうやら　　やけに　　ちやほや　　ひたむき

❻ 新しい魚市場(うおいちば)は、開業早々活気を＿＿＿＿＿＿＿いた。

❼ この領収書は月を＿＿＿＿＿＿＿しまうと清算できなくなるから、急いで。

❽ 「オレオレ」と＿＿＿＿＿＿＿電話には気をつけたほうがいい。

❾ 彼が書いたものを見る限り、プロの作家と呼ぶにはまだ＿＿＿＿＿＿＿。

❿ タピオカドリンクは日本ですっかり若者文化として＿＿＿＿＿＿＿いる。

> またぐ　　ほど遠い　　名乗る　　根付く　　呈する

┃問4┃ 下線部に最も意味が近いものを、Ａ〜Ｄの中から一つ選びなさい。

❶ 弟は小さい頃から将来はビル・ゲイツになると豪語していた。

　　　Ａ　豪飲する　　　　Ｂ　口説く　　　　Ｃ　広言する　　　　Ｄ　公開する

❷ 毎朝ジムで走るのが私の日課だ。

　　　Ａ　ミッション　　　Ｂ　テーマ　　　　Ｃ　プライベート　　Ｄ　ルーティン

❸ 私たちの周りには情報がありふれている。

　　　Ａ　横行する　　　　Ｂ　氾濫する　　　Ｃ　逸脱する　　　　Ｄ　漏洩する

❹ パンダの形をかたどったこのお菓子は、当店の一番の人気商品です。

　　　Ａ　模倣する　　　　Ｂ　代表する　　　Ｃ　偶像する　　　　Ｄ　写生する

❺ アフリカでボランティア活動に参加した彼は、真の貧困(ひんこん)を目の当たりにした。

　　　Ａ　目撃する　　　　Ｂ　遭遇する　　　Ｃ　取り組む　　　　Ｄ　映し出す

問5 見出しの表現を使用した文として最も適切なものを、A～Dの中から一つ選びなさい。

❶ 倒錯

A 彼は驚きのあまり、倒錯状態に陥った。

B 私は時間を倒錯したため、会議に遅れてしまった。

C 倒錯した価値観が彼を犯罪の道へと導いた。

D 双方の立場を倒錯して考えれば、わかり合えるはずだ。

❷ 一見

A あの老婆は一見普通だが、この一帯の地主で大金持ちなのだ。

B 一見したらすぐに会社に戻りましょう。

C こんな長い列に2時間も並んでアイドルに一見しか会えないなんて。

D このビルの屋上は、この辺りを一見できる人気スポットだ。

❸ 抜け出す

A そこの釘を壁から抜け出してもらえる？

B アルバムからいらない写真を抜け出した。

C 彼はクラスの中でも抜け出して背が高い。

D 学生の頃はよく授業を抜け出してカラオケに行っていた。

❹ 説く

A 親友とはよくお互いの夢を説いた。

B 家庭教師の先生は勉強することの重要性を丁寧に説いてくれた。

C 訪問販売員は商品を買ってもらうよう客にしつこく説いた。

D 間違えないよう、改めてイベントの日時と場所を説いた。

❺ ウケる

A この中でもっともウケた商品は、犬型ロボットだ。

B 今回の一件をウケて、私は転職することを決意した。

C 私は大学に入って最初にウケた試験で赤点を取ってしまった。

D 彼はこの事態をウケて、マスコミの前で深く頭を下げて謝罪した。

01　〜を皮切りに／〜を皮きりにして／〜を皮切りとして

どう使う？

名詞 ＋ を皮切りに / 〜を皮きりにして / を皮切りとして

意味　「それをきっかけ／始まりにして」という意味を表す。

注意点　通例、何かしらの変化が勢いをもって起こる場合に用いられる。

類義表現　「〜をきっかけに」

例文
・彼女は人気アニメの主題歌デビューの成功を皮切りにどんどん有名になり、今では大歌手になった。
・『星の王子さま』はフランス語版を皮切りに、いろいろな言語に次々と翻訳された。

02　〜ときたら

どう使う？

①名詞
②名詞 / ナ形 / イ形 / 動詞 ＋ ときたら

意味
① 人物や事物を話題として、話し手がそれらに対して感じている評価や感情を表す。
② 極端な性質や状況を話題として、「〜なのだから、こうなる（こうする）のが当然だ」という意味を示す。

使い方　①の用法は、通例、話し手にとって身近な話題について、不満を言ったり非難したりする場合に用いる口語的な表現。②の用法は、AとBをともに名詞もしくは名詞句にし、「AときたらB」の形で、「AにはBが当然合う」「AにはBが当然よい」という意味を示す場合もある。

注意点　①も②も、後件には評価につながる言葉が来る。

類義表現　①「〜について言えば」

例文
① うちの息子ときたら、毎日ゲームで遊んでばかりで、困ったもんだ。
② ハンサムで頭もいいときたら、もてないわけがない。

03　〜ごとし〈〜ごとき／〜ごとく〉

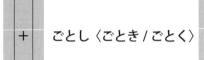

どう使う？	①名詞（＋の／であるが）／動詞（−る） ②名詞／ナ形（＋であるかの） 　イ形／動詞（＋かの）	＋	ごとし〈ごとき／ごとく〉

意味　①「A（は）Bのごとし」の形で、「AのようなB」という意味になり、Aを例えにBを形容する場合に用いられる。
　　　　②実際はそうではないが、まるで実際はそうであるかのように表現する場合に用いられる。

使い方　「ごとく／ごとき」の後が名詞なら「AごときB」、動詞なら「AごとくB」になる。「ごとし」は言い切りの形の場合にのみ用いられる。

注意点　例外的に「[名詞]（主に人や集団を指す）ごとき」という用法があり、これはマイナス評価を持っていることを示し、この場合は「ごとき」のあとに名詞が付かない。この用法は現在ではことわざや慣用表現に見られる文語で、一般的には「〜ようだ／〜ような[名詞]／〜ように[動詞]」のほうが使われている。特に「〜かのごとし」の形で使われることは現在ではほとんどない。

類義表現　「〜のようだ」

例文　① 時間というものは、矢のごとく早く過ぎっていくものだ。　（※矢のように）
　　　　① 日本に来て5年が経った。光陰矢のごとしだ。
　　　　② 彼はまるでそこにいたかのごとく話し始めた。　（※実際そこにはいなかった）
　　　　② 試験が終わったばかりなのに、彼は合格通知を受け取ったごとく幸せそうに笑っている。

04　AであれBであれ／AであろうとBであろうと

どう使う？	名詞 ナ形 疑問詞	＋	であれ であろうと	＋	名詞 ナ形 疑問詞	＋	であれ であろうと

意味　AでもBでも関係なく、AからBまでのどの可能性を仮定しても、「結果は同じである」という状態を示す。「AでもBでも、AとBどちらの場合でも関係なく」という意味を表す。

使い方　通例、後ろには「変わらない」もしくは「同じである」という状況を示す内容の文が接続する。AとBには名詞か疑問詞が入るが、ナ形容詞につく場合もある（例：「きれいであれ」「幸せであれ」）。「Aであれ」の形で、単独で使われる場合もある。

注意点　イ形容詞に接続する「AかれBかれ」「Aかろう（と）Bかろう（と）」も同様の意味を持つ。

類義表現　「AにしろBにしろ」「AにせよBにせよ」

例文　・金持ちであれ貧乏であれ、幸せを得る権利はある。
　　　　・相手がアメリカであれ中国であれ、全力を出せば、勝つチャンスはある。
　　　　・誰であれ、生きていくためにはお金を稼がないといけない。

05　〜っぱなし

どう使う？　動詞（-ます）+ っぱなし

意味　① 当然すべきことをしないでそのままにしておくこと。
② 同じ行為や状態がずっと続いていることを示す。

使い方　主に意志動詞に接続して「〜したあとに当然やるべきことをしないで、そのまま放置している」様子を表す。「〜っぱなし」ではなく「〜はなし」の形で接続される場合もある。

注意点　①の用法は、言い換え表現の「〜たまま（に）」とほとんど同じだが、「〜たまま（に）」に比べてマイナスの意味（「〜っぱなし」に対する不満、疲れ、不安など）を持っている。

類義表現　「〜たまま（に）」

例文　① 机の上に置きっぱなしにしたから、アイスクリームが溶けてしまった。
① 車に鍵を差しっぱなしで、買い物に行ってしまった。
② 家にいるときは、だいたいエアコンをつけっぱなしにしている。
② アルバイトは立ちっぱなしの仕事なので、足がすごく疲れる。

06　〜もさることながら

どう使う？　名詞 + もさることながら

意味　「〜ももちろんそうだが、そのほかに〜も」。前提である［名詞］を挙げ、「［名詞］はもちろんだが、〜はさらに」と、強調を表す。

使い方　「Aはもちろん、そうだが、Bも重要だ」と言いたいときに使う。文語的な表現で口語では主にスピーチの中で使われる。後件には「〜も」が来ることが多い。

注意点　程度を表す場合には、「彼女もさることながら彼もかなりの頑固だ」などの形で用いられる場合もある。ただし、強い否定の意味合いがある場合には用いることはできない。

類義表現　「〜言うまでもなく」「〜はもちろんのこと」

例文　・大学の４年間は勉強もさることながら、社会人としてのマナーなども身につけるべきだ。
・商売するには、売上もさることながら、利益率にも常に注意を払わないといけない。

07　〜そばから

どう使う？　動詞（-た） / 動詞（-る）+ そばから

意味　「AそばからB」で「AをするとすぐにBをする」という状況を示す。

使い方　同じような場面で同じようなことが反復される様子を表し、話し手のあきれた気持ちが込められる。「〜たそばから」は典型的な使い方だが、「〜るそばから」も使われる場合がある。

第1課 第2課 第3課 第4課 第5課 第6課 第7課 第8課 第9課 第10課 第11課 第12課

| 類義表現 | 「～するとすぐに」 |

- ・年を取ると、物覚えが悪くなって、聞いたそばからすぐ忘れてしまう。
- ・部屋を片付けたそばからまた子どもたちに汚されて、腹が立った。
- ・「雪は、作られるそばから、落ちてくるのさー」と、彼が呟いた。

08 ～(の)ならまだしも

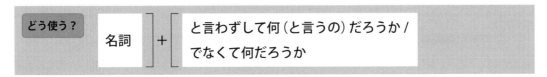

| どう使う？ | 名詞/ナ形 イ形/動詞（＋の） + ならまだしも |

| 意味 | 「AならまだしもB」の形で、「Aは受け入れられるがBは受け入れられない」「Aだったら、まだ少しはいいが」という意味を表す。 |

| 使い方 | 対比的な事柄を取り上げて、「Aなら容認できるが、Bなら容認できない」「Aなら～も可能だが、Bなら～は難しい」という意味を表す。 |

| 注意点 | 「なら」が「は」になる場合がある。

例 英語は（＝英語なら）まだしも、ドイツ語はまったくわからない。 |

| 類義表現 | ～ならともかく |

- ・このようなワンピースは1万円ならまだしも、3万円はちょっと高すぎる。
- ・彼が本気で言ったのならまだしも、冗談だから、あまりまじめに受け取らなくていいよ。

09 ～と言わずして何（と言うの）だろうか／～でなくて何だろうか

| どう使う？ | 名詞 + と言わずして何（と言うの）だろうか／でなくて何だろうか |

| 意味 | 「～である」の強調表現。直接的には「それ以外ではありえない」という意味を持つ。 |

| 使い方 | それぞれ「～でなくてなんだろうか（いいや、それに違いない）」「～と言わずして何だろうか（いいや、そうとしか言えない）」、という形で、括弧内の意味を含んでいる。筆者や登場人物の心情を強く表現する。小説や随筆、特に演劇の中の叙情的表現に用いられることが多い。文頭には、「これ（が／を）～」の形が多い。 |

| 類義表現 | 「～と呼ばずして何を～と呼ぶのだろうか」「～だと言わずして何を～だと言うのだろうか」 |

- ・親はどんなことをしても許してくれる。これを愛と言わずして何と言うのだろうか。
- ・平凡な暮らしの中にこそ幸せがあると言わずして何だろうか。

10 　〜とやら

どう使う？	名詞 節	+	とやら

意味　①あまり正確には記憶していない名詞を前に置いて、「〜とか呼ばれているもの」という意味を表す。
②「ある事柄についてそのように聞いている」という伝聞の形で、「正確ではないが」という意味を表す。

使い方　日常会話ではほとんど用いられることはない。特に②の意味で用いられることは少ない。また、はっきりと記憶しているもの、よく知っているものは対象にならない。例えば、「私の息子とやらはサッカーが好きらしい」は誤用になる。（「私の息子」は一般的によく知っている人物であるので対象にならない。）

類義表現　①「〜というもの」
②「〜そうだ」「〜とのことだ」

例文　①彼がもらった特別賞とやらの賞金は、50万円だそうだ。
②応募者が募集人数を大幅に超えているので、選考が難しいとやら。

11 　〜ずじまい

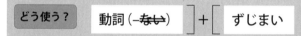

どう使う？	動詞（−ない）	+	ずじまい

意味　ある行動をせずに終わること。

使い方　したい（してほしい）と思っていた行動ができず（されず）に終ったことを示すので、時機を逃してしまったという後悔・残念な気持ち・失望などの感情が含まれることが多い。

類義表現　「〜しないままで終わる」

例文　・最近はいつもアルバイトで疲れてしまって、お風呂も入らずじまいで寝てしまう。
・今年の夏こそ新しい水着を買おうと思ったが、結局、買わずじまいになった。

12 　Aと（も）なればB

どう使う？	名詞 / 動詞	+	と（も）なれば

意味　「AともなればB」の形で、「Aという段階／状況／立場になると」「Aが変化すればBもそれに応じて変化する」という意味を表す。

使い方　Aには時節や役割、出来事（主に行事）、あるいは成長の度合いを表す言葉が入る。BにはAの結果、当然変化すると思われている状況を表す文が入る。Bの内容は社会の常識を表すことが多い。また、「も」を省略する形で使われる場合もある。

注意点　後件では、「〜たい」「〜つもりだ」「〜ましょう」などの希望や意志を表すことはできない。

類義表現	「～ともなると」
例文	・秋ともなれば、紅葉狩りができ、栗味の商品もたくさん売っている。
	・試験問題にミスがあったと（も）なれば、すぐに対応を考えなければならない。

13　～ところだった

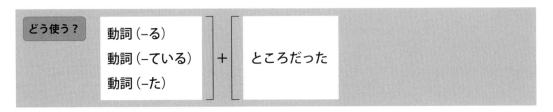

意味	① 動作に関しての、場面・物事の進展が、過去の段階でどのような状況であったのかを表す。
	②「なるかもしれない寸前の状態だった」という意味を表す。
使い方	②の用法で悪い事態を想定している場合には、副詞「もう少しで」「危うく」「危なく」「うっかり」と呼応することが多い。
注意点	「～ところだった」は、否定もしくは疑問の形にはなりにくい。会話では、「～ところだった」は「～とこだった」と縮まることもある。
類義表現	②「～そうになった」
例文	① 携帯が鳴ったとき、運転しているところだったので出られなかった。
	② あやうく日本語能力試験に遅れるところだった。
	② 締め切りが今日ということを、うっかり忘れるところだった。

▌問1▌ （　　　）に入るものとして最も適切なものをA～Dから一つ選びなさい。

❶ 友達（　　　）、知り合ったばかりの人にはお金は貸せない。

　　　A もちろん　　　　B ならまだしも　　　C といえば　　　D となると

❷ 今度の日曜日、今話題のフラワーパーク（　　　）に行ってみる？

　　　A と言うなら　　　B とやら　　　　C とも言えば　　　D とともに

❸ 木曜日（　　　）疲れも溜まってくるものだ。

　　　A といっても　　　B とはいえ　　　C といえば　　　D ともなれば

❹ せっかく日本へ旅行したのに、日本料理を食べ（　　　）で帰った。

　　　A たまま　　　　　　　　　　　B ずにはいられない

　　　C ているところ　　　　　　　　D ずじまい

❺ 一歩間違えたら、火事になる（　　　）。

　　　A ことだ　　　　B 次第だ　　　　C ところだった　　　D べきだった

❻ 彼女は店長としての成功を（　　　）、どんどん事業を広げていた。

　　　A 皮切りに　　　B めぐって　　　C こめて　　　D 中心に

❼ うちの猫（　　　）、すぐトイレットペーパーで遊んで散らかしたがる。

　　　A ときたら　　　B ならまだしも　　　C ともなれば　　　D としても

❽ また授業を欠席した。例の（　　　）寝坊してしまった。

　　　A まみれ　　　　B ごとく　　　　C だらけ　　　　D めいて

❾ 誰（　　　）、他人に言いたくない秘密を持っているはずだ。

　　　A となると　　　B ときたら　　　C であれ　　　D 通りに

❿ 年を取ると、新幹線の自由席で立ち（　　　）は疲れる。

　　　A っぱなし　　　B つつ　　　　　C ながらも　　　D まま

▌問2▌ 下線部に入るものとして正しいものをA～Dの中から選びなさい。

❶ 二つの商品をよく見たら、99％が同じなのだ。＿＿＿＿＿＿＿＿＿＿＿。

　　　A これが偽造でなくて何だろうか

　　　B これが偽造でなくてもいい

　　　C これが偽造でなければならない

　　　D これが偽造でないことにしよう

❷ 徹夜するのは、若い頃ならまだしも、＿＿＿＿＿＿＿＿＿＿＿＿＿。

  A 年を取ると体が持たなくなる

  B 年を取るとどんどんできてしまう

  C 年を取ってもよくしている

  D 年を取ってもあまり気にしない

❸ この映画は内容もさることながら、＿＿＿＿＿＿＿＿＿＿＿＿＿。

  A 音楽などはあまり工夫されていない

  B 音楽などはあまりよくなかった

  C 俳優の演技も一流で素晴らしかった

  D 俳優の演技はあまりよくなかった

❹ 最近隣の家族にほとんど会っていないが、＿＿＿＿＿＿＿＿＿＿＿＿＿。

  A ガンビアとやらいう国に移住したらしい

  B 晩遅くまで外出していることだ

  C 引っ越したところだった

  D そこに住んでいないはずだ

❺ 親戚の家であれ友人の家であれ、＿＿＿＿＿＿＿＿＿＿＿＿＿。

  A 訪問する前は連絡するまでもない

  B 訪問する前はアポを取らなくていい

  C 訪問するときはあまり服装を気にしなくていいのだ

  D 訪問するときは少しあらたまった服装のほうがいい

┃問3┃ A〜Dを並べ替えて文を作り、＿＿★＿＿に入るものを一つ答えなさい。

❶ 子どもの＿＿＿＿ ＿＿＿＿ ＿★＿ ＿＿＿＿のしたことだったら許されない。

  A なら   B 大人   C まだしも   D いたずら

❷ 子ども＿＿＿＿ ＿＿＿＿ ＿★＿ ＿＿＿＿区別くらいはつくだろう。

  A 15歳   B 善し悪しの   C といっても   D ともなれば

❸ 最近のテレビ＿＿＿＿ ＿＿＿＿ ＿★＿ ＿＿＿＿おもしろくない。

  A 番組   B ときたら   C ばかりで   D 似たような

❹ お金を＿＿＿＿ ＿＿＿＿ ＿★＿ ＿＿＿＿しまった。

  A 入れ   B 洗濯して   C っぱなしで   D ポケットに

❺ 記憶力が悪くなったので、＿＿＿＿ ＿＿＿＿ ＿★＿ ＿＿＿＿している。

    A メモする   B 教わった   C ように   D そばから

┃問4┃ （   ）内の文型を用いて文を完成させなさい。

❶ ＿＿＿＿＿＿＿＿＿＿＿＿＿＿＿＿＿＿＿＿＿＿＿＿、焼きそばやラーメンを食べている。

                                           （そばから）

❷ ＿＿＿＿＿＿＿＿＿＿＿＿＿＿＿＿＿＿＿＿＿＿＿、全国8か所で巡回開催される。

                                         （を皮切りに）

❸ ＿＿＿＿＿＿＿＿＿＿＿＿＿＿＿＿＿＿＿＿＿＿＿＿、ルールを破ってはいけない。

                                     （～であれ～であれ）

❹ 天気が良くてのんびり歩いていたら、＿＿＿＿＿＿＿＿＿＿＿＿＿＿＿＿＿＿。

                                     （ところだった）

❺ 汚れた服は＿＿＿＿＿＿＿＿＿＿＿＿＿＿＿＿＿＿＿＿、水だけで洗うのは無理だ。

                                     （ならまだしも）

第8課

日本人と文学（3）
孤独な都会の若者

01　失墜 [しっつい]

アクセント― 0
品　詞―名詞

〈意味〉権力や信用、名誉など、社会的な力を失うこと。

・不祥事で会社の信用が失墜する。
・スキャンダル記事が公表され、政治家の評判は失墜した。

02　名を冠する [なをかんする]

アクセント― ―
品　詞―慣用表現

〈意味〉ある名称の頭に別の名前をつけること。

・市は新設する美術館に地元出身の有名画家の名を冠することに決めた。

03　肩を並べる
　　　[かたをならべる]

アクセント― ―
品　詞―慣用表現

〈意味〉同じような能力や地位、力を有する。

・彼はまだ若いが、第一線の経営者と肩を並べて活躍している。
・ご当地キャラクターは、今ではアニメキャラクターと肩を並べる人気になった。

04　手軽 [てがる]

アクセント― 0
品　詞―ナ形容詞

〈意味〉手間がかからず、簡単な様。

・インスタント食品は手軽に済ますことのできる食事として、人気です。
・近くの山には、家族連れが手軽に楽しめるキャンプ場がある。

05　嫌々 [いやいや]

アクセント― 0
品　詞―副詞

〈意味〉そうしたくないと思いながら、しかたなくすること。しぶしぶする。

・彼は上司の無理な要求を嫌々承諾した。
・子どもの頃は母に言われて嫌々ピアノのレッスンに通っていた。

06　受け止める [うけとめる]

アクセント― 4 (0)
品　詞―動詞

〈意味〉～という意味だと理解する。～だと認識する。

・彼は厚意でしているようなのだが、相手にはおせっかいだと受け止められてしまう。
・受け止め方は人それぞれだから、そんなに気にしなくていい。

07　差し置く [さしおく]

アクセント― 0 (3)
品　詞―動詞

〈意味〉～を放っておいて。～を無視して。後回しにする。捨て置く。

・消費者を差し置いて、商品を開発しても売れはしない。
・先輩の私を差し置いて、彼がチームに選ばれるなんておかしい。

08　洗練する [せんれんする]

アクセント― 0
品　詞―動詞

〈意味〉趣味や文化などを優雅で品位のあるものにすること。高尚なものにすること。あか抜けたものにする。

※「洗練された」「洗練されている」のように受身で使うことが多い。

・彼女の物腰はとても洗練されていて、出自の良さを感じさせる。
・彼の部屋には、洗練されたデザインの家具が並んでいた。

09　化す [かす]

アクセント― 1
品　詞―動詞

〈意味〉何かが別の何かに変わること。それ以前とは別のものになること。

・彼の家が火事で灰と化してしまった。
・デモ隊と警察が激しくぶつかり合い、町は戦場と化した。

10　巻き返す [まきかえす]

アクセント― 3
品　詞―動詞

〈意味〉ある不利な、あるいは困難な状況から勢いを取り戻すこと。

・彼は不利な状況を巻き返そうとしている。
・後半戦から巻き返せれば、まだ逆転のチャンスはある。

11　茶の間 [ちゃのま]

アクセント― 0
品　詞―名詞

〈意味〉日本の一般家庭において、食事をするなど家族だんらんをする場所。

・休みの日、父はいつも茶の間でのんびりしている。
・茶の間でテレビを見ながら家族と過ごす時間が一番の幸せだ。

12 兆し [きざし]

アクセント― 0
品　詞― 名詞

〈意味〉～になる可能性を示すもの。気配。兆候（ちょうこう）。予兆（よちょう）。前触れ（まえぶれ）。

・祖母の病気は回復の兆しを見せた。
・3月になっても寒い日が続き、春の兆しはまだ感じられない。

13 締めつける（締め付ける）
　　[しめつける]

アクセント― 4 (0)
品　詞― 動詞

〈意味〉力を入れてしっかりと結びつけること。強く締めること。

・彼は荷物を束ねる縄をきつく締めつけた。
・昔の恋人のことを思い出すと、今でも胸が締めつけられる。

14 千切る [ちぎる]

アクセント― 2
品　詞― 動詞

〈意味〉手を使ってバラバラにすること。むしること。

・鳥に餌をあげるためにパンを千切ってまいた。
・彼女はノートを千切ったメモに電話番号を書いて渡してきた。

15 紛らわす [まぎらわす]

アクセント― 4
品　詞― 動詞

〈意味〉落ち込んだ気持ちなどを、何かすることで関心をそらして忘れようとすること。ごまかす。気をそらす。

・兄は気分を紛らわそうと散歩に出かけた。
・一人暮らしの寂しさを紛らわすために、街に買い物に出かけた。

16 見入る [みいる]

アクセント― 2
品　詞― 動詞

〈意味〉集中してみること。じっと見つめること。

・あまりの絵の美しさに、私は思わず見入ってしまった。
・弟はテレビ画面に見入っていて、呼んでもまったく気づかない。

17 日陰 [ひかげ]

アクセント― 0
品　詞― 名詞

〈意味〉障害物などがあり、日光が当たらなくなっている部分。

※比喩（ひゆ）的には、世の中で表に立てず、恵まれていない境遇の人のことを意味する。

・ゴッホは生涯、画家としては日陰に生きた。
・春になったとはいえ、日陰に入るとまだ肌寒い。

18 日向 [ひなた]

アクセント― 0
品　詞― 名詞

〈意味〉遮るものがなく、日光が当たっている部分。

※日陰に対して、日向は比喩（ひゆ）的な意味をもともと持っているわけではない。本文では日陰の逆の意味を持つ表現として、特に比喩（ひゆ）として用いられている。

・猫が日向でのんびりと寝ている。
・昨日は天気がよくて、日向にいると何もしなくても汗をかくほどだった。

19 どことなく

アクセント― 4
品　詞― 副詞

〈意味〉はっきりとした理由などはないが、そうであると感じられる様。なんとなく。

・彼女はいつもどことなく哀しそうな表情をしている。
・あの二人はどことなく似ている気がするが、赤の他人だそうだ。

20 気だるさ（気怠さ）

アクセント― 0
品　詞― 名詞

〈意味〉なんとなくだるい状態。おっくうさ。

・長旅のあと、実家に戻ったときの気だるさが心地よく感じられた。
・週末は一週間の疲れと気だるさで一日中ベッドの中で過ごす。

21 生身 [なまみ]

アクセント― 2 (0)
品　詞― 名詞

〈意味〉血が通い、神経が通り、心があって感情もある身のこと。生きたままの姿。

・人の生身の感情は、時に他人を傷つける。
・生でオペラを見ると生身の人間がもつエネルギーに圧倒される。

| 22 | 秘める [ひめる] | 〈意味〉表に出ないように人から隠すこと。または、表に出ないが内に持っていること。 |

22 秘める [ひめる]
アクセント― 2
品　　詞― 動詞

〈意味〉表に出ないように人から隠すこと。または、表に出ないが内に持っていること。
・彼には何か秘めた才能があるように見えた。
・胸に秘めた子どもの頃の夢が誰にでも一つぐらいはあるだろう。

23 趣 [おもむき]
アクセント― 0
品　　詞― 名詞

〈意味〉全体的にある雰囲気のこと。気配。
・山には一足早く、秋の趣が漂い始めていた。
・この辺りには古い民家が残っており、下町の趣がある

24 目をみはる [めをみはる]
アクセント― ―
品　　詞― 慣用表現

〈意味〉目を大きく開くほどに驚く、または、感動する。
※常用外だが「目を瞠る」とも書く。
・美術館のすばらしい作品に目をみはるばかりだ。
・子どもの成長の速さには、目をみはるものがある。

25 さして（然して）
アクセント― 1 (0)
品　　詞― 副詞

〈意味〉程度のあまりひどくない様。たいして。
・彼は、他人の少しばかりの失敗などはさして気にもしない。
・もう大人なので子どもに悪口を言われてもさして気にならない。

26 結束 [けっそく]
アクセント― 0
品　　詞― 名詞

〈意味〉志を一つにしてまとまること。団結。
※もとはひもや縄で結んで束にすることを意味する。そこから結束の度合いは「強い」「弱い」のほかに、「固い」「もろい」「崩れる」などで表すことがある。
・彼のチームの結束はとても固い。

27 共働き [ともばたらき]
アクセント― 3
品　　詞― 名詞

〈意味〉夫婦が二人とも働いていること。ともかせぎ。
・私の両親は共働きで、幼い頃私の面倒を見てくれたのは祖母だった。
・両親が共働きだったせいか、うちの夫は料理が得意だ。

28 疎外感 [そがいかん]
アクセント― 2
品　　詞― 名詞

〈意味〉①（社会生活などで）自分が本来の自分と異なる形でしか存在できないときに感じる、自己と自己が切り離されていくような感情。
②自分がある集団から除けものにされていると感じるときの不快な感情のこと。
※本文の「自己の身体からの疎外感」が①に当たる。
※本文の「共同体の日常からの疎外感」が②に当たる。
※端的（たんてき）に言えば、①は自分らしさが欠落（けつらく）する際の不快（ふかい）感を意味し、②は集団生活から外される際の不快（ふかい）感を意味する。
①一般大衆が疎外感を感じるような政治は行われるべきではない。
②彼女は会社の中で疎外感に苦しんでいる。

29 課す [かす]
アクセント― 1
品　　詞― 動詞

〈意味〉義務や役割、責任として負わせること。負担として一方的に引き受けさせること。
・国は国民に多くの義務を課し、国民も国に多くの役目を課している。
・彼は毎日 10 キロ走るというルールを自分に課して守っている。

30 不可欠 [ふかけつ]
アクセント― 2
品　　詞― ナ形容詞

〈意味〉欠かすことのできない様。どうしても必要だということ。
・衣食住は人が生活をするのに不可欠なものだ。
・しょうゆと味噌は日本料理にとって不可欠な調味料だ。

31 名付ける [なづける]

アクセント— 3
品　詞— 動詞

〈意味〉人やペット、物などに名前を付ける。命名する。

・飼い猫をトラと名付ける。
・昔は、長男は太郎、次男は次郎と名付けるのが一般的だった。

32 割く [さく]

アクセント— 1
品　詞— 動詞

〈意味〉全体の中の一部分を分けて、何かの用途に使うこと。割り当てること。

・彼は自身の研究に、人生の多くの時間を割いた。
・事故の写真は新聞の一面に大きなスペースを割いて掲載された。

33 筋書き [すじがき]

アクセント— 0
品　詞— 名詞

〈意味〉演劇や小説、映画などの全体の内容を大まかに書き記したもの。または、全体の内容自体を意味する。シナリオ。すじ。

・この映画の筋書きは予想を超えていた。
・人生は、なかなか筋書き通りにはいかないものだ。

34 言い回し [いいまわし]

アクセント— 0
品　詞— 名詞

〈意味〉文章などでの、言葉の表現のし方。言い表し方。言い方。

・彼は人と話すときの、言葉の言い回しがうまい。
・スピーチは難しい言い回しが多く、ほとんど理解できなかった。

35 見向き [みむき]

アクセント— 1 (2)
品　詞— 名詞

〈意味〉あるほうを向いて見ようとすること。

※通例（つうれい）、「見向きもしない」「見向きもされない」など否定の形で、「無視される」という意味で使われることが多い。

・生きているうちは見向きもされなかった芸術家は数多い。
・写真を撮りたくて動物園のパンダに呼びかけたが、食事に夢中で見向きもしなかった。

36 見下す [みくだす]

アクセント— 0 (3)
品　詞— 動詞

〈意味〉（相手の立場・能力を自分よりも下と見て）馬鹿にすること。

・彼は人を学歴だけで尊敬したり、見下したりするところがある。
・ネットビジネスで簡単に大金を手に入れた彼は、まじめに働いている人を見下すような態度をとることがある。

|問1| 下線部の読み方として最も適切なものを、A〜Dの中から一つ選びなさい。

❶ 本日はわざわざ時間を割いていただき、誠にありがとうございます。

　　A かついて　　　B わりいて　　　C さいて　　　D かいて

❷ この神社には趣のある庭園があり、季節の移り変わりを楽しむことができる。

　　A しゅ　　　B おもむく　　　C そく　　　D おもむき

❸ 夏休み明けの教室には、気怠い雰囲気が漂っていた。

　　A けだるい　　　B きたい　　　C きだるい　　　D けたい

❹ 不適切な発言を繰り返したことで、その政治家の信用は失墜した。

　　A しっつい　　　B しつい　　　C しったい　　　D したい

❺ 天気がいい日は日向で昼寝をするというのが、うちの犬の日課だ。

　　A にっこう　　　B ひむかい　　　C ひなた　　　D にちなた

|問2| 下線部に入る語として最も適切なものを、A〜Dの中から一つ選びなさい。

❶ ほめたつもりだったのに、悪口と＿＿＿＿しまった。

　　A 受け止められて　　B 受け入れられて　　C 受け付けられて　　D 受け持たれて

❷ 先輩を＿＿＿＿、自分がメンバーに選ばれるなんて信じられない。

　　A 差し止めて　　B 差し置いて　　C 差し出して　　D 差し引いて

❸ 受験まであと1年、頑張れば今からでも＿＿＿＿ことはできる。

　　A 巻き込む　　B 巻き取る　　C 巻き返す　　D 巻き戻す

❹ 戦争で国を追われた難民（なんみん）のニュースを見て胸が＿＿＿＿思いがした。

　　A 締め出される　　B 締め殺される　　C 締め括られる　　D 締め付けられる

❺ 歌舞伎（かぶき）には独特の＿＿＿＿があるので、理解できない部分も多い。

　　A 言いよどみ　　B 言い回し　　C 言い換え　　D 言い返し

112

┃問3┃ ▭ から最も適切なことばを選び、下線部に正しい形で書きなさい。

❶ 彼が住んでいる場所は、私のアパートから＿＿＿＿＿遠くないところだ。

❷ この街の雰囲気は＿＿＿＿＿なつかしい感じがして、落ち着くことができる。

❸ 昔、公園で一緒にサッカーをした彼は、＿＿＿＿＿世界のトップ選手だ。

❹ 毎日飲酒するのは体に悪いので、＿＿＿＿＿一日おきにしたほうがいい。

❺ 小さい妹は＿＿＿＿＿野菜を口に入れたが、なかなか飲み込めないでいる。

嫌々 どことなく さして せめて いまや

❻ 3年間胸に＿＿＿＿＿思いを好きな人に伝えないまま、卒業してしまった。

❼ 戦時中は、爆撃を受けてこの辺りは火の海と＿＿＿＿＿と言われている。

❽ 美術館に飾られたすばらしい作品の数々に目を＿＿＿＿＿ばかりだった。

❾ 専門科目の先生は毎週レポートの宿題を＿＿＿＿＿が、終わるわけがない。

❿ 柔道を始めた息子は、中学生ながら高校生と肩を＿＿＿＿＿練習している。

並べる 化す 秘める みはる 課す

┃問4┃ 下線部に最も意味が近いものを、A〜Dの中から一つ選びなさい。

❶ 茶の間で家族が団らんする光景は、昔はどの地域でも見られたものだ。
　　　　A 台所　　　　　B 座敷　　　　　C 寝室　　　　　D 居間

❷ 将来の不安を紛らわすために酒を飲んで騒いでも、現実は何も変わらない。
　　　　A まどわす　　　B あざむく　　　C まみれる　　　D ごまかす

❸ 大学で同じ時間を過ごした仲間との結束は、いつまでも固いままだ。
　　　　A 団結　　　　　B 束縛　　　　　C 団体　　　　　D 拘束

❹ このプロジェクトの成功にはチーム全員の協力が不可欠だ。
　　　　A 重大　　　　　B 肝要　　　　　C 最大　　　　　D 不要

❺ 彼は彼女の気を引こうと必死だが、彼女は見向きもしない。
　　　　A 無駄　　　　　B 無理　　　　　C 無視　　　　　D 無礼

113

┃問5┃ 見出しの表現を使用した文として最も適切なものを、A～Dの中から一つ選びなさい。

❶ 洗練する

    A えんぴつが書きにくくなってきたので、試験の前にナイフで<u>洗練した</u>。

    B 汗をかいた日は、シャワーを浴びてシャツを<u>洗練して</u>から寝ている。

    C この望遠鏡には、特殊な形に<u>洗練された</u>レンズが使われている。

    D 家族とともに、ホテルの<u>洗練された</u>雰囲気の中で食事を楽しんだ。

❷ 千切る

    A 妹は色紙を<u>千切って</u>画用紙に貼り、きれいなコラージュを完成させた。

    B テレビ番組でライオンが鹿を<u>千切って</u>食べているのを見て驚いた。

    C 包丁で野菜を小さく<u>千切って</u>豆腐に混ぜ、豆腐ハンバーグを作った。

    D 庭の草が伸びてきたので、休みの日に手で<u>千切って</u>きれいにした。

❸ 筋書き

    A レポートを書くときは全体の<u>筋書き</u>を決めてから書くように言われた。

    B <u>筋書き</u>のない即興劇では、役者がその場で演技をしながら話を作る。

    C 時計が動く<u>筋書き</u>を知りたくて、父の時計を分解したことがある。

    D 日本語の勉強のために、映画を見て気に入った俳優の<u>筋書き</u>は覚えるようにしている。

❹ 兆し

    A 不景気が長く続いたが、ようやく経済回復の<u>兆し</u>が見えてきた。

    B 警察は犯行現場を調べ上げ、犯人逮捕につながる<u>兆し</u>を発見した。

    C 占い師から10年後私の人生に大きな変化があるという<u>兆し</u>を聞いた。

    D 隣の部屋には誰もいないのに、人の<u>兆し</u>がして怖くて眠れなかった。

❺ 生身

    A 雑誌で見つけた漁港（ぎょこう）の店でその日捕れたばかりの<u>生身</u>な魚料理を食べた。

    B ミュージカルの舞台は映像で見るより<u>生身</u>で見たほうが感動するそうだ。

    C 授業で人間の<u>生身</u>の約50%は水分でできていると聞いて驚いてしまった。

    D 訓練を受けたとしても<u>生身</u>の人間がライオンと戦って勝てるはずがない。

01　〜だけのことはある

どう使う？　名詞／ナ形／イ形／動詞　＋　だけのことはある

意味　（通例、賞賛（しょうさん）の意味を持って）ある状態にふさわしいことを示す。

使い方　主観的に評価が高いということを表す。主観的なので評価の根拠はあってもなくてもかまわない。

注意点　動詞の前には社会的に地位の高いこと、あるいは能力が高いことを示す名詞あるいはその意味を含む代名詞が来る。文の始めに「さすが」がつくことが多い。

類義表現　「〜わけだ」

例文
・さすが一流ホテルだけのことはあって、スタッフの接客がすばらしかった。
・彼はすぐに病名を言い当てた。さすが名医と呼ばれるだけのことはある。
・彼女は非常に美しいプロポーションをしている。さすがファッションモデルを務めていただけのことはある。

02　〜ならいざ知らず／〜ならともかく

どう使う？　名詞　＋　ならいざ知らず／〜ならともかく

意味　「〜についてはどうだかわからないが」という意味を表す。

使い方　「〜ならいざ知らず」は特にかなり硬い文体で使われ、話し言葉ではあまり使われない。前件に「〜なら」が使われるので、前件は仮定条件になる。

注意点　前後には「昔―今」「幼稚園の子ども―大学生」「暇なとき―忙しいとき」などのように、対比的な事柄が述べられ、後半の事柄が前半の事柄よりも程度や重要性の点で勝っていたり、特別な場合であることを表すのに用いる。後半には驚きや「大変だ」といった意味の表現が続くことが多い。

例文
・新入社員ならいざしらず、入社8年にもなる君がこんなミスを犯すとは信じられない。
・大金持ちならいざしらず、普通の学生にブランド物を買えるはずがない。
・国内ならともかく海外の情報などは画像と資料で判断するしかない。
・無料ならともかく有料のトイレの掃除が行き届いていないといやだ。

03　〜べく

どう使う？　動詞（-る）　＋　べく

意味　目的を表す。「[動詞1]べくして[動詞1]」のように同じ動詞を繰り返して「〜べくして〜」の形で用いられると、「〜して当然だ」という意味を表す。

使い方	動詞「する」と接続する場合には「～するべく」だけでなく、「～すべく」の形になることもある。
注意点	書き言葉でしか使われない硬い表現。
類義表現	「～ために」「～ように」
例文	・夢を叶えるべく親元を離れて上京した。 ・あれほど努力したのだから、あの勝利は奇跡ではない。彼は勝つべくして勝ったと言えるだろう。

04　～と言わんばかりに／～とばかりに

意味	「いかにも～と言いたそうな様子で」、または、「いままさに～しようとしている」という意味を表す。
使い方	「～と言わんばかりに」「～とばかりに」は節を受けて、ほぼ同時のタイミングで何かを言ったり行動を起こしたりする。またタイミングを計るということから、「いまがチャンスだ」のような意味を表すことがある。この種の慣用的な表現として「ここぞとばかりに」がある。
注意点	ともに文語的表現で、「～と言わんばかりに」には「相手の態度がいかにも～と言いたそうに見える」という意味しかない。「～とばかりに」は「この時とばかりに」や「どうだとばかりに」など慣用的な使い方も多く見られる。
例文	・逆上がりに成功した息子は、どうだと言わんばかりに私のほうを見てきた。 ・彼は、すべては私のせいだと言わんばかりの態度で同僚に文句を言っていた。 ・彼女は時々自分がルールだと言わんばかりの行動をする。 ・熊が私を襲わんとばかりに、大きなうなり声をあげた。

05　～てたまらない

どう使う？	ナ形（-で） イ形（-くて） 動詞（-て）	＋	たまらない

意味	自らではコントロールできないような、強い感情や感覚が自然に起こる様子を表す。また、欲求の程度が激しい場合にも用いる。
使い方	感情・感覚を表す語に接続して使われる。「辛くて辛くてたまらない」のように、言葉を2回繰り返して使う場合もある。
注意点	主に話し言葉として使われる。話し手以外の人物の気持ちを表すときは、語尾に「ようだ」「そうだ」「らしい」などを加える。「たまらない」とは我慢できないという自然な感情の高ぶりを意味するため、「思える」「思われる」「思い出される」「見える」「聞こえる」などの自然に起こってくる自発の気持ちには「～てたまらない」は使えない。
類義表現	「～てしかたがない」「～てしょうがない」

例文
・国に帰りたくてたまらない。
・将来が不安でたまらない。
・ペットがかわいくてたまらない。

06　〜を禁じ得ない

どう使う？　名詞　＋　を禁じ得ない

意味　「〜しないではいられない」「〜抑える／我慢することができない」という意味を表し、ある状況の程度の甚だしさを強調する言い方。感情や反射的な行動を表す名詞を用いる。

使い方　硬い書き言葉である。決まり文句のような形で用いる。

注意点　「〜禁じる」は通常、相手に対して使うが、「〜を禁じ得ない」は自分の感情についてコントロールできないという意味で使う。

類義表現　「〜ばかりだ」「〜せずにいられない」「〜を隠せない」

例文　・彼女の無礼な振る舞いには、驚きを禁じ得ない。

07　AつBつ

どう使う？　動詞1（-ます）　つ　＋　動詞2（-ます）　つ

意味　両方の動作が交互に行われていることを示す。

使い方　「行く」と「戻る」のように反対の意味を持つ動詞や、「持つ」と「持たれる」のように能動と受動の形の動詞を連用形で並べて用いる。

注意点　慣用句など定型化した形で用いられることが多く、言い換えはしない。

例　「出つ入りつ」「押しつ押されつ」「ためつすがめつ」「見えつ隠れつ」など

例文　・その日のデパートはセールでとても混んでいて、押しつ押されつ進み、何とか目的の売り場にたどり着いた。
・困ったときは持ちつ持たれつですから、何かあれば頼ってください。
・子どもの帰りがあまりに遅いので、母が心配して家の前の通りを行きつ戻りつしていた。

08　〜て（は）いられない

どう使う？　名詞（で）／動詞（-て）　＋　（は）いられない

意味　①ある状態・状況でい続けることはできない。
②緊迫した状況・状態なので、ある行為を続けられない、あるいは、すぐに行動に移りたいという意味を表す。

使い方	①の用例では、不十分な状態・状況が前に来る場合が多いが、「いつまでも特別待遇ではいられない」のように、恵まれた状態・状況を失わざるを得ないという使い方もある。
注意点	「思い出す」「悔やむ」などの思考や感情を表す動詞に「ないではいられない」が用いられた場合、これらの動詞に「てしかたがない」が付いたものと似た意味になる。

例 この季節になると、震災を思い出さないではいられない。

例 この季節になると、震災が思い出されてしかたがない。

※ただし、「ないではいられない」には「てしかたがない」のように程度を強調する意味はない。

類義表現	①「〜ではいけない」 ②「〜することができない」
例文	① 入社3年目になり、いつまでも新人気分ではいられない。 ① 休日になると家でじっとしてはいられない。 ② その問題についてもう黙ってはいられない。

09　AといいBといい／AといわずBといわず

どう使う？	名詞1（といい）名詞2（といい）
	名詞1（といわず）名詞2（といわず）

意味	AとBの両方が同じ性質を持つことを示すが、暗に「AとBだけではなく、全体も同じ性質を持っている」という意味を含む場合も多い。
使い方	AとBの二つを例として挙げて、主観的な評価を表す。AとB以外の存在も暗示する。
注意点	「AといわずBといわず」の場合は全体を含む意味でしか使えない。この場合は語尾に「いつでも」「どこでも」「誰でも」「何でも」や「〜ばかり」などの語句を用いることが多い。通例は、批判や評価、あきれや感心、諦めなどの感情を表す場合に用いる。
類義表現	「AやB」「AとかBとか」
例文	・彼といい彼女といい、君の友人は時間にルーズな人ばかりだな。 ・赤ん坊は家の内といわず外といわず、どこでも遠慮なく泣き出すものだ。 ・このお茶は味といい香りといい申し分のない出来だ。 　（※この場合は「お茶」が申し分のない「味」と「香り」を持っていることを示し、これによって「お茶」が評価されることを示す） ・学校の規則は生徒といわず先生といわず、（誰でも）守らないといけない。 　（※「誰でも」の部分は省略されることもある。）

10　〜も同然の　〈〜も同然だ〉

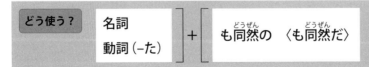

どう使う？	名詞 動詞（-た）	＋	も同然の　〈も同然だ〉

意味	「〜と言っても構わない」または「〜と同様だ」という意味を表す。

使い方 通例は、感情や主観的な判断を伴った形で、「実際に起こったことではないが、実際に起こった場合と変わらない」という場合に用いる。

注意点 あくまで本人の認識においてのみ同じであるということに注意。

例文
・彼は親友の父親にとてもかわいがられ、親子も同然の関係が続いている。
・この点差では、勝負はついたも同然だ。
・その仕事は、ほとんど終わったも同然だ。
・お金のために自分の信念を捨てるなんて、彼は魂を売ったも同然だ。

11 〜たるや

どう使う？ 名詞 ＋ たるや

意味 特徴のある名詞を受けて、その意味を強調してとりあげ、性質や状態がどのようなものであるかを述べるのに用いる。

使い方 日本語の古語が今でも残っている形。したがって、書き言葉を中心にしてかなり硬い文体で用いられる。また、ことわざや慣用句などにも使われている。

注意点 人名などの固有名詞は、通例、主語としては用いない。

(誤) ウサイン・ボルトたるや、すべての人を驚嘆させた。
(正) ウサイン・ボルトの俊足たるや、すべての人を驚嘆させた。
　　　（※主語は「（ウサイン・ボルト）の俊足」）

類義表現 「〜といったら」「〜ときたら」

例文
・車に衝突した際の衝撃たるや、ものすごかった。
・念願のオリンピック出場を果たしたときの喜びたるや、筆舌に尽くし難いものがあった。

問1 （　　）に入るものとして最も適切なものをA～Dから一つ選びなさい。

❶ さすが数多くの賞を取った（　　）ワインですばらしい。

    A にもかかわらず　　　　　　　　B ならいざ知らず
    C だけのことはある　　　　　　　D つつがなく

❷ このソフトは初心者向けとはいう（　　）、まったくの素人には簡単ではない。

    A ものが　　　　　B ものの　　　　　C ことが　　　　　D ことの

❸ この国の文字は難解で、私には何かの記号（　　）感じる。

    A のことのほか　　　B というほど　　　C だったのが　　　D かのように

❹ この店は大盛りで有名で、実際に見るとその量（　　）驚きを隠せない。

    A たるや　　　　　B こそが　　　　　C がため　　　　　D よもや

❺ その試験にようやく3回目（　　）合格することができた。

    A によって　　　　B にして　　　　　C について　　　　D において

❻ 応援してくれる両親の気持ちを考えると、留学を諦めたいとは（　　）言えない。

    A 言おうが　　　　B 言うに　　　　　C 言おうと　　　　D 言うや

❼ 作業過程を抜本的に見直す（　　）点検を始めた。

    A べし　　　　　　B べき　　　　　　C べく　　　　　　D べからず

❽ 子育てをしている（　　）、社会から隔離されたような疎外感を感じる。

    A なら　　　　　　B こそ　　　　　　C だけ　　　　　　D と

❾ 今まで私を育ててくれた祖母は、私（　　）は母親も同然だ。

    A に対して　　　　B にとって　　　　C に関して　　　　D について

❿ 忙しい日は、食事を手軽に（　　）ことも少なくない。

    A 済む　　　　　　B 済まれる　　　　C 済まされる　　　D 済ませる

問2 下線部に入るものとして正しいものをA～Dの中から選びなさい。

❶ 日本では電車が理由もなく遅れることは、ほとんど＿＿＿＿＿＿＿＿。

    A 禁じ得ない

    B あり得ない

    C 言わざるを得ない

    D やむを得ない

❷ 必死な彼女を見ていると、私は何か_____。

    A してはいられなかった

    B しないではいられなかった

    C しようとはいられなかった

    D したことはいられなかった

❸ 風船は膨らみ続け、いままさに弾けん_____の状態になっている。

    A とごとき

    B とまで

    C とさえ

    D とばかり

❹ ライトノベルは文学とは言えないと、文壇から_____ようだ。

    A 見定められている

    B 見下されている

    C 見せられている

    D 見かけられている

❺ この料理のサンプルはあまりによくできていて、驚きを_____。

    A 見せられない

    B なし得ない

    C みっともない

    D 禁じ得ない

┃問3┃ A～Dを並べ替えて文を作り、___★___ に入るものを一つ答えなさい。

❶ 彼はさすが＿＿＿ ＿＿＿ ＿★＿ ＿＿＿記憶力を持っている。

    A 抜群の   B ことはあって   C 首席   D だけの

❷ ＿＿＿ ＿＿＿ ＿★＿ ＿＿＿このダムがいっぱいになることはない。

    A 台風   B 普通の雨では   C なら   D いざ知らず

❸ 企業と銀行は＿＿＿ ＿＿＿ ＿★＿ ＿＿＿で成り立っている。

    A 持たれつ   B の   C 関係   D 持ちつ

❹ 社長は私に＿＿＿ ＿＿＿ ＿★＿ ＿＿＿、そっぽを向いた。

    A 話すべき   B とばかりに   C もう   D ことはない

❺ 我々は未知の＿＿＿＿ ＿＿＿＿ ★＿＿ ＿＿＿＿、アフリカに飛んだ。

    A　べく　　　　　　　B　存在を　　　　　　C　確かめる　　　　　D　生物の

┃問4┃ （　　　）内の文型を用いて文を完成させなさい。

❶ ＿＿＿＿＿＿＿＿＿＿＿＿＿＿＿＿＿＿＿＿＿＿＿＿＿＿＿、量と値段は間違いなく良心的だ。

（ともかく）

❷ 毎日仕事ばかりしていると、たまには＿＿＿＿＿＿＿＿＿＿＿＿＿＿＿＿＿＿＿＿＿＿。

（てたまらない）

❸ 20年も一緒に働いているので、まるで＿＿＿＿＿＿＿＿＿＿＿＿＿＿＿＿＿＿＿＿。

（～も同然）

❹ みるみるうちに風船を人形に仕立てる＿＿＿＿＿＿＿＿＿＿＿＿＿、すばらしいものだった。

（たるや）

❺ このクラスの生徒は、＿＿＿＿＿＿＿＿＿＿＿＿＿＿＿＿＿＿＿＿＿＿＿＿＿＿。

（～といい～といい）

第9課

日本人と哲学

01 巻き起こす[まきおこす]

アクセント― 4
品　詞―動詞

〈意味〉あることがらを突然に発生させること。

・彼のとった行動が予想外の事態を巻き起こした。
・錦織圭選手の活躍はテニス界に旋風（せんぷう）を巻き起こした。

02 突き詰める[つきつめる]

アクセント― 4
品　詞―動詞

〈意味〉物事を徹底的に考え、詳細に調べること。

・何日もかけて調査を行い、実験が失敗した理由について突き詰めた。
・この案は改善の余地があるので、突き詰めて考えてみてください。

03 甚大[じんだい]

アクセント― 0
品　詞―ナ形容詞

〈意味〉物事の程度が非常に大きい様。程度が通常の状態をはるかに超えている様。

※通例（つうれい）では、好ましくない事態が起こった場合に使う。

・1993 年の日本では、冷夏（れいか）を原因とした甚大な米不足が発生した。
・新型ウイルスは、世界の経済に甚大な損害をもたらした。

04 吊り上げる[つりあげる]

アクセント― 4
品　詞―動詞

〈意味〉（意図的に）物の値段を高くすること。

・彼はうその情報で株の値段を吊り上げた。
・災害時に、非常食の価格を吊り上げるのはあるまじき行為だ。

05 つけ込む[つけこむ]

アクセント― 0 (3)
品　詞―動詞

〈意味〉相手の弱みなどを自分の利益や目的のために利用すること。

・人の善意（ぜんい）につけ込んだ詐欺事件を許すことはできない。
・人の弱みにつけ込んでむちゃくちゃな要求をするのは犯罪に近い。

06 問いかける[といかける]

アクセント― 4 (0)
品　詞―動詞

〈意味〉質問を投げかけること。または、質問をし始めること。

・学生は教授に対して疑問を問いかけた。
・大きな決断に際して、仲間たちは問いかけるような視線で見つめてきた。

07 掘り下げる[ほりさげる]

アクセント― 4 (0)
品　詞―動詞

〈意味〉物事の奥深くまで考えること。よく考察すること。

・大学では、物事を掘り下げて考える力が求められます。
・風の影響を防ぐために以前より掘り下げて、中心軸を固めた。

08 振り返る[ふりかえる]

アクセント― 3
品　詞―動詞

〈意味〉過ぎた出来事について考える。回顧（かいこ）する。

・夏に故郷に帰り、昔のことを振り返った。
・子どものときを振り返ってみると、毎日遊んでばかりいて、まじめに勉強しなかった。

09 なじみ

アクセント― 3 (0)
品　詞―名詞

〈意味〉なれ親しんで知っていること。特に珍しくはない身近にあるもの。

・久しぶりに食べた母の料理の味は、とてもなじみのある味だった。
・納豆は日本人にとって、とてもなじみのある食べ物だ。

10 素朴[そぼく]

アクセント― 0
品　詞―ナ形容詞

〈意味〉考え方が単純なもの。飾り気のないもの。

・小学校の教師になって以来、子どもたちから「どうして空は青いの？」「世界にはどうして国があるの？」といった素朴な疑問を問いかけられ、深く考えさせられることが多い。
・シソは雑草にすぎないが、素朴ですがすがしい香りがどんな食べ物とも調和できる。

11	踏みにじる [ふみにじる]	〈意味〉①人の権利、人間性や感情を粗末に扱うこと。
	アクセント — 4	②足で踏んで荒らすこと。
	品　　詞 — 動詞	①彼は私の好意を踏みにじった。
		②花壇を踏みにじる人が多くなったため、注意の看板を立てた。

12	かつて (嘗て)	〈意味〉 過去のあるときを表す。以前に。昔。
	アクセント — 1	・かつてここに私の生まれた家があった。
	品　　詞 — 副詞	・母親になった彼女は、かつてない美しさを見せている。

13	見世物 (見せ物) [みせもの]	〈意味〉人の目を引くような催し物。出し物。
	アクセント — 3 (4)	・華やかな見世物が街行く人々の足を止めた。
	品　　詞 — 名詞	・皆の前で服装のことを笑われて、まるで見世物にされたような気分になった。

14	勝る [まさる]	〈意味〉力量や価値などが他のものに比べて上であること。優れていること。
	アクセント — 2 (0)	・彼の腕は師匠に勝るとも劣らない。
	品　　詞 — 動詞	・親にとって我が子の成長は何ものにも勝る喜びだ。

15	介入する [かいにゅうする]	〈意味〉(当事者の意思に反して) 第三者が関わること。割り込むこと。干渉。
	アクセント — 0	※政治的な問題によく使われる。
	品　　詞 — 動詞	・国同士の争いには大国が介入することが多い。
		・先生が学生の私生活に介入しすぎるとよくないと言われている。

16	望ましい [のぞましい]	〈意味〉望まれる状態。そうあってほしいと願う状態。好ましい。
	アクセント — 4	・実験は一定の環境で行われることが望ましい。
	品　　詞 — イ形容詞	・オンライン授業を受けるときには、本名を使うのが望ましい。

17	徴収する [ちょうしゅうする]	〈意味〉法律や規則に従って定められた形で金銭を取り立てること。
	アクセント — 0	・組合が年会費を徴収する。
	品　　詞 — 動詞	・お金持ちからもっと税金を徴収したほうがよいという意見もある。

18	格差 [かくさ]	〈意味〉同種の間での程度の違い。
	アクセント — 1	※ただし、本文の「経済格差」は特に「生活水準の違い」を指す。
	品　　詞 — 名詞	・都会と田舎では情報量に格差がある。
		・近年、日本でも教育格差が深刻な社会問題となってきた。

19	ベール	〈意味〉女性の顔を覆うのに使われる薄い布やネット。
	アクセント — 1	・女性の顔はベールに隠されていてよく見えなかった。
	品　　詞 — 名詞	・花嫁は美しいレースのベールを被っていた。

20	富 [とみ]	〈意味〉金銭的に高い価値を持つもの。財産。資源。
	アクセント — 1	・彼は一代で巨万の富を築いた。
	品　　詞 — 名詞	・その国では、車は富を表すものの一つだ。

21	指図する [さしずする]	〈意味〉物事のし方などを他者に言いつけること。命令する。指示する。
	アクセント — 1	・彼は他人から指図されることを最も嫌う。
	品　　詞 — 動詞	・同じ立場なのに、上司のようにあれこれ指図するのはよくない。

22	異を唱える [いをとなえる]	〈意味〉反対すること。もしくは、別の意見を述べること。
	アクセント — ―	・私は友人の意見に異を唱えた。
	品　　詞 — 慣用表現	・日頃おとなしい彼が、この件に強く異を唱えたのには驚いた。

23	嗜好 [しこう]	〈意味〉あるものの中から特に何かを好むこと。好み。趣味。

23 嗜好 [しこう]
アクセント— 0
品　詞— 名詞

〈意味〉あるものの中から特に何かを好むこと。好み。趣味。

※「嗜」に「好んで食べる」の意があるので、「飲食物の好み」という意味で使われることがある。
（例）日本人の嗜好にあった味付けの料理。

・自分の嗜好に合った洋服を探す。
・嗜好が異なる人にも受け入れられるように、鞄の生地に工夫を凝らした。

24 還元する [かんげんする]
アクセント— 0
品　詞— 動詞

〈意味〉ある状態から別の状態になったものを、元の状態に戻すこと。

※特に哲学で使われるときには「複雑な物を根本的なものに戻すこと」という意味を持ち、文中の「還元できない」では原則から派生（はせい）した法律が原則に当てはまらなくなっていることを示している。

・成功した企業家は、ビジネスで得た利益を社会に還元する義務がある。
・今回の割引は現金ではなく、ポイントで還元される。

25 埋め込む [うめこむ]
アクセント— 3
品　詞— 動詞

〈意味〉あるものの中に何か別のものをしっかりと入れること。

※実際には動作を示す言葉だが文中では比喩（ひゆ）的に使われたものと思われる。

・土にしっかりと杭を埋め込む。
・パソコンが得意な友人に、サイトに動画や再生リストを埋め込む方法を教えてもらった。

26 値する [あたいする]
アクセント— 0
品　詞— 動詞

〈意味〉それをする価値がある。ふさわしいものである。

・彼の勇気ある行動は賞賛に値する。
・若いのにいつも全力を尽くす彼は、本当に尊敬に値する人物だ。

27 むしろ
アクセント— 1
品　詞— 副詞

〈意味〉二つのものを比べて、前者よりも後者を選ぶという意思を表す。どちらかといえば。

・私は、休日は出かけるよりも、むしろ家でのんびりするほうが好きだ。
・知り合いより、むしろ知らない人と一緒にいるほうが、気持ちが落ち着く場合もある。

28 打ち立てる [うちたてる]
アクセント— 4 (0)
品　詞— 動詞

〈意味〉しっかりとしたものとして定めること。確立する。樹立する。

・政府が新しい政策方針を打ち立てる。
・この自動車は、アメリカをはじめ、世界各国で売上高の記録を打ち立てた。

29 とりわけ
アクセント— 0
品　詞— 副詞

〈意味〉あるものの中でも特に。

・例年冬は寒いが、今年はとりわけ寒く、11月に雪が降った。
・息子の成績は全体的に下がったが、とりわけ英語がひどかった。

30 すさまじい
アクセント— 4
品　詞— イ形容詞

〈意味〉勢いや程度が非常に激しいこと。ものすごい。

・北国では冬に凄まじいほどの雪が降る。
・山で出くわした熊は、すさまじい音を立てて逃げていった。

31 復旧 [ふっきゅう]
アクセント— 0
品　詞— 名詞

〈意味〉壊れた状態から元のあった状態に戻すこと。

・壊れたパソコンからデータを復旧させる。
・千代田線はまもなく復旧しますので、しばらくお待ちください。

32 見かける（見掛ける）
　　[みかける]
アクセント— 0
品　詞— 動詞

〈意味〉意図しないで自然に見ること。見受ける。目にとまる。

・街中で友人の姿を見かけた。
・5月、6月になると、町中に咲いているあじさいを見かけるようになる。

33 取り組む ［とりくむ］

アクセント― 3 (0)
品　　詞― 動詞

〈意味〉熱心に何かをすること。力を注ぐ。

・一大プロジェクトに取り組む。
・わかるかどうかにかかわらず、何事も取り組む姿勢が重要だ。

34 つきまとう

アクセント― 4 (0)
品　　詞― 動詞

〈意味〉（好ましくないことや気持ちが）いつもついてまわる。まとわりつく。

・彼は何をしても不運がつきまとう。
・大事な時期にこそ、変な人につきまとわれないように気をつけたほうがいい。

┃問1┃ 下線部の読み方として最も適切なものを、A～Dの中から一つ選びなさい。

❶ 入社して10年経ち、同期はいつの間にか部下に指図する立場になっていた。

  A　さず   B　さしず   C　しず   D　ゆうず

❷ 大人になって嗜好が変わり、興味がなかったクラシックが大好きになった。

  A　しこう   B　しよし   C　しすき   D　しずき

❸ いろいろな料理を食べたことがあるが、母の手料理に勝るものはない。

  A　かつる   B　かてる   C　まさる   D　まとる

❹ 面接のときは、黒いスーツを着るのが望ましい。

  A　のぞましい B　ぼうましい C　のぞむましい D　ぼうむましい

❺ 皆の前で髪型を笑われ、見世物のようにされてしまった。

  A　けんせぶつ B　みせもの   C　みせぶつ   D　けんせもの

┃問2┃ 下線部に入る語として最も適切なものを、A～Dの中から一つ選びなさい。

❶ どうしたら問題が改善できるかを＿＿＿＿＿＿考えるべきだ。

  A　突き回して B　突き放して C　突き合わせて D　突き詰めて

❷ 研究者の仕事は、あるテーマについて深く＿＿＿＿＿＿考えることだ。

  A　掘り抜いて B　掘り起こして C　掘り返して D　掘り下げて

❸ 政治家の発言が論争を＿＿＿＿＿＿ことが多々ある。

  A　巻き起こす B　巻き戻す   C　巻き込む   D　巻き返す

❹ その選手は、出場した全シーズンでさまざまな史上初の記録を＿＿＿＿＿＿。

  A　打ち立てた B　打ち上げた C　打ち下ろした D　打ち込んだ

❺ 今日も気合を入れて仕事に＿＿＿＿＿＿ぞと言ったそばから、眠くなった。

  A　取り込む   B　取り組む   C　取り扱う   D　取りまとめる

問3 ┃ □□□から最も適切なことばを選び、下線部に正しい形で書きなさい。

❶ _____ はなんでも一度で理解できたが、年齢を重ねるとだんだん難しくなった。

❷ 私は、高いレストランに行くより、_____ 安いファストフードに行くほうが好きだ。

❸ 祝日なので、営業していないかもしれないが、_____ 行ってみよう。

❹ 私はラーメンが好きで、_____ 醤油（しょうゆ）ラーメンが大好物（だいこうぶつ）だ。

❺ 大人なら _____ の事情があるし、理解し合って仲良く付き合おう。

┌───┐
│   それぞれ　　かつて　　むしろ　　とりわけ　　とにかく   │
└───┘

❻ 未来を見通すためには、歴史を _____ ことがとても重要だ。

❼ 賛成多数の中で異を _____ ことは、とても勇気の要ることだ。

❽ せっかくしていただいたのに、人の好意を _____ はいけない。

❾ 人の善意（ぜんい）に _____ 詐欺事件（さぎじけん）が多発（たはつ）している。

❿ 複数のIDを利用して、不正に入札価格（にゅうさつ）を _____ 行為は許されない。

┌───┐
│   唱える　　吊り上げる　　振り返る　　踏みにじる　つけこむ   │
└───┘

問4 ┃ 下線部に最も意味が近いものを、A〜Dの中から一つ選びなさい。

❶ 発注数（はっちゅうすう）を間違えたことで、会社に対して甚大な損害を与えてしまった。

　　　　A 激しい　　　　　B 大きい　　　　　C つよい　　　　　D 認められない

❷ その店の料理はおいしいので、長時間並んで待つのに値する。

　　　　A 値段が高い　　　B 価値が高い　　　C 人気がある　　　D 魅力がある

❸ 変な人につきまとわれないように、付き合う友達はちゃんと選んだほうがいい。

　　　　A くっつかれる　　B 追いかけられる　C 待たされる　　　D 追い立てられる

❹ 海外留学で学んだ成果を、世の中に還元したいと考えている。

　　　　A 巡る　　　　　　B 置く　　　　　　C 払う　　　　　　D 戻す

❺ プレゼンを成功させるコツの一つは、聴衆（ちょうしゅう）に問いかけることだ。

　　　　A プレゼントする　　　　　　　　　B 目を見る
　　　　C 質問する　　　　　　　　　　　　D 挨拶する

問5 見出しの表現を使用した文として最も適切なものを、A〜Dの中から一つ選びなさい。

❶ 復旧

A 死者の<u>復旧</u>は、世界の宗教に共通して見られるテーマだ。

B 病気からの<u>復旧</u>には、家族のサポートは必要不可欠だ。

C 育休を終えて職場に<u>復旧</u>したら、仕事のやり方が変わっていて驚いた。

D このパソコンはハード面の問題はないから、システムを<u>復旧</u>すれば使える。

❷ 値する

A 通信講座でイタリア語を勉強したが、現地で話したらまったく<u>値しなかった</u>。

B チームでの彼の活躍は称賛に<u>値する</u>ものだったため MVP 賞が送られた。

C 母親が子どもをあまり<u>値せず</u>に育てると、子どもは無気力に育つそうだ。

D 部屋を探すときは、家賃が自分の収入に<u>値する</u>か確認する必要がある。

❸ 介入する

A そろそろ植木に<u>介入しない</u>と庭がだめになる。

B 当事者ではないのだから、お二人の問題には<u>介入しない</u>ほうがいいよ。

C 親の説教の途中で<u>介入したら</u>、さらに怒られた。

D 今度お家に<u>介入させて</u>いただきます。

❹ なじみ

A 彼はとても親しい<u>なじみ</u>なので、けんかしてもすぐ仲直りする。

B 社長が留学経験者なので、うちの会社の<u>なじみ</u>は外資系企業が多い。

C 初対面であったにも関わらず、彼の事を長年の<u>なじみ</u>のように感じた。

D 久しぶりに夏祭りに行ったら、<u>なじみ</u>のある香りが、私を屋台に誘った。

❺ 埋め込む

A 土にしっかりと木を<u>埋め込んで</u>、防風機能の高い柵を作る。

B ダイエット中なので、おいしい料理でも食べるのを<u>埋め込んだ</u>。

C 畑に軽く<u>埋め込んだ</u>種から、小さい芽が出た。

D 海外経験を持ったほうがいいという考え方は、父が<u>埋め込んで</u>くれた。

01　〜なり

どう使う？	動詞（−る） 動詞（−た）	＋	なり（＋文）

意味　　①「AなりB」の形で、「Aをした直後にBをした」という意味になる。
②「AたなりB」の形で、「AをしてからずっとBをしている」という意味になる。

注意点　　②の用法は古い言い方であるため、現在はあまり使わないが、「予測された事態が起こらない」という意味合いを持つ。

　　🔵 彼は私を見たなり、何も言わずに去って行ってしまった。
　　（＝彼が私を見れば挨拶くらいはするだろうと思っていたが、彼は何も言わなかった。）

類義表現　　①「〜や（否や）」「〜が早いか」
②「〜したまま」

例文　　① 彼は晩御飯を食べるなり、すぐに眠ってしまった。
② 母は父とけんかしたなり機嫌が直らない。
② 彼女とは一度電話したなり一切連絡を取っていない。

02　〜までだ／〜までのことだ

どう使う？	動詞（−る） 動詞（−た）	＋	までだ / までのことだ

意味　　① 動詞（−る）の場合は、「〜なら／たら」「〜ても」という条件の下、「それなら〜をするだけだ」という決意を表す。
② 動詞（−た）の場合は、「そのような行動をしたのは、〜からで、他の理由・他意はない」という意味を表す。

使い方　　「それまでだ」という決まった形で使われる場合もある。

注意点　　動詞（−た）の場合は、言い訳としても用いられる。また、「それまでだ」は「それで終わりだ」「もうそれ以上はない」の意味を表す。前接する動詞が過去形の場合は、言い訳としても用いられる。

類義表現　　「〜だけだ」

例文　　・今年うまくいかなくても、落胆（らくたん）することはない。来年再挑戦するまでだ。
・今回の件は、彼に非（ひ）があるから指摘したまでだ。彼が嫌いだから言ったのではない。
・いくらお金をためても死んでしまえばそれまでだから、生きているうちに楽しんだほうがよい。

03　〜に値する／〜に足る／〜に足りる

どう使う？	[名詞] [動詞（-る）]	＋	に値する / に足る / に足りる

意味　人や情報等について「する価値がある」「することができる」という判断を表す。

注意点　硬い書き言葉である。多くの場合は信頼・尊敬を表す動詞に接続する。

例文
・尊敬するに値する人物かどうかは、資産や学歴だけでははかれません。
・幼少期に信頼するに足る大人に見守られて育つことは大切だ。
・彼は世界記録を更新するに足りる力を持っている。

04　〜にあるまじき／〜としてあるまじき

どう使う？	[名詞1]	＋	にあるまじき / としてあるまじき	＋	[名詞2] だ

意味　[名詞1] には、職業や地位を表す名詞を用いて、「そのような立場にある人が、[名詞2] のようではいけない／ふさわしくない」というマイナスの意味・批判を表す。

注意点　書き言葉的な硬い表現。

例文
・会社を無断で欠勤するなど社会人としてあるまじき行為だ。
・子どもに暴力を振るうとは、親としてあるまじき行為だ。
・ドーピングは、プロにあるまじき行為であるが、毎年逮捕者が出るのも事実だ。

05　〜べきで（は）ない

どう使う？	動詞（-る）	＋	べきで（は）ない

意味　「〜してはいけない」という禁止を表す。

注意点　注意書きに用いられる硬い書き言葉。「べからず」は話し言葉では用いられない。
前接する動詞は必ず肯定形である。

（誤）道にゴミを捨てないべきでない。
（正）道にゴミを捨てるべきでない。

「〜べきではなかった」と過去形にすると、過去に行われたことが、行われるべきではなかったという判断・後悔の意味になる。

類義表現　「〜てはいけない」「〜ものではない」

例文
・政府は国民の意思を無視するべきではない。
・いつまでも初心を忘れるべきではない。
・彼一人に判断を任せるべきではなかった、とプロジェクトが失敗した今になって後悔している。

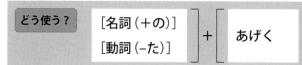

06　〜あげく

| **どう使う？** | ［名詞（＋の）］
［動詞（−た）］ ＋ あげく |

意味　「ＡあげくＢ」の形で用いられる。Ａには「何かの状況や状態が必要以上に長く続いたこと」を示す語句が入る。Ｂには「Ａの結果がどうなったか」を示す語句が入る。通例、必要以上に長く続いたことがかなりの精神的な負担になったり迷惑になったりするような場合に用いる。

注意点　「あげくに」の形も使われる。ある状態が限界まで続き、よくない状況が起こったときには、「〜あげくの果てに」が使われることもある。

🔵　さんざん働かされたあげくの果てに、会社が倒産し給料はもらえなかった。

類義表現　「〜すえ」

例文　・さんざん並んだあげく、結局、商品は売り切れで買えなかった。
　　　　・どちらの化粧品にするか迷ったあげく、両方とも買ってしまった。

07　〜てでも

| **どう使う？** | 動詞（−て） ＋ でも |

意味　動作に強い望みや意思が伴っていることを表す。「実現のためには、無理矢理な手段も悩まず使う」という強い意思を表す。

注意点　「〜してでも〜したい」という形で望みを表す場合や、「〜してでも〜しろ」という形で命令や強い意志を表す場合が多い。動詞には人間の意志が含まれる行為（見る、聞く、言うなど）を表すものが入る。目的や意図がないため、「何」「どこ」など疑問詞を伴うことが多い。

類義表現　「たとえ〜ても」

例文　・若い頃の苦労は買ってでもしろ。　（※ことわざ）
　　　　・初マラソンは這ってでも完走したい。
　　　　・どんな手を使ってでも勝ちたい。

08　〜たりとも

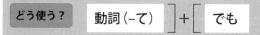

| **どう使う？** | 数字 ＋ ［数量詞］ ＋ たりとも |

意味　「一番少ない数であってもまったく許容しない」という強い否定を表す。

注意点　文語的な表現。一般的には「〜も」や「〜として」が用いられている。

類義表現　「〜も」「〜として」

例文　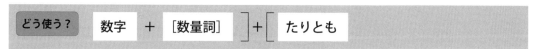
　　　　・彼女は一度たりとも挫折したことがない。
　　　　・父が失業してから家族の生活は苦しく、１円たりとも無駄には使えない。

第1課　第2課　第3課　第4課　第5課　第6課　第7課　第8課　第9課　第10課　第11課　第12課

09 〜ためしがない

どう使う？	動詞（−た）	＋	ためしがない

意味 「それより前に実際にあったことがない」という、状況や状態を表す。

注意点 非難する気持ちを込めて用いることが多い。

例文
・彼女は「また、後で電話するね」といつも言うが、彼女から電話がかかってきたためしがない。
・宝くじで当たったためしがない。
・日記は今まで1年以上書き続けられたためしがない。

10 〜ほかしかたがない

どう使う？	動詞（−る）	＋	ほかしかたがない

意味 求めた形ではないが、他に方法がない状態。

注意点 口語では、「〜ほかない」「〜しかない」の形でよく用いられる。「豆か芋を食べるほかしかたがない」
など多くの選択肢から少しの選択肢に限定する場合もある。

類義表現 「〜しか手がない」「〜ほか（は）ない」「〜しかない」

例文
・この病気を治すためには、手術するほかしかたがない。
・これだけ探しても見つからないのだから、諦めるほかしかたがない。

┃問1┃ （　　）に入るものとして最も適切なものをA～Dから一つ選びなさい。

❶「新しい彼氏とうまくいってる？」
「ううん、さんざん振り回された（　　　）、結局別れることになったの。」
　　　　A なので　　　　　B ばかりに　　　　　C だから　　　　　D あげく

❷ 会社の経営状態を考えると、リストラする（　　　）しかたがなかった。
　　　　A とき　　　　　　B だけ　　　　　　C ほか　　　　　　D なり

❸ 話し合いでどうにもならない場合はしかたがない。弁護士（べんごし）に相談する（　　　）。
　　　　A までだ　　　　　B からだ　　　　　C に足りる　　　　D かぎりだ

❹「一度の失敗について、そんなに何度も責め（　　　）。」
　　　　A るべからず　　　B るべきではない　C るまでのことだ　D んばかりだ

❺ SNSに悪口を書き込むなんて、人（　　　）あるまじき行為だ。
　　　　A として　　　　　B が　　　　　　　C なら　　　　　　D には

❻ 若いときの苦労は買って（　　　）したほうがいい。
　　　　A でも　　　　　　B まで　　　　　　C や否や　　　　　D ともなしに

❼ 昨日会った男性は席に座る（　　　）無言でたばこを吸い始めた。
　　　　A やら　　　　　　B ので　　　　　　C なり　　　　　　D まで

❽ あんなひどいやつのためには1円（　　　）使いたくない。
　　　　A たり　　　　　　B たりに　　　　　C たりとも　　　　D たりても

❾ 彼女はまだ若いが、数々のすばらしい研究成果は、受賞（じゅしょう）（　　　）。
　　　　A に足りない　　　B を値する　　　　C が足りない　　　D に値する

❿ 彼女はいつも「すぐやる」と言いつつ、結局すぐにやった（　　　）。
　　　　A だけましだ　　　B ようだ　　　　　C ためしがない　　D ほかしかたがない

┃問2┃ 下線部に入るものとして正しいものをA～Dの中から選びなさい。

❶ 生徒の顔をたたくなど、教師＿＿＿＿＿＿＿＿＿＿行為だ。
　　　　A はあるまじき
　　　　B とあるまじき
　　　　C としてあるまじき
　　　　D まであるまじき

135

❷「あれ？　ゆうすけは？」「＿＿＿＿＿＿＿＿＿＿＿＿＿出てこないのよ。」

     A　部屋に入ったなり

     B　部屋に入ってなり

     C　部屋に入ったり

     D　部屋に入るなり

❸「こらこら、この場にいない人の悪口を＿＿＿＿＿＿＿＿＿＿＿＿＿。」

     A　言うべきではないよ

     B　言わんべきではないよ

     C　言うべからず

     D　言わんとする

❹＿＿＿＿＿＿＿＿＿＿＿＿＿、4人全員がハンバーグ定食を頼んだ。

     A　迷ったあげく

     B　迷ってあげく

     C　迷ったあげて

     D　迷ってあげて

❺受験まであと1週間となり、＿＿＿＿＿＿＿＿＿＿＿＿＿無駄にできない状況だ。

     A　一秒たり

     B　一秒たりさえ

     C　一秒たりとて

     D　一秒たりとも

| 問3 |　A～Dを並べ替えて文を作り、＿★＿に入るものを一つ答えなさい。

❶＿＿＿＿　＿＿＿＿　＿★＿　＿＿＿＿締切までに完成させなければならない。

     A　たとえ　　　　　B　でも　　　　　　C　徹夜　　　　　　D　して

❷「また連絡するね！」といつも言うのに＿＿＿＿　＿＿＿＿　＿★＿　＿＿＿＿ない。

     A　向こうから　　　B　ためしが　　　　C　連絡が　　　　　D　きた

❸うまくいかなくても落ち込む必要はない。再挑戦＿＿＿＿　＿＿＿＿　＿★＿　＿＿＿＿。

     A　ことだ　　　　　B　する　　　　　　C　まで　　　　　　D　の

❹無断で会社に遅刻するなんて、＿＿＿＿　＿＿＿＿　＿★＿　＿＿＿＿。

     A　ことだ　　　　　B　あるまじき　　　C　として　　　　　D　社会人

❺ この病気を治すためには、＿＿＿ ＿＿＿ ＿★＿ ＿＿＿。

    A ほか   B そうだ   C 手術する   D しかたがない

▌問4▌ （　　　）内の文型を用いて文を完成させなさい。

❶ 年末になるといつも買うのだが、宝くじで＿＿＿＿＿＿＿＿＿＿＿＿＿＿＿＿＿＿＿＿＿＿。

                                           （ためしがない）

❷ これだけ探しても見つからないのなら＿＿＿＿＿＿＿＿＿＿＿＿＿＿＿＿＿＿＿＿＿＿。

                                     （ほかしかたがない）

❸ 息子は保育園で疲れたようで、＿＿＿＿＿＿＿＿＿＿＿＿＿＿＿＿＿眠ってしまった。

                                            （なり）

❹ あのときのあなたの優しさを＿＿＿＿＿＿＿＿＿＿＿＿＿＿＿＿忘れたことはない。

                                          （たりとも）

❺ メディアが言うことを＿＿＿＿＿＿＿＿＿＿＿＿＿＿＿＿＿＿＿＿＿＿＿＿＿＿。

                                     （べきではない）

第 10 課

日本人と生活（1）
無気力な若者

01 取り上げる [とりあげる]

アクセント— 0 (4)
品　詞— 動詞

〈意味〉何事かを特に選んで検討するか、もしくは問題として扱うこと。

※「採り上げる」とも書かれる

・これは「食事と体の健康」をテーマとして取り上げた本だ。
・若者のアルコール離れがニュースの特集で取り上げられていた。

02 とりわけ (取り分け)

アクセント— 0
品　詞— 副詞

〈意味〉あるものの中でも特に。

・例年、冬は寒いが、今年はとりわけ寒く、雪がよく降ります。
・兄はサッカーが好きで、とりわけヨーロッパのチームに詳しい。

03 盛り上がる [もりあがる]

アクセント— 4
品　詞— 動詞

〈意味〉(あることに対しての) 意見や雰囲気、風潮が高まること。

・少子化問題への社会的関心が盛り上がり始めている。
・高校時代の同窓会に行き、友達と懐かしい話で盛り上がった。

04 だらしない

アクセント— 4
品　詞— イ形容詞

〈意味〉精神的な緩みがあり、整いのない様子。

・だらしない服装は心もだらしなくする。
・学生時代にだらしない生活に慣れると、就職した後に苦労する。

05 出不精 [でぶしょう]

アクセント— 2 (3)
品　詞— ナ形容詞

〈意味〉外出を面倒がってしない様子。

・私の父は出不精で、休日は家で寝てばかりいる。
・出不精だから恋人ができないと姉に言われたが、余計なお世話だ。

06 いざ

アクセント— 1
品　詞— 感動詞

〈意味〉これから何かする、また、起ころうとしているときのかけ声。

※下記のように「いざ〜する」「いざ〜となると」などの形で使用されることが多い。

・いざ行動を起こそうとすると、邪魔ばかりされる。
・いざ出番となると、緊張して失敗ばかりしてしまう。

07 真に受ける [まにうける]

アクセント— ー
品　詞— 慣用表現

〈意味〉(よく考えもせずに) 聞いたことや見たものをそのまま信じること。

・彼は冗談を真に受けて、本気で怒り出してしまった。
・彼女の言うことは的外れなことも多いので真に受けないほうがいい。

08 合致する [がっちする]

アクセント— 0
品　詞— 動詞

〈意味〉何かと何かが符合すること。ぴったりと合っていること。

・彼女が考える、理想の結婚相手の条件に合致する男性は存在しないだろう。
・二つの企業の利害が合致して合同プロジェクトが立ち上げられることになった。

09 仕組み [しくみ]

アクセント— 0
品　詞— 名詞

〈意味〉物事を形成している形状。組織や制度の構造。

・世の中の仕組みは実にわかりにくい。
・このスイッチを押すとドアが開く仕組みになっている。

10 当面 [とうめん]

アクセント— 0
品　詞— 名詞

〈意味〉目の前の一時的な状況。今のところ。さしあたって。

・まずは当面の問題を解決すべきだと主張した。
・会社設立にあたり、当面の費用は親が出してくれることになった。

11 励む [はげむ]

アクセント— 2
品　詞— 動詞

〈意味〉懸命に何かをしていること。努力すること。

・彼はただ黙々 (もくもく) と日々の仕事に励んでいた。
・彼女はいつか海外で働きたいと、毎日英語の勉強に励んでいる。

12 パッとしない

アクセント― 0
品　　詞―**慣用表現**

〈意味〉あまり目立つところがないこと。特に取り上げる箇所がないこと。

・あの選手は、期待はされるのだけど、成績はパッとしない。
・父親は有名俳優なのに、息子は俳優としてはあまりパッとない。

13 ひと通り [ひととおり]

アクセント― 0
品　　詞―**副詞**

〈意味〉大まかに～する。全体に対して粗くすること。

・新人に仕事内容をひと通り説明した。
・会社で３年働いて、仕事のやり方をひと通り覚えることができた。

14 ひいては

アクセント― 1
品　　詞―**副詞**

〈意味〉（前の文を受けて）結果的には～になる。～の結果～が起こる。

・社員一人ひとりの成功がひいては会社の発展へとつながっていく。
・生活の楽しみ方、ひいては人生の楽しみ方も彼はわかっていない。

第1課
第2課
第3課
第4課
第5課
第6課
第7課
第8課
第9課
第10課
第11課
第12課

141

┃問1┃ 下線部の読み方として最も適切なものを、Ａ～Ｄの中から一つ選びなさい。

❶ 私は子どもの頃から<u>出不精</u>で、部屋で一人遊びをするのが好きだ。

    A でふせい　　　　B でぶせい　　　　C でぶしょう　　　D でぶじょう

❷ 議会の意見がめずらしく<u>合致</u>したので、聴衆^{ちょうしゅう}はみな驚いていた。

    A ごうち　　　　　B ごっち　　　　　C がち　　　　　D がっち

❸ この街の中心には、街を南北に<u>貫く</u>ように大きな川が流れている。

    A つらぬく　　　　B ぬく　　　　　　C かんく　　　　D ぬきく

❹ 大学院で世界の<u>貧困</u>問題を解決するための方法について研究するつもりだ。

    A びんこん　　　　B ひんこん　　　　C びんごん　　　D ひこん

❺ この作家の小説は、心情の<u>描写</u>がすばらしく何度読んでも感動する。

    A ひょうじゃ　　　B えがきうつし　　C びょうしゃ　　D かきうつし

┃問2┃ 下線部に入る語として最も適切なものを、Ａ～Ｄの中から一つ選びなさい。

❶ 提出したレポートが授業でいい例として＿＿＿＿＿＿＿、驚いてしまった。

    A 取り出されて　　　　　　　　　　B 取り込まれて

    C 取り上げられて　　　　　　　　　D 取り締まられて

❷ 研究発表会には多くの参加者があり、大いに＿＿＿＿＿＿＿。

    A 盛りつけた　　　B 盛り込んだ　　　C 盛り返した　　D 盛り上がった

❸ 高校生の頃は、よく授業を＿＿＿＿＿＿＿、河原^{かわら}でサッカーをしていた。

    A 切り出して　　　B 抜け出して　　　C 繰り出して　　D 追い出して

❹ 脳科学によれば、人の記憶は音楽や匂いとも＿＿＿＿＿＿＿いるそうだ。

    A 結びついて　　　B 飛びついて　　　C しがみついて　D 抱きついて

❺ 研究者は、慎重にデータを分析し、誰も予想できない結論を＿＿＿＿＿＿＿。

    A 突き出した　　　B 導き出した　　　C 踏み出した　　D 生み出した

┃問3┃ ▭▭▭ から最も適切なことばを選び、下線部に正しい形で書きなさい。

❶ 彼の発明は、この国の発展、_____世界平和にも貢献できるものだ。

❷ 店のメニューを_____食べてみたが、特においしいと思うものはなかった。

❸ 彼は_____自分が悪いときでさえ、絶対に謝ろうとはしない。

❹ 年功序列や終身雇用など_____日本型の会社経営を評価する学者もいる。
　ねんこうじょれつ　しゅうしん

❺ その画家は世界中で知られているが、_____ヨーロッパで人気が高い。

> とりわけ　　ひと通り　　ひいては　　明らかに　　いわゆる

❻ その芸術家は新しい素材を組み合わせた作品で注目を_____いる。

❼ バンドの新曲は前の曲に比べると、あまりパッと_____ものだった。

❽ 社交辞令で言われたことを真に_____というのは、ありがちな失敗だ。
　しゃこうじれい

❾ 親になったら、子どもの教育に責任を_____のは当然の義務だろう。

❿ 海外で現地の食文化に_____ことから、姉は料理教室に通い始めた。

> する　　受ける　　集める　　負う　　触れる

┃問4┃ 下線部に最も意味が近いものを、A～Dの中から一つ選びなさい。

❶ 長期休みにだらしない生活を送って、昼と夜が逆転してしまった。
　　　A 自虐　　　　　　B 自重　　　　　　C 自堕落　　　　　D 自嘲

❷ うちの家族はみんな昔から出不精で、旅行の思い出がほとんどない。
　　　A 運動嫌い　　　　B 社交嫌い　　　　C 外国嫌い　　　　D 外出嫌い

❸ 帰国して当面の間は、親友の部屋に泊めてもらうことになった。
　　　A しばらく　　　　B ようやく　　　　C ずっと　　　　　D わずか

❹ 格差社会の影響で無気力な若者が多くなったというニュースを見た。
　　　A 無愛想　　　　　B 無遠慮　　　　　C 無作法　　　　　D 無関心

❺ 昔は海外生活に憧れたが、今は地元で両親と幸せに暮らしている。
　　　A 尊重した　　　　B 待望した　　　　C 尊敬した　　　　D 切望した

143

問5 見出しの表現を使用した文として最も適切なものを、A～Dの中から一つ選びなさい。

❶ 合致

    A 会議で新商品の企画について話したが誰も合致してくれなかった。

    B 国会での議論の結果、満場合致で、新法案が可決されることになった。

    C 全員合致しないと出発できないので、明日は時間厳守でお願いします。

    D 商品コンセプトと消費者のニーズが合致すれば、必ずヒットするはずだ。

❷ いざ

    A 雨は降らないはずだが、いざ傘を持っていくことにした。

    B たくさん練習したが、いざ自分の発表になると緊張して声が震えた。

    C 到着していない人もいたが、定刻なのでいざ会議を始めることにした。

    D うちの父はいざ肉好きで、夕飯に肉が出ないとそれだけで不機嫌になる。

❸ 仕組み

    A この駅の仕組みは複雑すぎて、外国人旅行者にとってはわかりにくい。

    B 会社という仕組みの中にいるのだから、就業規則を守るのは当然だろう。

    C 社会の仕組みを理解すれば、働く意味は子どもでも理解できるはずだ。

    D 指導教授から、まずは論文の仕組みを作って持ってくるように言われた。

❹ 励む

    A 「本日の司会を励まさせていただきます、わたくし、中山と申します。」

    B どんなに忙しくても、毎週1回は部屋の掃除をするように励んでいる。

    C 小説の世界に励んでしまい、知らない間に外は暗くなっていた。

    D 学生の間にもっと勉強に励むべきだったと、卒業してから思う人は多い。

❺ 意欲

    A この会社では、意欲を持って主体的に行動できる若手社員を広く募集している。

    B 兄は意欲が弱いので、お酒をやめたと言った次の日にもう飲んでいる。

    C 今年大学を受験する弟は、国立大学を第一意欲にして毎日勉強している。

    D 目的意欲がはっきりしていないとどこに留学しても何も学べないだろう。

01　①〜はおろか　②〜は言うまでもなく／〜は言うに及ばず

どう使う？	①名詞	+	はおろか
	②名詞	+	は言うまでもなく / は言うに及ばず

意味　①「AはおろかBも〜」という形で、「Aは当然、Bも〜だ」とBを強調する意味を表す。
②「〜はもちろん」という意味を表す。

使い方　①の用法は、ネガティブな意味で使われることが多く、「〜もない」「〜すらない」「〜もできない」といった文末と共起する。②の用法は、当然であることをあえて比較として取り上げ、その後に続く事物を強調する言い方。

注意点　①話し言葉では「〜どころか」を使う。「〜どころか」「〜はおろか」は、最初に挙げたものよりさらに程度のひどいものを強調して取り立てて付け加える際に用いる。「〜どころか」「〜はおろか」は「〜はもちろんのこと」に置き換えることができる。

類義表現　①「〜どころか」
②「〜もさることながら」「〜はもちろんのこと」

例文　① 休みの日は、家はおろか布団からも出ずにごろごろしたい。
① ホットヨガを始めて以来、大きな病気はおろか、風邪さえもひいたことがない。
② 健康のためにバランスのよい食生活が欠かせないのは、言うまでもないことだ。
② 喫煙は言うまでもなく、受動喫煙も体に悪い。

02　〜にのっとって（〜に即して）

どう使う？	名詞	+	にのっとって（に即して）

意味　既存の基準や、模範になる決まりに従って物事が行われることを示す。もともと「則る」、もしくは「法る」と漢字で表記され、「法に従う」という意味を持つ。「法」は「守るべきこと」や「模範や手本」という意味を持つ。

使い方　行為の根拠を表し、主に法律、制度、ルールなどの基準を表す名詞や、習慣、常識などの伝統的な概念を表す名詞に接続する。お手本として従ったり参考にしたりするというニュアンスを持つ。

注意点　すでにあった基準に対して用いられるので、「経験」など個人が基準とするものは用いることができない。ただし、言い換えの「〜に基づく」は「〜を基準にする」という意味になるので、「経験に基づく」という形で用いることができる。

類義表現　「〜に即して」「〜に基づいて」

例文　・日本では、お盆に墓参りをする風習にのっとって、帰省する人が多い。
・社会人ならば、社会ルールにのっとって行動しなければならない。

第1課　第2課　第3課　第4課　第5課　第6課　第7課　第8課　第9課　第10課　第11課　第12課

03 　〜くらいなら

どう使う？	動詞（−る）	＋	くらいなら

意味　「Ａくらいなら、Ｂ」の形で、ＡとＢを比較する際に用いる。「ＡとＢなら、Ｂのほうがまだよい」という意味を表す。

使い方　最低の事態を示して、「Ａの事態になるならＢのほうがずっといい／よかった」というようにＡを否定して、代わりの選択肢であるＢを示す表現。文末は「〜ほうがいい」「〜ほうがましだ」「〜なさい」などの表現が使われる。

注意点　ＡとＢの比較は主観で行われるため、客観的にどちらがよいというのとは関係ない。

　　例 嫌いな仕事をするくらいなら、貧乏のほうがましだ。

　　例 貧乏になるくらいなら、嫌いな仕事をするほうがましだ。

類義表現　「〜なら」

例文　・服は捨てるくらいなら、開発途上国の子どもたちに寄付したほうがいい。
　　　　・体を壊すくらいなら、お金がなくてもそこまで仕事をしないほうがましだ。

04 　〜をものともせず（に）

どう使う？	名詞	＋	をものともせず（に）

意味　「〜を少しも恐れないで」「〜を少しも気にしないで」という意味。「不利な状況、あるいは、悪条件にもかかわらず、気にすることもなく挑むこと」という意味を表す。

使い方　困難な状況を表す語句を前に置く。後には前の語句と相対する形で、「達成した事柄」もしくは「達成しようとした事柄」を表す語句を置く。そのため、「達成できなかった事柄」は後ろには来ない。このため、「彼はけがをものともせずに試合に負けた」は誤用となる。

注意点　以下のようには用いることができる。

　　例 彼はけがをものともせずに試合に挑んだが、結果、負けてしまった。
　　　（＝負けはしたが、試合に挑むという行為は達成している）

類義表現　「〜もかまわず」「〜をよそに」

例文　・高熱をものともせず、今日も彼は試合に出た。
　　　　・周囲の反対をものともせずに、仕事をやめて日本へ留学することに決めた。

┃問1┃　（　　　）に入るものとして最も適切なものを A 〜 D から一つ選びなさい。

❶ 店が忙しくて休憩（　　　）、お手洗いに行く時間さえも取れない。

　　A　なら　　　　　　　B　といっても　　　C　だらけで　　　　D　はおろか

❷ 会社の人や周りの人にきちんと挨拶するのは言う（　　　）ことだ。

　　A　までもない　　　　B　くらいなら　　　C　はおろか　　　　D　ときたら

❸ 彼は開会式で、スポーツマンシップ（　　　）正々堂々と戦いますと、選手代表として宣誓した。

　　A　に関して　　　　　B　に基づいて　　　C　に対して　　　　D　にのっとって

❹ 兄弟姉妹の間で親の遺産(いさん)（　　　）争いが続いている。

　　A　を機会として　　　B　をめぐる　　　　C　を問わず　　　　D　をこめて

❺ 深夜に働いた翌日は眠くて眠くて授業もほとんど寝てしまう（　　　）。

　　A　始末だ　　　　　　B　ところだ　　　　C　までだ　　　　　D　ことだ

❻ 毎日リハビリしているおかげで、ケガした足が回復し（　　　）。

　　A　かねない　　　　　B　つつある　　　　C　次第だ　　　　　D　ところだった

❼ アンケート調査の結果を（　　　）、売上予測を立てた。

　　A　踏まえて　　　　　B　はじめとして　　C　かぎりに　　　　D　かわりに

❽ 朝から大雨なので、コンサートのチケットを予約した（　　　）、行くかどうか、迷っている。

　　A　ものの　　　　　　B　ところで　　　　C　たりとも　　　　D　かたわら

❾ 難しい話は（　　　）、今日は歌舞伎(かぶき)の魅力を存分に味わってください。

　　A　さておき　　　　　B　もちろん　　　　C　おろか　　　　　D　言うに及ばず

❿ 安い駐車場を利用して 100 円を節約した（　　　）、とんでもない目にあった。

　　A　ばかりに　　　　　B　ところに　　　　C　ままに　　　　　D　きっかけに

┃問2┃　下線部に入るものとして正しいものを A 〜 D の中から選びなさい。

❶ ちょっと熱があるだけなので、＿＿＿＿＿＿＿＿＿＿＿。

　　A　心配したほうがいい

　　B　心配するほどのことではない

　　C　心配するべきことだ

　　D　心配するのは言うまでもない

❷ 求職中なのだが、正社員はおろか、＿＿＿＿＿＿＿＿＿＿＿＿＿。

      A　アルバイトすら見つからない

      B　会社の社長まで昇進した

      C　フリーランスは簡単に見つからない

      D　契約社員は簡単に見つかる

❸ まったく勉強しなかったので、言うまでもなく＿＿＿＿＿＿＿＿＿＿＿。

      A　試験は不合格だった

      B　試験は合格だった

      C　試験は難しくないわけがない

      D　試験はよくできたつもりにいる

❹ 彼女は身長の低さをものともせずに、＿＿＿＿＿＿＿＿＿＿＿＿。

      A　子どもの頃から自信がなかった

      B　子ども用の服しか着られない

      C　見事にモデルとして成功した

      D　10cm も伸びてびっくりした

❺ 家庭から出たゴミは＿＿＿＿＿＿＿＿＿＿＿。

      A　自治体のルールにのっとって捨ててください

      B　自治体のルールに対して捨ててください

      C　自治体のルールをめぐって捨ててください

      D　自治体のルールを通して捨ててください

┃問3┃　A～Dを並べ替えて文を作り、＿★＿に入るものを一つ答えなさい。

❶ 遅刻した上にペンすら持ってこず、＿＿＿＿　＿＿＿＿　＿★＿　＿＿＿＿。

      A　居眠り　　　　　B　まで　　　　　C　する　　　　　D　始末だ

❷ 人間は子どものときに＿＿＿＿　＿＿＿＿　＿★＿　＿＿＿＿ものだ。

      A　習慣　　　　　B　行動する　　　　C　にのっとって　　D　身につけた

❸ 彼は1年勉強したのに、＿＿＿＿　＿＿＿＿　＿★＿　＿＿＿＿書くことができない。

      A　漢字　　　　　B　ひらがな　　　　C　さえ　　　　　D　はおろか

❹ 空港の建設工事＿＿＿＿　＿＿＿＿　＿★＿　＿＿＿＿。

      A　付近の住民と　　B　続いた　　　　C　争いが　　　　D　をめぐって

❺ 嫌々(いやいや)やる_____ _____ ★ _____ました。

  A くらいなら   B やらない   C ほうが   D 初めから

┃問4┃ （   ）内の文型を用いて文を完成させなさい。

❶ ここで生活している以上、_____。

                    （にのっとって）

❷ この子はわがままでちょっと叱っただけで、_____。

                    （始末だ）

❸ ダイエットで_____、食べたほうがいい。

                    （くらいなら）

❹ 腰が痛くて、_____。

                    （はおろか）

❺ _____、主要国首脳会議が3日間続いた。

                    （をめぐって）

第11課

日本人と生活（2）
インターネット掲示板

01　触れ込み [ふれこみ]

アクセント― 0
品　　詞― 名詞

〈意味〉前宣伝をすること。触れ込むこと。

※通例（つうれい）、実際よりも大げさに言う場合に使う。

・彼は「世界最強」の触れ込みで格闘技界にデビューした。
・新しく始まるニュース番組のキャスターはアメリカ育ちのバイリンガルという触れ込みだ。

02　従来 [じゅうらい]

アクセント― 1
品　　詞― 名詞

〈意味〉これまで。昔から今まで。従前。

※副詞的に使う場合もある。

・もはや従来の販売方法では物は売れなくなっている。
・従来、大会は春に行われてきたが、今年は新型ウイルスの影響で秋に延期になった。

03　成り立ち [なりたち]

アクセント― 0
品　　詞― 名詞

〈意味〉何かが出来上がるときの過程や事情のこと。でき方。

・宇宙の成り立ちについては多種多様な説がありますが、どれも大変興味深いです。
・「古事記」や「日本書紀」という古い書物には日本の成り立ちが記されている。

04　やり取り [やりとり]

アクセント― 2
品　　詞― 名詞

〈意味〉言葉の受け答え。連絡と返事の繰り返しのこと。

・学生時代の友人とは今でも頻繁に電子メールでやり取りをする。
・押入れの整理をしていたら、結婚前に彼とやり取りをした20年前の手紙を見つけてなつかしい気持になった。

05　抜粋する [ばっすいする]

アクセント― 0
品　　詞― 動詞

〈意味〉書物などから必要なある部分だけを選んで抜き出すこと。

・日本の小説を読むときは、気に入った一文を抜粋して、手帳に書き留めることにしている。
・レポートや論文で、一部抜粋した資料については、参考文献の欄に必ず載せなければならない。

06　賑わす [にぎわす]

アクセント― 3
品　　詞― 動詞

〈意味〉賑やかにすること。活動的にする。活気のある状態にする。

※「賑わせる」の形でも多く使われる。

・彼はクラスの中心人物で、巧みな冗談を言っていつも教室を賑わせます。
・著名な野球選手のスキャンダルは、連日スポーツ新聞の紙面を賑わしている。

07　知らしめる [しらしめる]

アクセント― ―
品　　詞― 慣用表現

〈意味〉知らせること。相手の意思に関係なく認めさせること。

※動詞「知る」＋助動詞「しめる」。「しめる」は動詞の未然形に付いて、使役（〜させる）という意味を加える。

・オリンピックで金メダルを取ることで、彼は自分の実力を世界に知らしめた。
・Ａ社では、若者をターゲットにした新商品を知らしめるために、テレビコマーシャルに人気アイドルを起用した。

08　果たす [はたす]

アクセント― 2
品　　詞― 動詞

〈意味〉何かを達成すること。成し遂げる。

・物理学において、アインシュタインの果たした功績は大きい。
・日本は、1964年に東京でアジア初となるオリンピックを開催して先進国の仲間入りを果たしたといわれている。

09 憧れ (あこがれ)

アクセント― 0
品　　詞― 名詞

〈意味〉憧れること。理想として強く心がひかれること。

・野球少年にとってイチロー選手は憧れの人だ。
・中学校のときの担任の先生は、とてもきれいな人で生徒たちの憧れの的_{まと}だった。

10 不気味 [ぶきみ]

アクセント― 0
品　　詞― ナ形容詞

〈意味〉気味が悪いこと。心持を悪くさせる様。または、人を不安にさせて恐ろしく思わせる様。

・暗い道を夜遅くに通ると、わけもなく不気味に感じる。
・ホームステイしている留学生は、食卓に並んだ鯛_{たい}の生け作りを見て不気味なものでも見るような顔をしていた。

11 おびえる (怯える)

アクセント― 0
品　　詞― 動詞

〈意味〉何かを怖がって体を緊張させていること。

・怒っている父を前に、子どもがおびえている。
・子どもたちは震災を経験した後、ほんの小さな地震でも極端におびえるようになってしまった。

12 見限る [みかぎる]

アクセント― 0 (3)
品　　詞― 動詞

〈意味〉あるものや状態を、限界として期待しなくなること。見切りをつけること。見込みなしとすること。

・彼は自分が勤めていた会社を見限って、転職_{てんしょく}した。
・今回のコロナ禍_かでは、老舗_{しにせ}の飲食店でも店の存続を見限って閉店したところが多くある。

13 もてる

アクセント― 2
品　　詞― 動詞

〈意味〉他人から好意を持たれるということ。人気があること。

※「持つ」という動詞の可能動詞。一般的に「モテる」とカタカナを用いて表記されることもある。

・彼は人当たりがよく、頼りがいもあるので女性にも男性にももてる。
・今おつきあいをしている彼は、とても女性にモテる人なので、時々心配になってしまう。

14 ことさら [殊更]

アクセント― 0
品　　詞― 副詞

〈意味〉何かの考えがあって、意図的に限度を超えて行うこと。故意_{こい}に。

・彼は自分の成功はことさらに大きく話すが、他人の成功はことさら小さく話す。
・10月になって朝晩冷えるようになってきたが、今朝は雨が降っていたせいかことさら寒く感じた。

15 書き立てる [かきたてる]

アクセント― 4 (0)
品　　詞― 動詞

〈意味〉注目されるために目立つように書くこと。盛んに書くこと。

・マスコミは人の批判を書き立てるが、批判された人が受ける不利益についてはまったく関心がない。
・俳優のA氏は、有る事無い事を書き立てる週刊誌を相手取って訴訟を起こした。

16 あえて (敢えて)

アクセント― 1
品　　詞― 副詞

〈意味〉しなくてもよいことを強いてしている様子。わざわざ。

・彼が試合で負けた理由をあえて挙げるなら、運が悪かったと言うしかない。
・健康のためにあえて1時間早起きして自転車で通勤している。

17 絡む [からむ]

アクセント― 2
品　　詞― 動詞

〈意味〉嫌がらせをしたり、無理を言ったりして相手を困らせること。言いがかり。

・夜中に出かけたりするからチンピラに絡まれるんだ。
・彼の悪いところはお酒を飲むと誰彼_{だれかれ}なしに絡むことだ。

18	振り絞る [ふりしぼる]	〈意味〉声や力、気持などをあるだけ全部出すこと。精一杯出すこと。

18 振り絞る [ふりしぼる]
アクセント― 4
品　詞― 動詞

〈意味〉声や力、気持などをあるだけ全部出すこと。精一杯出すこと。
・自分の知識を振り絞っても、いい案が浮かばない。
・父は最期に、残っている力を振り絞るようにうっすらと目をあけて私たちの呼びかけに答えた。

19 仮に [かりに]
アクセント― 0
品　詞― 副詞

〈意味〉一時的な間に合わせとして、すること。
・予約したホテルの部屋の電気が故障していたので、仮に用意された部屋に泊まった。
・父は、拾ってきた子犬を仮に「花子」と呼んでいる。

20 経緯 [いきさつ]
アクセント― 0
品　詞― 名詞

〈意味〉物事の経過や事情のこと。けいい。顛末。
・警察は、事件が起こった経緯について捜査している。
・彼女に仕事をやめた経緯を聞こうとしたが、話すと長くなるからと言って、はぐらかされてしまった。

21 仰ぐ [あおぐ]
アクセント― 2
品　詞― 動詞

〈意味〉助言や判断、命令などを求めること。教えを受けること。
・重要なことなので、上役に判断を仰ぎます。
・診断の結果に納得がいかなかったので、別の医師に診断を仰ぎたいと思っている。

22 アプローチ
アクセント― 3
品　詞― 名詞

〈意味〉（物理的な意味での）接近。近づくこと。
※俗用（ぞくよう）として異性を口説（くど）く意味で使われることがある。
・就職を希望する会社にアプローチする方法の一つとして、その会社でアルバイトできないかと考えた。
・彼はもう半年間も彼女にアプローチしているが、まったく相手にされていない。

23 作り話 [つくりばなし]
アクセント― 4
品　詞― 名詞

〈意味〉誰かが考え出した架空の出来事。創作。
※いかにも現実にあったかのように作られた話を指して使う場合が多い。
・彼は作り話の怪談をして、私たちを怖がらせた。
・彼女から聞いていた不幸な生い立ちが作り話だったと知って、百年の恋も一気に冷めてしまった。

24 まぎれもない
アクセント― ―
品　詞― 慣用表現

〈意味〉間違いがないこと。明白であること。確かであること。
・彼は常に努力をし続けることにおいてはまぎれもない天才だった。
・大地震の後の津波によって、故郷の街が跡形もなくなってしまったことは、まぎれもない事実だった。

25 人間味 [にんげんみ]
アクセント― 0
品　詞― 名詞

〈意味〉人情のある様子。人としての温かみがあること。人間らしい思いやりや豊かな感情があること。
・彼は他人に冷たい人だと言われているが、実際はとても人間味のある優しい人だ。
・お年寄りに対する彼女の人間味あふれる受け答えには、いつも本当に感心する。

26 収まる [おさまる]
アクセント― 3
品　詞― 動詞

〈意味〉争いや騒動などが落ち着くこと。解決すること。治まる。
・始まって一カ月経ってもストライキは収まりそうにない。
・日本の経済は、バブルが崩壊した後のデフレがなかなか収まらずに不況が長引いてしまった。

27	発足 [ほっそく]	〈意味〉組織や機構などが新しくつくられて、活動を開始すること。

27　発足 [ほっそく]

アクセント― 0
品　　詞― 名詞

〈意味〉組織や機構などが新しくつくられて、活動を開始すること。

・新たな内閣の発足に多くの国民が期待を寄せる。
・私の住む地域では、高齢化する住民の健康のために、散歩サークルを発足することになった。

28　重んじる [おもんじる]

アクセント― 4 (0)
品　　詞― 動詞

〈意味〉価値のあるものとして大事にすること。重きを置く。尊重する。

　　　　※「重んずる」という形でもよく使われる。

・亡くなった祖父は、社会において何よりも大切なことは礼を重んずることだとよく言っていた。
・彼は自分の利益よりも、全体の利益を重んじる人だ。

29　取引 [とりひき]

アクセント― 2
品　　詞― 名詞

〈意味〉売買行為による金品のやり取りのこと。商売。

・日本では酒類の取引には、国の認可が必要である。
・私は営業の仕事を始めてから、一番と言っていいほど大きな取引をまとめることができた。

30　枠 [わく]

アクセント― 2
品　　詞― 名詞

〈意味〉物事のおおよその範囲や限界のこと。制限。

・ただ言われたことをするだけで、自ら考えようとしなければ、常識の枠の中から出ることはできない。
・歓送迎会の幹事を任されたが、場所や料理などすべて予算の枠を超えないようにするのはなかなか大変だ。

31　無断 [むだん]

アクセント― 0
品　　詞― 名詞

〈意味〉必要な相手に許可を得ないこと。断らずに行うこと。

・無断で人の車を勝手に使うんじゃない。
・研究室の備品は無断で外に持ち出してはいけない。

第1課
第2課
第3課
第4課
第5課
第6課
第7課
第8課
第9課
第10課
第11課
第12課

┃問1┃ 下線部の読み方として最も適切なものを、A～Dの中から一つ選びなさい。

❶ スポーツ庁は 2015 年 10 月 1 日に発足した。

    A はったり   B ほったつ   C ほっそく   D はっそつ

❷ このまま議論を続けてもしかたがないので、先生の意見を仰ぎましょう。

    A こうぎ   B あおぎ   C ふせぎ   D しのぎ

❸ この枠の中に正しい答えを書きなさい。

    A すい   B いき   C ざつ   D わく

❹ 私は子どもの頃から憧れだったパイロットになれました。

    A そめなれ   B まぬかれ   C はぶかれ   D あこがれ

❺ 企業同士の関係を理解するために、仮に人間関係として考えてみた。

    A かりに   B はんに   C まれに   D たんに

┃問2┃ 下線部に入る語として最も適切なものを、A～Dの中から一つ選びなさい。

❶ 妹は勇気を＿＿＿＿＿＿＿ゴキブリを退治した。

    A 振り切って   B 振り払って   C 振り絞って   D 振り込んで

❷ 今日の宿題は東京の＿＿＿＿＿＿を調べることだ。

    A 成り行き   B 成り立ち   C 生い立ち   D 生い行き

❸ いじめっ子たちに自分の存在を＿＿＿＿＿＿やるために、僕は猛勉強して名門校に進学した。

    A 知らせて   B 知りつくして   C 知りはたして   D 知らしめて

❹ 彼女は「百年に一人の美女」という＿＿＿＿＿＿で、一躍スターとなった。

    A 触れ込み   B 吹き込み   C 振り込み   D 差し込み

❺ 病弱な私は、とうとう医者にも＿＿＿＿＿＿。

    A 見逃された   B 見限られた   C 見過ごされた   D 見込まれた

┃問3┃ _____ から最も適切なことばを選び、下線部に正しい形で書きなさい。

❶ 背が高くて、お金持ちで、ハンサムな彼はきっと_____だろうな。

❷ 野菜をドレッシングによく_____から食べてね。

❸ いつまでも_____いないで、勇気を出して前に進みましょう。

❹ あれから 10 年後、僕はやっと先生との約束を_____。

❺ あのお騒(さわ)がせタレントは、今日も爆弾発言でお茶の間を_____いる。

> 賑わせる　　果たす　　おびえる　　もてる　　絡む

❻ いくら体調(たいちょう)が悪いからといって、_____欠勤(けっきん)するのはよくない。

❼ 私が気弱(きよわ)なことを知っていながらも、彼は_____ホラー映画を選んだ。

❽ やる気のない僕に、先生は_____に厳しく指導した。

❾ どんな理由があっても、彼が罪を犯してしまったことは_____事実だ。

❿ 近所の犬の名前がわからないので、_____ジロウと呼ぶことにした。

> あえて　　仮に　　まぎれもない　　ことさら　　無断

┃問4┃ 下線部に最も意味が近いものを、A～Dの中から一つ選びなさい。

❶ この方法がダメなら、別の方法でアプローチしてみたら？
　　A 示し合って　　　B 仕掛けて　　　C 提案して　　　D 見立てて

❷ なんて不気味な建物なんだ。早くここから離れよう。
　　A 汚い　　　　　　B 臭い　　　　　C 恐ろしい　　　D 不味い

❸ この文章から重要なところを抜粋して、私に見せてください。
　　A 書き立てて　　　B 書き出して　　C 書き取って　　D 書き下ろして

❹ こんなくだらない作り話、誰も信じるわけがない。
　　A 小説　　　　　　B 想像　　　　　C 描写　　　　　D 虚言

❺ うちの会社と取引をするのは大手ばかりだ。
　　A 交易　　　　　　B 手引　　　　　C 引率　　　　　D 交際

157

┃問5┃ 見出しの表現を使用した文として最も適切なものを、A〜Dの中から一つ選びなさい。

❶ 従来

    A 従来住んでいた町を 10 年ぶりに訪れた。

    B 彼とは従来の友達なのだ。

    C 従来どおりのやり方だと必ず失敗する。

    D あの先生が厳しいのは従来からよく聞く話だ。

❷ 重んじる

    A 祖父の体調を重んじて、あまり長居しなかった。

    B 彼のかばんは本がたくさん入っていて重んじる。

    C 私は母がくれたこの時計をとても重んじている。

    D わが社は効率を重んじることで知られている。

❸ 経緯

    A 実験は結果よりも経緯が大事だ。

    B 説明書に書かれた経緯のとおりに、この本棚を組立ててください。

    C 今回の事件の経緯を詳しく教えてくれないか。

    D 父はとてもまじめで経緯の通った人だ。

❹ 人間味

    A あの殺人犯は人間味のない犯罪を犯してしまった。

    B 猫はとても人間味のある動物だ。

    C このラーメンは人間味があって、とてもおいしい。

    D あの屋敷はつたに覆われて人間味がない。

❺ やり取り

    A その人と面識はないが、何回かメールのやり取りはしている。

    B 仕事が忙しくて、親の介護は全部妹にやり取りさせた。

    C その 2 人の選手は決勝で 3 年連続でやり取りしたことがある。

    D 兄は商社で 10 億円のやり取りを成功させて、20 代でマネージャーになった。

01　〜て（も）もともと

どう使う？	名詞／ナ形（–で） イ形（–くて） 動詞（–て）	＋	（も）もともと

意味　「〜てもともと」は「損にも得にもならない」という意味を表す。「失敗して当たり前、成功すれば幸運だ」という状況を示す。

使い方　「もともと」は基本的に以前の状態を表す。「彼はもともとそういう性格だ」などのように単独で使われる場合は、「本来は」「元来は」といった意味を表す。

注意点　通例、否定形の動詞を失敗の意味合いを含めて用いる。成功の可能性が低いものへ挑戦する場合や、あるいは挑戦したが失敗してしまった場合などに「しかたがない」という諦観を込めて用いる。「ダメでもともと」はよく使われる表現。

　例　A：宝くじなんかまず当たるもんじゃないよ。
　　　　B：ダメでもともと、買わなきゃ当たらないよ。

例文　・彼は人気の小説家だから、断られてもともとで書いてもらえないか依頼してみるよ。
　　　　・負けてもともとだ、思い切った作戦で勝ちにいこう。

02　〜に即して　＜〜に即した＞

どう使う？	名詞	＋	に即して〈に即した〉

意味　「即」は「ぴったり合う」という意味がある。そこから「行為、もしくはある物事の状況や状態にぴったり合わせて行動すること」という意味を持つ。

使い方　「経験」や「実績」「実力」など人の能力を表す名詞にも接続することが多い。また、「事実」や「実状」「実態」など出来事の基準や状態を表す名詞に接続することも多い。

注意点　「法律などなんらかのルールに合わせる」場合は、読みは同じ「そくして」であるが、漢字表記は「則して」となる。

類義表現　「〜に照らして」「〜を踏まえて」「〜に従って」

例文　・彼の判断は経験に即したもので、理屈と違っても無視はできない。
　　　　・実情に即さない法律の改正に、国民の多くは怒りを感じていた。
　　　　・長くチームに貢献してくれた選手であるが、実力に即した判断を下さないといけない。

03 〜をはじめとして ＜〜をはじめとする＞

どう使う？　名詞　＋　をはじめとして〈をはじめとする〉

意味　複数あるものの中から特定のものを挙げ、代表例として示す際に使われる表現。「AやBをはじめとする[名詞]」という場合、その名詞を取り上げるために、その中で特に代表的なA・Bを例示する。

使い方　「〜をはじめとして」は、「〜をはじめ」の形でもほとんど同じ意味を表す。「はじめ」を漢字表記する場合は「始め」であって、「初め」ではない。

注意点　「AやBをはじめとする[名詞]」という場合、AとBは程度の違う同じ事柄を指し、一般的にはAのほうに代表的なものが入る場合が多い。

類義表現　「〜を代表例として」

例文
・アメリカや中国をはじめとする先進各国では子どもの肥満が問題視されている。
・日本のアニメは『ワンピース』をはじめとして、世界で人気がある。

04 〜（が）ゆえ ＜〜（が）ゆえに／の＞

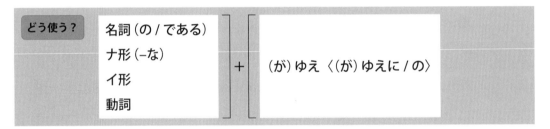

どう使う？

名詞（の／である）		
ナ形（−な）		
イ形	＋	（が）ゆえ〈（が）ゆえに／の〉
動詞		

意味　「〜が原因で」、「〜という理由で」という意味を表す。

使い方　「〜ゆえ」には文を後接し、「〜ゆえに」には動詞や形容詞が後接し、「〜ゆえの」には名詞が後接する。また、「ゆえに」「ゆえあって」の形で接続詞として単独で使用することができる。

注意点　「〜ゆえ」は理由を表す「故」という名詞に由来する表現だが、文語的表現であり、日常会話ではあまり使われない。「ゆえあって」「ゆえなく」という形式で用いられる場合もある。

類義表現　「〜から」「〜ので」

例文
・ボクサーであるがゆえに、毎日きつい減量に取り組まなければならない。
・問題点を指摘していたゆえ、私が改善策を考えることになった。
・世界には貧しい（貧しさの）ゆえに教育を受けられない子どもたちがいる。
・優しさがゆえの厳しさもある。
・ゆえあって、今は一人で旅を続けている。

05 〜をよそに

どう使う？　名詞（を）　＋　よそに

意味　「無関係の状態、状況にあること、もしくは意図的に他人の感情や心情を無視する」という意味を表す。

使い方 他人の感情や心情を無視して行動することを表すことから、後件にはネガティブな表現や、独断的な表現が来ることが多い。

注意点 よそは「余所」もしくは「他所」と表記されることもあり、「どこか他の場所」や「直接には関係のないこと」という意味を持つ。

例文
・彼女は周囲の不安をよそに、冬山への登山を決定した。
・昨今のエコブームをよそにして、彼は「使い捨てグッズ」専門の店を開いた。

06 ～まくる

どう使う？ 動詞（~ます） ＋ まくる

意味 激しい勢いで同じ動作を思う存分に繰り返すこと。

使い方 話し言葉的な表現として用いられる。「～まくる」で表されるのは、多くは意図的な動作であるが、「肩がこりまくる」「実が落ちまくる」など非意図的な動作に用いられることもある。その場合、より話し言葉的なニュアンスが強い。

注意点 さらに強調する場合は、「～て～て～まくる」（例 「泣いて泣いて泣きまくる」）という形で表す。

類義表現 「～ぱなし」「～たおす」

例文
・会議では人の話を聞くことも重要で、一人でしゃべりまくるのは良くない。
・今日は強い風が吹きまくっているから傘は持っていっても無駄だろう。

07 ～に堪える ＜～に堪えない＞

どう使う？ 名詞 / 動詞（~る） ＋ に堪える〈に堪えない〉

意味 ①「に堪える」は「そうするだけの十分な価値がある」という意味を表す。
②「に堪えない」は「～するにはあまりにも状態や状況がひどく、我慢できない」という意味を表す。
③「に堪えない」は「一部の感情や心の動きを表す名詞」を前に置いて、その意味を強調する際に用いる。

使い方 ①と②の用法は、「見る」「読む」「聞く」「評価する」「鑑賞する」などごく限られた動詞のみに用いられる。③の用法は「喜び」「悲しみ」「歓喜」「遺憾」「憤慨」など感情や心の動きを表す一部の名詞に用いられる。

注意点 ①と②は何らかの認識するために行われる行為を表す名詞や動詞を前に置いて用いる。③は正式な場での言葉として用いることが多い。あるいはやや大げさに表現する場合に用いられることもある。

類義表現 ①「～に値する」「～にふさわしい」

例文 ① 彼の作品は専門家の評価に堪える出来映えだ。
① 読むに堪える物語を書くにはまだまだ経験が足りない。
② インターネットの掲示板は誹謗中傷が多く、読むに堪えない。
③ 日頃から過分なまでのお心遣いをいただき、感謝の念に堪えません。
③ 長年の研究がやっと世間に認められ、感激に堪えない。

┃問1┃ （　　　　）に入るものとして最も適切なものをA～Dから一つ選びなさい。

❶ みんなが盛り上がっているのを（　　　　）、彼は一人冷めた目をしていた。

    A　よそに　　　　　　B　ことに　　　　　　C　ほかに　　　　　　D　別に

❷ 彼は勉強ができる（　　　　）、スポーツも万能だ。

    A　ばかりしか　　　　B　ばかりで　　　　　C　ばかりに　　　　　D　ばかりか

❸ インターネットを（　　　　）IT技術は、生活に必須のものとなった。

    A　はじめとする　　　B　同一化する　　　　C　数えられる　　　　D　見本とする

❹ 前首相の退陣（　　　　）、新たな内閣が発足した。

    A　にしたがって　　　B　にともない　　　　C　にもとづき　　　　D　にかかわらず

❺ 連日の大雪という悪条件（　　　　）、調査隊は着実に活動を進めていた。

    A　をぬきにして　　　B　をよそに　　　　　C　をかねて　　　　　D　をものともせずに

❻ このお願いは断られて（　　　　）だと、最初から覚悟はしていた。

    A　みすみす　　　　　B　もともと　　　　　C　そこそこ　　　　　D　おいおい

❼ どんなミスも見逃す（　　　　）と、目をこらして計画書を見直した。

    A　まい　　　　　　　B　べき　　　　　　　C　よう　　　　　　　D　そう

❽ 彼は写真ばかり（　　　　）、目的と手段が入れ替わっている。

    A　撮りきっていて　　　　　　　　　　　B　撮りかけていて
    C　撮りまくっていて　　　　　　　　　　D　撮りこんでいて

❾ 消費者のニーズに（　　　　）商品開発をしなければ、発展は見込めない。

    A　類した　　　　　　B　窮した　　　　　　C　関した　　　　　　D　即した

❿ やや図々しく感じる点を（　　　　）、彼は気持ちのよい青年だ。

    A　よそに　　　　　　B　除けば　　　　　　C　欠かすと　　　　　D　差し置いて

┃問2┃ 下線部に入るものとして正しいものをA～Dの中から選びなさい。

❶ 彼は相手のことを考えず一方的に＿＿＿＿＿＿くせがある。

    A　しゃべっている

    B　しゃべりまくる

    C　しゃべりかける

    D　しゃべっていた

『日本がわかる、日本語がわかる』準拠

文字・語彙・文法を学ぶための 実践練習ノート

日本語能力試験
N1
対応

別　冊

解　答　と　解　説

第1課

Ⅰ．文字・語彙・コロケーション

問1 ❶ B   ❷ C   ❸ C   ❹ A   ❺ C

問2 ❶ C   ❷ A   ❸ D   ❹ B   ❺ C

> **複合動詞の意味**
> **差し出す**：前の方に出す。
> **開き直る**：不利な状況から一転して図々しくなる意味で使う場合が多い。
> **名乗る**：自分の名を相手に告げる。
> **巻き返す**：勢いを盛り返すために、反対にしかける。

問3 ❶ むやみやたらに   ❷ わざわざ   ❸ そのもの   ❹ よくよく
❺ いくつも   ❻ 伸びて   ❼ 絶たない   ❽ 浴びる   ❾ 尽きない
❿ こもった

> **慣用句・コロケーションと意味**
> ・**むやみやたら**：程度を超えて後先のことをまったく考えずに行動するさま。
> ・**わざわざ**：通常なら行わなくてもいいことを行うさま。
> ・**そのもの**：他のなにものでもなく、まさしくそれ自身。
> ・**よくよく**：特に念入りに何かをすること。
> ・**いくつも**：数が少なくないさま。たくさん。
> ・**売上げが伸びる**：販売して得た代金が増える。
> ・**後を絶たない**：終わらずにずっと続いているさま。
> ・**批判を浴びる**：言動や人格に対して否定的な意見が多数あること。
> ・**議論が尽きない**：無期限に続けるさま。果てしないこと。
> ・**気持ちがこもる**：相手への想いや感情が満ちていること。

問4 ❶ C   ❷ C   ❸ A   ❹ D   ❺ A

> **類義語**
> ・物事に対して判断するためによく調べて考えること：**吟味する、確かめる、念入りに調べる**
> ・深くてしっかりした結びつきを持つこと：**根ざす、定着する、浸透する**
> ・珍しくなく、しょっちゅう見かけるものであること：**ありがち、しばしば見られる、珍しくない**
> ・見てそのように思う：**見受ける、見て取る、感じ取る**
> ・わざわざする様子、故意にそうする様子：**ことさら、わざわざ、故意に**

問5 ❶ A

> Bは「資格試験を受けるときは、傾向と**対策**を理解して勉強することが重要だ」、C「ストレス**処理（解消）**のために毎日泳いでいる」、Dは「場面に**応じた（即した）**言葉を使い分けることが大切だ」がそれぞれ適切な形です。

❷ C

> Aは「教室の一番後ろに座っても、黒板が**見える**」、Bは「警察は、交通事故を**目撃した**人に情報提供を呼びかけている」、Dは「屋上からは富士山がきれいに**見える**」、がそれぞれ適切な形です。

❸ B

Aは「時が経つのは早いもので、結婚して**早**20年になった」、Cは「有名な店なので、朝**早く**並んで待たないと買えない」、Dは「宿題は**もう**終わったから、遊びに出かけた」がそれぞれ適切な形です。

❹ D

Aは「修学旅行の教員旅費免除規程により、ご参加の**先生方**には新幹線代をお支払いいただく必要はございません」、Bは「剣道の団体戦では、まず**先鋒（せんぽう）**が勝利するとチームに勢いが増す」、Cは「**当方**にて日時を確認させていただきまして、改めてご連絡いたします」がそれぞれ適切な形です。

❺ C

Aは「台風で乱れた電車のダイヤは、半日後にようやく**回復**した」、Bは「後半戦にやっと1点を**取り返した**が、小さなミスでまた点を落とした」、Dは「よい人材が応募してくれたが、見合う条件を出せず**取り逃して**しまった」がそれぞれ適切な形です。

Ⅱ. 文型・文法

|問1| **❶** A　　**❷** B　　**❸** D　　**❹** D　　**❺** B
❻ B　　**❼** A　　**❽** B　　**❾** C　　**❿** D

表現と意味
- 〜たところで：〜しても大した程度にはならない状況を示す。
- 〜かねる：〜することが難しくて、できない。
- 〜に至った：（ようやく、やっと）〜という状態・段階になる。
- 〜をもって：「〜（方法・手段）を使って」という意味。
- 〜がてら：何かする機会に、他のこともあわせてする。
- 〜いかんで：前に来る名詞句の状態や内容によって、状況が変化する。
- 〜きらいがある：〜というよくない性質、傾向がある。
- 〜をめぐって：〜を中心にして、さまざまな議論・争い・対立などが起こっていることを述べる表現。
- 〜あっての：「〜がなかったら、成立しない」という意味。
- 〜どころか：「〜はもちろん、〜もだめだ」という意味。

|問2| **❶** A　　**❷** A　　**❸** A　　**❹** C　　**❺** D

構文と意味
- だから〜わけだ：事情や背景を知って「こういう原因・理由からだったのか」とわかったときに使う。
- 〜ずにはいられない：気持ちが抑えられず「どうしても〜てしまう」「ある状況下で自然に〜てしまう」という意味。
- 〜からといって〜とは限らない：「たとえ〜という理由があっても、100%〜ということではない」という意味。
- 〜をはじめ：全体について述べる前に、よりわかりやすくするため、代表的な例を具体的に示す。
- 〜ないわけにはいかない：「何か事情があり、〜しなければならない」ことを表す。

|問3| ❶ A（正しい順番：D　B　A　C）

❷ A（正しい順番：C　B　A　D）

❸ C（正しい順番：D　B　C　A）

❹ B（正しい順番：C　A　B　D）

❺ A（正しい順番：D　B　A　C）

> **文型と接続・意味：**
> ・名詞（-の／である）／ナ形（-な）／イ形／動詞＋わけだから：「〜わけだから〜は当然だ」
>   という意味。
> ・名詞 ＋ をもって：方法・手段を表す。
> ・名詞／動詞 ＋ に至るまで：「〜から〜まで」という意味を表すが、範囲が広いというニュアン
>   スがある。
> ・動詞（-た）＋ ところで：「〜しても意味がない」という逆説的な状況を表す。
> ・名詞 ＋ に関わらず：「〜かどうかに関係なく」という意味。

|問4| ❶ うちの家族は生活リズムがそれぞれ違うから、<u>揃って朝食を食べることはめったにない</u>。

❷ JLPT の N1 に合格できるかどうかは、<u>あなたの努力いかんだ</u>。

❸ <u>父を駅まで見送りに行きがてら買い物をしてきた</u>。

❹ 彼は日本に 10 年も住んでいたのに、<u>漢字どころかひらがなも書けない</u>。

❺ スマホの普及により、<u>最近の人は本を読まないきらいがある</u>。

第2課

Ⅰ．文字・語彙・コロケーション

|問1| ❶ B　　　❷ C　　　❸ A　　　❹ C　　　❺ D

|問2| ❶ C　　　❷ B　　　❸ D　　　❹ C　　　❺ A

> **複合動詞の意味**
> 結びつく：複数のものが関係があるものとなる。つながる。
> 読み上げる：声を出して読む。
> 口に上る（のぼる）：うわさや話題になること。
> 口ずさむ：歌や詩を思い浮かんだまま小さな声で言うこと
> 繰り返す：同じ動作を何度も行う。

|問3| ❶ むしろ　　❷ ひと通り　　❸ ものすごく　　❹ ひとまず　　❺ ひたすら

❻ 唱える／唱えた　　❼ 誇った　　❽ 帯びた　　❾ 射た　　❿ 富む／富んだ

> **慣用句・コロケーションと意味**
> 異議を唱える：反対の意見を言うこと。「異を唱える」と同じ意味。
> 人気を誇る：人気がある（素晴らしい状態である）こと。
> 熱を帯びる：病気になって体温が上がったり、興奮したりして気持ちが熱く高ぶること。
> 的を射る：うまく目標に当てる、うまく要点をつかむこと。
> 示唆に富む：わかることや考えさせられることが豊富にあること。

|問4| ❶ D ❷ C ❸ B ❹ B ❺ C

> **類義語**
> 物事や話題をしないようにすること：**さける、忌避する**
> 大切にすること：**重んじる、重視する、尊重する**
> 機会があると繰り返してすること：**折に触れて、事あるごとに**
> 本の名前：**表題、題、タイトル**

|問5| ❶ A

> Bは「あのような失言は会議でのふるまいとして**不適切**だ」、Cは「自信があった答えが**不正解**で、テストで100点が取れなかった」、Dは「会社が**不利益**をこうむる契約を部長がするわけがない」がそれぞれ適切な形です。

❷ C

> Aは「この傘は**古い**ので、穴が開いていて大雨の日には使えない」、Bは「冷蔵庫にちょっと**古い**牛乳があったが、飲むのをやめておいた」、Dは「3年前にフランスで食べた**(かび)臭い**チーズの味が忘れられない」、がそれぞれ適切な形です。

❸ A

> Bは「このバンドのドラムは、プロとしては**技術(テクニック)**が足りないと思う」、Cは「母はよく人間の**本質**は、人に対するやさしさにあると言っていた」、Dは「先週から肩こりがひどいので、整骨院で背中の**ツボ**を押してもらった」がそれぞれ適切な形です。

❹ B

> Aは「昨日、駅の**ホーム**で偶然、中学時代の友人に会った。」、Cは「大学の**ホール**で500人の前で発表をした」、Dは「私の町には変わった形(**デザイン**)の教会があり、町のシンボルになっている」がそれぞれ適切な形です。

❺ C

> Aは「嫌なことがあったが、お酒を飲んで友達と話したら気分が**軽くなった**」、Bは「仕事で帰りが遅くなったので、寝る前に**軽い**食事をとることにした」、Dは「友達の結婚式とはいえ、そんな**カジュアルな(ラフな)**服装で行くのは失礼だ」がそれぞれ適切な形です。

Ⅱ. 文型・文法

|問1| ❶ C ❷ A ❸ B ❹ C ❺ C
　　　　❻ B ❼ B ❽ D ❾ B ❿ B

> **表現と意味**
> ・**〜くさい**：〜というよくない印象を受ける。
> ・**AだのBだの**：二つ以上の例を挙げるときに使う。
> ・**〜たものではない**：〜するのは価値がないという意味。
> ・**とりたてて**：特別に重要であると言及する。

- ・**〜つ〜つ**：「〜たり〜たり」という意味。ただし、一般的には「〜つ〜つ」は対になる動詞にだけ使う。
- ・**〜ながらも**：「古い」という評価の低さを覆して、「しっかりした造り」という評価の高さを主張する。
- ・**〜つつある**：〜という傾向があることを示す。
- ・**ひたすら**：一つのことを集中して継続する。
- ・**わからなくもない**：はっきりとではないがなんとなく理解できるという意味。

┃問2┃ ❶ B　　　❷ D　　　❸ A　　　❹ C　　　❺ D

構文と意味
- ・**〜ずにはすまない**：前件のことが原因で、後件の発生が不可避である。
- ・**〜たものではない**：「あるものの価値を否定する意味」を含んだ表現に接続し、逆接的に「そこまで悪くはない」という意味。
- ・**〜ながら**：前の語と同時並行的に行う行為。
- ・**的を射る**：「非常に正確で間違いがない」という意味の慣用句。
- ・**〜ずにいられない**：気持ちが抑えられず「どうしても〜てしまう」「ある状況下で自然に〜てしまう」という意味。

┃問3┃ ❶ D（正しい順番：B　A　D　C）
❷ A（正しい順番：D　B　A　C）
❸ A（正しい順番：C　D　A　B）
❹ C（正しい順番：D　A　C　B）
❺ C（正しい順番：B　D　C　A）

文型と接続・意味：
- ・**AというよりもむしろB**：AとみなすのではなくBとみなしたほうがふさわしいという意味。
- ・**〜ようがない**：「〜できない／〜したくても手段がない」ことを表す。「言いようがないほど」は「言葉で表すことができないほど〜だ」という意味。
- ・**示唆に富む ＋ 名詞**：「示唆に富む」は「気づかされることが多い」という意味で、文末のほか連体修飾で用いられる。
- ・**名詞 ＋ に異を唱える**：「〜に反対する」というという意味を表す。
- ・**名詞 ＋ を通じて**：「〜によって／由来して」という意味。

┃問4┃ ❶ ただでさえ遅れているのにさらに遅れたら、<u>何を言われるかわかったものではない</u>。
❷ <u>彼は戸惑いながらも</u>、私の話を真剣に聞いてくれた。
❸ 暑くて疲れたと思いますので、<u>ひとまず休んでください</u>。
❹ 彼女の気持ちを考えると、<u>諦めるのもわからなくもない</u>。
❺ <u>気が進まないだのやりたくないだの</u>言っていたが、結局は渋々ながらやることにしたようだ。

第3課

|問1| ❶ C　　　❷ A　　　❸ A　　　❹ D　　　❺ B
|問2| ❶ D　　　❷ B　　　❸ A　　　❹ A　　　❺ D

> **複合動詞の意味**
> ・**かき消す**：声や姿をすっかり消す。一瞬のうちに消す。
> ・**切り離す**：一続きのものを分ける。別々にする。
> ・**煽り立てる**：強く先導する。
> ・**飛び交う**：複数のものが入り乱れて飛ぶ。互いに飛びすれちがう。
> ・**出回る**：商品が世間に大量に出て、よく見かけるようになる。

|問3| ❶ ひたすら　　❷ そもそも　　❸ もっぱら　　❹ もはや　　❺ いくども
❻ 備えて／備え　　❼ 寄せられた／寄せられている　　❽ 上げる　　❾ 陥り
❿ 伴う

> **慣用句・コロケーションと意味**
> ・**ひたすら**：その事のみに心が向かう様子。そのことだけをする様子。
> ・**そもそも**：最初。そのことが端緒。
> ・**もっぱら**：その事のみをする様子。
> ・**もはや**：いまではもう。手遅れである。
> ・**いくども**：何度も。
> ・**地震に備える**：地震が起きたときに対処できるよう前もって準備する。
> ・**コメントを寄せる**：意見や考えを伝える、述べる。
> ・**声を上げる**：主張する。
> ・**パニックに陥る**：パニックの状態にはまりこむ。パニック状態になる。
> ・**危険を伴う**：ある事柄に危険が生ずること。

|問4| ❶ D　　　❷ B　　　❸ C　　　❹ A　　　❺ A

> **類義語**
> ・ある目的のために行動を制限すること：**控える、抑制する、慎む**
> ・世の中で言いふらされる確証のない話：**流言蜚語、デマ、うわさ**
> ・突然の出来事や急用などのため混乱している状態：**どさくさ、混乱**
> ・現実的ではないという意味：**ヴァーチャル、仮想的な、フィクション**
> ・望ましくないことが訪れる：**見舞われる、振りかかる、遭う**

|問5| ❶ A

> Bは「**仮説**をもとに実験を行い、論文にまとめた」、C「合格**保証**制度は、不合格になった場合に授業料を返還する制度です」、Dは「論文中で他の文献を引用する時には必ず**出典**を明記しなければならない」がそれぞれ適切な形です。

❷ B

Aは「動物を使ったり曲芸をしたりする見世物を**サーカス**という」、Cは「花火大会に人々が**殺到**したために、道路が人で埋め尽くされた」、Dは「夜間の運転は、前をよく見て**集中**する必要がある」がそれぞれ適切な形です。

❸ C

Aは「携帯を操作しながら歩いていたところ階段で転んでしまい、**痛かった**」、Cは「大変丁寧にご対応いただき、**痛み入ります**」、Dは「心を奮い立たせるような**勇ましい**行進曲」がそれぞれ適切な形です。

❹ B

Aは「体調が悪いときに、お酒を**飲む**のはあまりよくない」、Cは「電車が発車する寸前の**駆け込み**乗車は危険です」、Dは「写真データのサイズが大きいため**読み込み**に時間がかかる」がそれぞれ適切な形です。

❺ A

Bは「友達に平気で嘘をつくなんて、本当に**しょうがない娘だ**」、Cは「終業時間になったが、大雨で家に**帰るに帰れなかった**」、Dは「隣の部屋に**心ばかりの**お料理を準備してありますので、どうぞ召し上がってください」がそれぞれ適切な形です。

Ⅱ．文型・文法

│問1│ ❶ D   **❷** A   **❸** B   **❹** A   **❺** A
❻ A   **❼** B   **❽** D   **❾** C   **❿** C

表現と意味

- **〜だに**：ここでは「まったく動かない」という意味。
- **〜だけましだ**：「現在も状況的に望ましくはないが、さらに悪い状況に比べれば良い」という意味。
- **〜を余儀なくされた**：「なんらかの要因によって、その行動以外の選択肢がない状況になる」という意味。
- **〜てからというもの**：ここでは「禁酒・禁煙をきっかけに大きな変化があったようで」という意味。
- **〜にあたり**：ここでは「避難訓練に際して」という意味。
- **〜めく**：ここでは「秋らしくなってきた」という意味。
- **〜ものを**：ここでは「いいのに」という意味。不満を込めた言い方である。
- **言わんばかりの**：「まるで言おうとしているような様子」という意味。
- **〜よりほか（は）いない**：ここでは「他により良い人がいない」という意味で、最も適任である様を示す。
- **〜だけ（まだ）ましだ**：「現在も状況的に望ましくはないが、さらに悪い状況に比べれば良い」という意味。

│問2│ ❶ A   **❷** A   **❸** D   **❹** D   **❺** B

構文と意味

- **〜を余儀なくさせた**：ここでは「なんらかの要因が、延期するよりしかたのない状況にする」という意味。

9

|問3| ❶ C（正しい順番：A　B　C　D）

❷ A（正しい順番：B　D　A　C）

❸ A（正しい順番：B　C　A　D）

❹ D（正しい順番：A　C　D　B）

❺ C（正しい順番：A　D　C　B）

|問4| ❶ <u>必死の看病のかいもなく</u>、熱はまだ下がりそうにない。

❷ 会議は<u>深夜に至っても</u>、まだ終わりそうにない。

❸ <u>社長になってからというもの</u>、彼女はすっかり変わってしまった。

❹ 大型の台風が接近しているため、<u>旅行の日程変更を余儀なくされた</u>。

❺ 住む家を失った彼と比べると、<u>小さくても住むところがあるだけましだ</u>。

第4課

Ⅰ. 文字・語彙・コロケーション

|問1| ❶ C　　　❷ A　　　❸ D　　　❹ B　　　❺ C

|問2| ❶ C　　　❷ A　　　❸ B　　　❹ D　　　❺ C

|問3| ❶ そもそも　　❷ あらかじめ　　❸ くまなく　　❹ 今さら　　❺ いっそう

❻ 欠かす　　❼ もたらす　　❽ 集約した　　❾ 唱える　　❿ 乗っかって

- 唱える：考え（説や論）や文言（呪文やお経など）を口に出して言うこと。
- 乗っかる：「乗る」のくだけた言い方。他の人（意見や成功）を利用すること。

|問4| ❶ D　　❷ B　　❸ A　　❹ B　　❺ C

類義語
- 人の性質を表す語：**常識人**（常識がある人）、**玄人**（プロ）、**素人**（アマチュア）
- 将来の予測を表す語：**見通し、見込み**（将来の可能性、今後の予測）、**予測**
- 簡単さを表す語：**手軽**（手間ではない）、**気軽**（深く考えない）、**気安く**（遠慮せずに：否定的意味）

|問5| ❶ C

Aは「その女優は週刊誌の**突撃**インタビューを受けて、事実を話すことにした」、B「SNS上での個人に対する**攻撃**が法律で厳しく罰せられる国もあるそうだ」、Dは「兄は18歳で料理人の世界に**飛び込み**、以来20年すし職人として働いている」がそれぞれ適切な形です。

❷ A

Bは「旅行先から毎日家族に手紙を出したのに、一通も**届かなかった**そうだ」、Cは「台風の影響を受け、バンコク行きの飛行機は5時間遅れで空港に**到着した**」、Dは「紙がなくなるという噂が**広まり**、トイレットペーパーの買い占めが始まった」、がそれぞれ適切な形です。

❸ C

Aは「今度の件については、私は彼女の意見に**全面的に**賛成だ」、Bは「参加費は、参加者全員から**一律的に**2,000円ずつ集めることになった」、Dは「**全体的に**見ると問題はなさそうだが、細かい部分ではまだ改善点がある」、がそれぞれ適切な形です。

❹ B

Aは「忘年会のはじめに、会社の今後の**発展**を願って全員で乾杯した」、Cは「幼児の**発達**においては、両親とのコミュニケーションが重要になる」、Dは「彼女がついた小さな嘘が大事件に**発展**してしまい、会社は大騒ぎになった」、がそれぞれ適切な形です。

❺ D

Aは「京都では夏になると建物の前に**水を撒き**（まき）、暑さをしのいでいる」、Bは「都市の地価が高くなっているため、工場を地方に**分散させる**ことにした」、Cは「リモートワークでの勤務条件について、会社から資料が**配布された**」がそれぞれ適切な形です。

Ⅱ．文型・文法

|問1| ❶ A　　❷ B　　❸ D　　❹ C　　❺ D
❻ C　　❼ A　　❽ B　　❾ A　　❿ A

表現と意味
- ～なしに：ここでは「予約せずに会うことはしない」という意味。
- ～ないまでも：「そこまでの程度には達しないが、少なくとも～くらいはできるだろう」という意味。

- ・〜かたわら：ここでは「家事をしながら、（空いた時間に）日本語を教えている」という意味。
- ・〜とはいえ：逆接を表す。「〜だが、〜」「〜ても、〜」という意味。
- ・〜わけにはいかない：「〜したい気持ちはあるが（理由があって）〜できない」という意味。
- ・〜はずだ：ここでは「日曜日」を根拠にして、「絶対に閉まっていると思う」という意味を表す。
- ・〜べきだ：「〜したほうがいい／〜するのが当然だ」という意味。
- ・AとするとB：かりにAが成立したら、Bも成立するだろうという仮定条件を表す。
- ・〜をはじめ：全国について述べる前によりわかりやすくするため、代表的な例「大阪」を具体的に示す。
- ・〜つつ：逆接を表し、「〜けれども」という意味を表す。

▌問2▐ ❶ A ❷ C ❸ B ❹ A ❺ D

構文と意味
- ・とはいっても：逆接の「〜だが／〜でも、〜」という意味を表す。後件は話者の意見、判断が多い。
- ・つつ：逆接を表し、「〜けれども」という意味を表す。
- ・ないまでも：「完全」という程度に達しなくても、せめて80％くらいは覚えておくだろうという意味。
- ・かたわら：ここでは、「母は働きながら大学院の勉強もしていた」という意味。
- ・なしには：「なければ」という意味を表す、言い換えれば、「彼の活躍がなければチームの勝利はなかった」という意味。

▌問3▐ ❶ A （正しい順番：D　B　A　C）
❷ B （正しい順番：D　A　B　C）
❸ D （正しい順番：C　A　D　B）
❹ D （正しい順番：C　A　D　B）
❺ B （正しい順番：C　D　B　A）

文型と接続・意味：
- ・動詞（−る）／名詞（＋の）＋かたわら：「〜しながら」という意味。
- ・動詞（−ない）＋ないまでも：「そこまでの程度には達しないが、せめて〜」という意味。
- ・名詞＋なしに：「Aなし（に）B」の形で、「AをせずにBをする」という意味を表す。
- ・名詞＋ずくめ：「全体的に〜ばかりである」という意味。「黒ずくめ」「いいことずくめ」など慣用的な表現で使われることが多い。
- ・動詞（普）／イ形（普）／ナ形（−である）／名詞（−である）＋にすぎない：質的・量的に程度の低さを強調する表現。

▌問4▐ ❶ 母が晩ご飯を作っている<u>かたわら</u>、子どもは折り紙で遊んでいる。
❷ 毎日残業<u>ずくめ</u>で、このままだと自分がすりへっていきそうだ。
❸ <u>一人一人の協力なくしては</u>、この目標は達成できない。
❹ <u>半額とは言わないまでも</u>、せめて３割引きくらいにしてほしい。

第5課

Ⅰ. 文字・語彙・コロケーション

問1 ❶ C　　　❷ D　　　❸ A　　　❹ D　　　❺ C

問2 ❶ A　　　❷ C　　　❸ D　　　❹ B　　　❺ C

> **複合動詞の意味**
> - **立ち入る**：場所や領域の中に入ること。
> - **立ち返る**：はじめの地点に戻ること。「初心に立ち返る」
> - **ぶちまける**：(不満などの気持ちを) 外にすべて出すこと。「酔っ払って日頃の不満をぶちまけた」
> - **ぶち当たる**：(困難なことや壁に) ぶつかること。
> - **手出しする**：(事業などに) 手を出すこと。争いなどをしかけること。「先に手出ししたほうが悪い」
> - **目出し帽**：寒冷地で使われる目だけが出ている帽子のこと。
> - **あり得る**：起こる可能性があること。「あり得ない」は「信じられない」という意味でも使う。
> - **乗りこなす**：(馬やバイクなど) 難しいものに上手に乗ること。
> - **乗り込む**：(乗り物や敵地などに) 入ること。「一人で敵地に乗り込むなんて無謀だ」

問3 ❶ やはり　　❷ ことあるごとに　　❸ かつて　　❹ ごく　　❺ 大して
❻ 払って　　❼ つぶって　　❽ 求める　　❾ 顧み　　❿ いかす

> **慣用句・コロケーションと意味**
> - **注意を払う**：注意を向けるという意味。「関心を払う」
> - **目をつぶる**：(ミスなどを) 見て見ない振りをするという意味。
> - **危険を顧みない**：危険性をまったく考えないという意味。
> - **経験をいかす**：経験を活用するという意味。「経験を活かす」と書くことも多い。

問4 ❶ A　　　❷ D　　　❸ C　　　❹ D　　　❺ A

> **類義語**
> - **関わりを表す語**：**ファッションに関わる仕事** (関係する)、**仕事に携わる** (参加する)、**研究に従事する** (その仕事を主にする)
> - **つながりを表す語**：**団結** (グループのまとまり)、**結束** (つながり)、**絆** (きずな：結びつき)
> - **早さを表す語**：**即座に** (すぐその場で)、**早速** (あることに対応してすぐ)、**早急** (さっきゅう：非常に急ぐこと。⑳「早急に対応をお願いします」)

問5 ❶ D

> Aは「広場の<u>真ん中</u>にある噴水では、たくさんの親子が水遊びをしている」、Bは「1990 年代の<u>中頃</u>に流行した J-POP の CD を趣味で集めている」、Cは「マラソン大会ではコースの<u>中間</u>地点に給水ポイントがある」、がそれぞれ適切な形です。

❷ A

> Bは「帰りが遅いので夜洗濯していたら、<u>近隣 (近所)</u> の人から苦情がきた」、Cは「祖母のお葬式に行った後、急に死が<u>身近</u>に感じられるようになった」、Dは「ホテルの<u>周辺</u>には緑が広がっていて朝散歩すると気持ちがよかった」、がそれぞれ適切な形です。

❸ C

Aは「このビタミン剤は、体の免疫力を**高める**と雑誌で紹介されていた」、Bは「娘の高校では、成績はすべて教室の後ろの壁に**貼り出される（掲示される）**そうだ」、Dは「夜間の外出を禁止する条例に対して、市民は反対の声を**上げて**いる」、がそれぞれ適切な形です。

❹ D

Aは「友人の**名誉**にかけて、彼はそんな人間ではないと証言した」、Bは「子どもが**ブランド**品を欲しがる背景にはメディアの影響がある」、Cは「人によって考え方や**価値観**は違うのだから、決めつけはよくない」、がそれぞれ適切な形です。

❺ A

Bは「学校で学んだ教科書の**知識**は、思わぬところで役立つことが多い」、Cは「車の自動運転の**技術**が開発されれば、事故が減り渋滞も解消される」、Dは「彼は学生時代から舞台演劇に出演し、俳優としての**経験（実績）**を積んだ」、がそれぞれ適切な形です。

II. 文型・文法

問1 **❶** D　　**❷** A　　**❸** C　　**❹** A　　**❺** B
　　　 ❻ B　　**❼** A　　**❽** B　　**❾** D　　**❿** A

表現と意味
- **〜にもまして**：「〜に比べてさらに」という意味。
- **〜としては〜ない**：特定の立場から物事について否定的に述べるときに使う。
- **〜ものだ**：当然そうなるという意味。
- **〜ざるを得ない**：「〜なければならない／〜でしかたない」の硬い表現。
- **〜ばこそ**：理由を強調するときに使う。
- **あり得ない**：可能性がないことを表す硬い表現。
- **さなかに**：進行中の動作や出来事。「まさに〜しているとき」の意味。
- **思いきや**：結果が意外に予想に反したときに使う。
- **〜が早いか**：「Aが起こってからほぼ同時に（直後に）Bが起こる」という意味。
- **〜すら**：一つの事柄を例としてとりたて、他を際立たせる。

問2 **❶** B　　**❷** D　　**❸** B　　**❹** D　　**❺** A

構文と意味
- **〜にこしたことはない**：「可能であるならばそちらのほうが良い」という意味。
- **〜にあって**：「〜のような状況や状態の中で」という意味。
- **〜顧みられるべきだ**：「振り返って考えることをしなければならない」という意味。
- **〜と思いきや**：結果が予想に反したことを示す。
- **ことあるごとに**：「関連する何かが起こる度に」という意味。

問3 **❶** C（正しい順番：D　A　C　B）
　　　 ❷ B（正しい順番：D　A　B　C）
　　　 ❸ C（正しい順番：B　A　C　D）

❹ C （正しい順番：A　D　C　B）

❺ D （正しい順番：C　B　D　A）

> **文型と接続・意味：**
> ・ **〜が早いか**：「Aが早いかB」で「Aが起こってからほぼ同時に（直後に）Bが起こる」という意味。
> ・ **あらゆる**：「当てはまるものすべての」という意味。
> ・ **あればこそ**：現在の状態や出来事の前提について、その理由や根拠を強調する。
> ・ **身の回りのことすら**：「日常生活で必要なことでさえも」という意味。
> ・ **〜にもまして**：「よりももっと」という比較の意味を表す。

┃問4┃ **❶** 彼は医者<u>という立場にあって</u>、自身の健康に無頓着なのは問題だ。

❷ こんなところまで浸水しているとは、<u>もはやこの船も終わりだ</u>。

❸ <u>彼が会長になると思いきや</u>、まさか彼女が会長になるとは意外だ。

❹ 「能ある鷹は爪を隠す」とは、自信が<u>あればこそ力を誇示しないという意味だ</u>。

❺ 不景気がこれだけ続くと、<u>仕事があるだけましだ</u>。

第6課

Ⅰ. 文字・語彙・コロケーション

┃問1┃ **❶** D　　　　**❷** C　　　　**❸** C　　　　**❹** D　　　　**❺** A

┃問2┃ **❶** B　　　　**❷** D　　　　**❸** A　　　　**❹** C　　　　**❺** D

> **複合動詞の意味**
> ・ **立ち会う**：話し合いなどの場に（証人や参考人として）同席すること。
> ・ **立ち返る**：はじめの地点に戻ること。「初心に立ち返る」
> ・ **しまい込む**：物を奥まった場所（机の中など）にしまうこと。
> ・ **呼び込む**：相手を呼んで店の中などに入れること。運が幸せなどを呼んでくること。
> ・ **呼び止める**：声をかけて足を止めさせること。
> ・ **仕上げる**：完成させること。
> ・ **かき回す**：物などを混ぜること。状況などを乱すこと。「会議をかき回す」
> ・ **使い回す**：同じ物を他の目的に使うこと。

┃問3┃

❶ ひょっとすると　　　**❷** 時折　　　**❸** すんなり　　　**❹** ありのままに　　　**❺** 少なくとも

❻ 引き取って／引き取り　　　**❼** 出馬する　　　**❽** 絶やさない　　　**❾** 見いだす

❿ 備わって

> **慣用句・コロケーションと意味**
> ・ **引き取る**：動物や子供などをもらって面倒を見る。※「息を引き取る」は亡くなるという意味。
> ・ **絶やさない**：「（火、笑顔、子孫を）絶やさない」の形で、なくさないという意味で使われる。
> ・ **見いだす**：「（意味、才能、解決策）見いだす」の形で、隠れているものを見つけるという意味。
> ・ **備わる**：「【物や人】に【機能や才能】が備わる」の形で、もともとあるという意味。

❶ B　　❷ A　　❸ B　　❹ C　　❺ D

> **類義語**
> ・品物を表す語：**類似品**（似ている品）、**既製品**（作って売られている品）、**一品**（一つの品、優れている品＝逸品）、**中古品**（すでに使用されて、新しくない品）
> ・宿泊を表す語：**泊まる**（宿で夜を過ごす）、**滞在する**（ある場所にしばらくいる）
> ・名前を示す語：**〜と名付けられた**、**〜と称した**（名前について使われることが多い）、**〜と銘打った**、**〜とうたった**（謳った）（宣伝文句について使われることが多い）

問5 ❶ B

> Aは「大型客船が近くを通るたびに波が**押し寄せ**、小さなボートは大きく揺れた」、Cは「企業の在宅ワーク化が進み、ノートパソコンに対する需要が**急増している**」、Dは「マラソン大会の参加者は、ピストルの音とともに**一斉に**走り出した」、がそれぞれ適切な形です。

❷ D

> Aは「研修会は定刻に始まり、スケジュール通りにすべて**滞りなく（とどこおりなく）**行われた」、Bは「実力からすれば、彼女は**間違いなく**オリンピック代表に選ばれるだろう」、Cは「料理が得意な母は、買ってきた食材を一週間ですべて**無駄なく**使い切る」、がそれぞれ適切な形です。

❸ D

> Aは「トンネルが完成するまでは、この辺りの地域は山で東西に**分断されて**いた」、Bは「このドレッシングは**分離しやすい**ので、よく振ってから使ったほうがいい」、Cは「病院の中にはウイルス感染者を**隔離できる**特別な病室が設けられている」、がそれぞれ適切な形です。

❹ A

> Bは「今月に入ってから会社の**仕事**が忙しくなり、毎日残業が続いている」、Cは「社外の人に社内の**業務**内容を話してはいけないと先輩にきつく注意された」、Dは「海外で地元の人を相手にして**商売**を始めるには、相当の準備が必要だ」、がそれぞれ適切な形です。

❺ B

> Aは「高校時代の仲間との固い**絆（きずな）**は、50歳になった今でも変わらない」、Cは「海外生活では、言葉の**壁**を超えることが一つの課題になる」、Dは「試合に出場するのは初めてなので、チームの**足手まとい（あしでまとい）**にならないか心配だ」がそれぞれ適切な形です。

Ⅱ. 文型・文法

問1 ❶ B　　❷ B　　❸ A　　❹ D　　❺ D
　　　 ❻ D　　❼ C　　❽ B　　❾ A　　❿ A

> **表現と意味**
> ・**〜なりに**：能力的に不十分であることを認めつつ、概ね期待に対して相応しい程度の状態である。
> ・**〜ながらも**：ここでは「思っていたけれど」「思っていたが」という意味。
> ・**わりと**：「予想された状況と実際にあった状況を比較すれば」という意味。

- **〜ともなく**：ここでは「どこからかは分からないが」という意味
- **〜や否や**：二つの事態が連続して起こったことを示す。
- **〜ともなしに**：「目的や意図がはっきりとしていない形で動作を行ったところ」という意味。
- **〜なり〜なり**：ここでは「電話かメールか」という意味。
- **〜ながらも**：ここでは「古いけれど」「古いが」という意味。
- **〜と(は)うってかわって**：状況や状態が以前とは別の状態に大きく変わった様子。
- **〜まみれ**：ここでは、血が全体に付着している状態。

|問2| ❶ A ❷ A ❸ D ❹ C ❺ D

構文と意味
- **Aなり、Bなり**：ここでは「人に聞く、もしくは、自分で調べる、のうちどちらかを選んで」という意味。
- **〜なりに**：能力的に不十分であることを認めつつ、概ね期待に対して相応しい程度の状態である。
- **〜や否や**：二つの事態が連続して起こったことを示す。
- **うってかわって**：ここでは「今日は（機嫌がよかった昨日とは）うってかわって」で、昨日と比較して大きく異なる様子を表す。
- **〜ながらも**：ここでは「慣れないけれど」「慣れないが」という意味。

|問3| ❶ B （正しい順番：A　C　B　D）
❷ C （正しい順番：D　B　C　A）
❸ B （正しい順番：A　C　B　D）
❹ A （正しい順番：B　C　A　D）
❺ C （正しい順番：B　A　C　D）

文型と接続・意味：
- **〜まみれ**：ここでは泥が全面に付いている状態を表す。
- **わりと**：「実際の状態と、常識的に予想された状態を比較すると」という意味。
- **〜ともなしに**：「目的や意図がはっきりとしていない形で動作を行ったところ」という意味。
- **〜なりに**：必要な内容には十分な状態ではないが、概ね期待に対して相応しい程度の状態。
- **〜と(は)うってかわって**：状況や状態が以前とは別の状態に大きく変わった様子。

|問5| ❶ あの先生は<u>若いなりに</u>、いつもよくがんばっている。
❷ 学園祭の準備をしていたら、帰る頃には<u>汗まみれ</u>になっていた。
❸ <u>私の若いころとは、うってかわって</u>、すっかり便利な時代になった。
❹ 期待していなかったが、新しい映画は<u>わりと</u>評判がいいようだ。
❺ この漫画は<u>発表されるや否や</u>、予約が殺到した。

第7課

Ⅰ. 文字・語彙・コロケーション

|問1| ❶ B ❷ A ❸ D ❹ B ❺ C

|問2| ❶ B ❷ D ❸ C ❹ A ❺ D

> **複合動詞の意味**
> ・**めぐり合う**：長いことかかってやっと出会うこと。
> ・**きり開く**：新しい道をつけること。
> ・**だし抜く**：人より先に物事をすること。
> ・**投げたおす**：相手の体を投げつけるようにして転ばすこと。
> ・**気になる**：心配すること。興味があること。
> ・**気をそらす**：注意を他のものに向かせること。
> ・**気をつける**：注意すること。

|問3| ❶ ちやほや ❷ ダラダラ ❸ やけに ❹ ひたむき ❺ どうやら
❻ 呈して ❼ またいで ❽ 名乗る ❾ ほど遠い ❿ 根付いて

> **慣用句・コロケーションと意味**
> ・**活気を呈する**：取引が盛んに行われ、にぎやかなさま。
> ・**月をまたぐ**：翌月にかかること。

|問4| ❶ C ❷ D ❸ B ❹ A ❺ A

> **類義語**
> ・できそうにもないことを言うこと：**広言する、誇張する、大口をたたく、ホラを吹く**
> ・変わらない習慣のこと：**お決まり、ルーティン**
> ・似たようなものが多数存在するさま：**氾濫する、ありあまる**
> ・ある物の形をまねて作ること：**模倣する、具現する、表す、複写する**
> ・現場で直接それを見ること：**目撃する、居合わせる、体験する**

|問5| ❶ C

> Aは「彼は驚きのあまり、<u>錯乱</u>状態に陥った」、Bは「私は時間を<u>間違えた</u>ため、会議に遅れてしまった」、Dは「双方の立場を<u>置き換えて</u>考えれば、わかり合えるはずだ」、がそれぞれ適切な形です。

❷ A

> Bは「<u>ひと目</u>見たらすぐに会社に戻りましょう」、Cは「こんな長い列に2時間も並んでアイドルに<u>一時（ひと目）</u>しか会えないなんて」、Dは「このビルの屋上は、この辺りを<u>一望</u>できる人気スポットだ」、がそれぞれ適切な形です。

❸ D

> Aは「そこの釘を壁から<u>抜き出して</u>もらえる？」、Bは「アルバムからいらない写真を<u>抜き取った</u>」、Cは「彼はクラスの中でも<u>飛び抜けて</u>背が高い」、がそれぞれ適切な形です。

❹ B

Aは「親友とはよくお互いの夢を**語った**」、Cは「訪問販売員は商品を買ってもらうよう客にしつこく**口説いた**」、Dは「間違えないよう、改めてイベントの日時と場所を**伝えた**」、がそれぞれ適切な形です。

❺ A

Bは「今回の一件を**受けて**、私は転職することを決意した」、Cは「私は大学に入って最初に**受けた**試験で赤点を取ってしまった」、Dは「彼はこの事態を**受けて／受け止めて**、マスコミの前で深く頭を下げて謝罪した」がそれぞれ適切な形です。

Ⅱ．文型・文法

|問1| **❶** B **❷** B **❸** D **❹** D **❺** C
　　　❻ A **❼** A **❽** B **❾** C **❿** A

表現と意味
- 〜ならまだしも：ここでは「友人ならお金を貸すが」という意味。
- 〜とやら：「フラワーパークとかに行ってみる」という意味。
- 〜ともなれば：「木曜日になったら〜」「Aが変化すればBもそれに応じて変化する」という意味。
- 〜ずじまい：「食べないで帰ってしまった」という残念な気持ちを表す。
- 〜ところだった：「火事になる寸前」という意味。
- 〜を皮切りに：「店長の成功を始まりにして、その後もっと成功した」という意味。
- 〜ときたら：「うちの猫を話題にしたら、〜」という意味。
- 〜ごとく：「例のごとく」は「いつもの通り〜」という意味。
- 〜であれ：「誰でも関係なく、秘密を持っているはずだ」という意味。
- っぱなし：ずっと立つ状態が続くという意味。

|問2| **❶** A **❷** A **❸** C **❹** A **❺** D

構文と意味
- 〜なくてなんだろう：「これが偽造と呼ばれているのだ」という意味。
- 〜ならまだしも：「若者なら徹夜しても平気だが、年を取ると体が悪くなる」という意味。
- 〜もさることながら：「内容ももちろん、演技もいい」という意味だが、後件のほうが「もっと〜」。
- 〜とやら：伝聞を表す表現。「外国に移住したと他の人から聞いた」という意味。
- 〜であれ〜であれ：「〜でも〜でも関係なく、〜」という意味。

|問3| **❶** C（正しい順番：D　A　C　B）
　　　❷ D（正しい順番：C　A　D　B）
　　　❸ A（正しい順番：B　D　A　C）
　　　❹ C（正しい順番：D　A　C　B）
　　　❺ A（正しい順番：B　D　A　C）

文型と接続・意味：

　ならまだしも：「子どものイタズラなら許せるが、大人なら許されない」という意味。

　ともなれば：「15歳だったら、善し悪しの区別はつく」という意味。

　ときたら：「最近のテレビを話題にしたら～」という意味。

　っぱなし：「ポケットに入れたままで洗濯してしまった」という意味。

　そばから：「教わったらすぐ」という意味。

┃問4┃ ❶ ダイエットすると言ったそばから、焼きそばやラーメンを食べている。

❷ 食品展覧会は東京での開催を皮切りに、全国8か所で巡回開催される。

❸ 大人であれ子どもであれ、ルールを破ってはいけない。

❹ 天気が良くてのんびり歩いていたら、もう少しで電車に乗り遅れるところだった。

❺ 汚れた服は洗剤をつけるのならまだしも、水だけで洗うのは無理だ。

第8課

Ⅰ．文字・語彙・コロケーション

┃問1┃ ❶ C　　　❷ D　　　❸ A　　　❹ A　　　❺ C

┃問2┃ ❶ A　　　❷ B　　　❸ C　　　❹ D　　　❺ B

複合動詞の意味

- **受け入れる**：相手の意見などを聞いて了承すること、グループなどに入れること。
- **受け持つ**：仕事やクラスを担当すること。「あの先生は一年生のクラスを受け持っている」
- **差し止める**：（裁判所などが）行為をやめさせること。「本の出版を差し止める」
- **差し引く**：除外すること。「金額から商品の送料を差し引く」
- **巻き込む**：巻いて中に入れること、関係ない人を関係させること。「事件に巻き込まれる」
- **巻き取る**：（コードなどを）巻いてしまうこと、（ビジネスで）相手から仕事を引き取ること。
- **締め殺す**：首を絞めて殺すこと。「にわとりを締め殺す」
- **締め括る**：（イベントや人などを）まとめること。「会の最後をスピーチで締め括る」
- **言いよどみ**：スムーズではなく口ごもりながら話すこと。「えーと」などフィラーのこと。

┃問3┃ ❶ さして　　❷ どことなく　　❸ いまや　　❹ せめて　　❺ 嫌々

❻ 秘めた／秘めていた　　❼ 化した　　❽ みはる　　❾ 課す　　❿ 並べて

慣用句・コロケーションと意味

- **化す**：何かが別の何かに変わること。「鬼と化す」「戦場と化す」など慣用表現として使われる。
- **目をみはる**：驚いてじっと見ること。「目を～ばかりだ」「目を～ものがある」の形で使われる。
- **課す**：仕事やするべきことを与えること。「仕事のノルマを課す」「毎日3時間の練習を課す」
- **を並べる**：優れた物や人と同等に立つ、張り合う。「先進国に肩を並べる」

│問4│ ❶ D ❷ D ❸ A ❹ B ❺ C

類義語
- 家の場所を表す語：**座敷**（畳のゲストルーム）、**寝室**（ベッドルーム）、**居間**（リビングルーム）、**台所**（キッチン）
- 気持ちを表す語：**まどわす**（人を誘惑する）、**あざむく**（人をだます）
- 人を表す語：**結束**（同じ気持ちの強さ）、**団結**（気持ちの結びつき）、**団体**（人のグループ）
- 大切さを表す語：**重大**（普通ではなく大きい）、**肝要**（最も必要）、**不要**（必要ない）
- 無で始まる語：**無駄**（意味がない）、**無理**（できない）、**無礼**（ぶれい：礼儀がない）

│問5│ ❶ D

Aは「えんぴつが書きにくくなってきたので、試験の前にナイフで**削った**」、Bは「汗をかいた日は、シャワーを浴びてシャツを**洗濯して**から寝ている」、Cは「この望遠鏡には、特殊な形に**研磨された**レンズが使われている」、がそれぞれ適切な形です。

❷ A

Bは「テレビ番組でライオンが鹿を**食いちぎって（食べて）**いるのを見て驚いた」、Cは「包丁で野菜を小さく**刻んで**豆腐に混ぜ、豆腐ハンバーグを作った」、Dは「庭の草が伸びてきたので、休みの日に手で**むしって**きれいにした」、がそれぞれ適切な形です。

❸ B

Aは「レポートを書くときは全体の**構成**を決めてから書くように言われた」、Cは「時計が動く**仕組み**を知りたくて、父の時計を分解したことがある」、Dは「日本語の勉強のために、映画を見て気に入った俳優の**台詞（せりふ）**は覚えるようにしている」がそれぞれ適切な形です。

❹ A

Bは「警察は犯行現場を調べ上げ、犯人逮捕につながる**証拠**を発見した」、Cは「占い師から10年後私の人生に大きな変化があるという**予言**を聞いた」、Dは「隣の部屋には誰もいないのに、人の**気配（けはい）**がして怖くて眠れなかった」、がそれぞれ適切な形です。

❺ D

Aは「雑誌で見つけた漁港の店でその日捕れたばかりの**新鮮な**魚料理を食べた」、Bは「ミュージカルの舞台は映像で見るより**生**で見たほうが感動するそうだ」、Cは「授業で人間の**身体（体）**の約50%は水分でできていると聞いて驚いてしまった」がそれぞれ適切な形です。

Ⅱ．文型・文法

│問1│ ❶ C ❷ B ❸ D ❹ A ❺ B
❻ B ❼ C ❽ D ❾ B ❿ D

表現と意味
- **～だけのことはある**：プラス評価を伴って、ある状態にふさわしいことを表す。
- **～ものの**：「～ではあるが」という逆接を表す。
- **～かのように**：「～であるかのように」を短く表現したもの。

- 〜たるや：性質や状態を表す名詞を強調する。
- 〜にして：名詞に接続して、ある段階に達したことを表す。
- 〜に〜ない：同じ動詞を使って、「動詞 (-る) に動詞 (可能形) ない」という形式でその動作を行いたいが、なんらかの理由でできないことを表す。
- 〜べく：目的を表す。古い言い方で硬い文体で用いる。
- 〜と：ある動作を行うと、別のことがらや作用が続いて起こることを表す。
- [自動詞] 使役形：自動詞の使役形で他動詞化する。ここでは、「〜が済む」の使役形「〜を済ませる」で他動詞化している。

┃問2┃ ❶ B ❷ B ❸ D ❹ B ❺ D

構文と意味
- 〜あり得ない：「そうなる可能性がない」という意味。
- 〜しないではいられない：「ある行為をしない状態は我慢できない」という意味。
- 〜とばかりに：「いままさに〜しようとしている」という意味。
- 〜を見下す：「馬鹿にして自分の下に見る」という意味。
- 〜を禁じ得ない：「〜しないではいられない／我慢できない」という意味。

┃問3┃ ❶ B（正しい順番：C D B A）
❷ D（正しい順番：A C D B）
❸ B（正しい順番：D A B C）
❹ D（正しい順番：C A D B）
❺ C（正しい順番：D B C A）

文型と接続・意味：
- 〜だけのことはあって：プラス評価を伴って、ある状態にふさわしいことを表す。
- 〜ならいざ知らず：「〜についてはどうだかわからないが」という意味。
- 〜つ〜つ：両方動作が相互に行われていることを表す。
- 〜とばかりに：「いかにも〜と言ったそうな様子で」という意味。
- 〜べく：目的を表す。古い言い方で硬い文体で用いる。

┃問4┃ ❶ 味はともかく、量と値段は間違いなく良心的だ。
❷ 毎日仕事ばかりしていると、たまには休みたくてたまらない。
❸ 20年も一緒に働いているので、まるで家族も同然だ。
❹ みるみるうちに風船を人形に仕立てるその腕前たるや、すばらしいものだった。
❺ このクラスの生徒は、彼といい彼女といい優秀な生徒ばかりだ。

第9課

I. 文字・語彙・コロケーション

問1 ❶ B　　❷ A　　❸ C　　❹ A　　❺ B

> **表現と意味**
> - **部下に指図する**：「部下に命令したり、指示したりする」という意味。
> - **嗜好が変わる**：「好きなもの、趣味が変わる」という意味。
> - **勝る**：ここでは「母の手料理よりおいしいものはない」という意味。
> - **望ましい**：「～したほうがいい」という意味。
> - **見世物**：人々から興味の対象として見られることを表す。

問2 ❶ D　　❷ D　　❸ A　　❹ A　　❺ B

> **複合動詞の意味**
> - **突き詰める**：ここでは「問題の改善策をもっと細かく深く考える」という意味。
> - **掘り下げる**：「奥深くまで考えて考察する」という意味。
> - **論争を巻き起こす**：「議論の争いを発生させる」という意味。
> - **記録を打ち立てる**：「記録をしっかりと確立する」という意味。
> - **仕事に取り組む**：「熱心に一生懸命仕事を頑張る」という意味。

問3 ❶ かつて　　❷ むしろ　　❸ とにかく　　❹ とりわけ　　❺ それぞれ
❻ 振り返る　　❼ 唱える　　❽ 踏みにじって　　❾ つけこむ／つけこんだ
❿ 吊り上げる

> **慣用句・コロケーションと意味**
> - **かつて**：「むかし、以前」という意味。
> - **むしろ**：「高級レストランよりファーストフードのほうが好き」という意味。
> - **とにかく**：「営業していないかもしれないが、とりあえず行ってみる」という意味。
> - **とりわけ**：「特に」という意味で、「ラーメンの中で特に醤油ラーメンが好き」という意味。
> - **それぞれ**：「大人ならみんな一人ひとりに自分の事情がある」という意味。
> - **歴史を振り返る**：「歴史をもう一度考える、回顧する」という意味。
> - **異を唱える**：「反対する、別の意見を述べる」という意味。
> - **好意を踏みにじる**：「好意を粗末に扱う、蔑（ないがし）ろにする」という意味。
> - **善意につけこむ**：「人の善意を、自分の利益と目的のために利用する」という意味。
> - **価格を吊り上げる**：「価格を意図的に高くする」という意味だが、よくない意味で使われる。

問4 ❶ B　　❷ B　　❸ B　　❹ D　　❺ C

> **類義語**
> - 物事の程度が非常に大きい：**甚大な、莫大な、多大な**
> - 価値や意義が大きい：**貴重な、値する、価値がある**
> - そばにずっとついてなかなか取れないさま：**つきまとう、からみつく、まつわる**
> - 元の状態に戻すこと：**還元する**（例「社会に還元する」：「今まで受けた恩恵を、社会に返す」）、
> **返還する、還付する**
> - 問うこと、聞くこと：**問いかける、尋ねる、質問する**

Aは「死者の**復活**は、世界の宗教に共通して見られるテーマだ」、Bは「病気からの**回復**には、家族のサポートは必要不可欠だ」、Cは「育休を終えて職場に**復帰**したら、仕事のやり方が変わっていて驚いた」がそれぞれ適切な形です。

❷ B

Aは「通信講座でイタリア語を勉強したが、現地で話したらまったく**通じなかった**」、Cは「母親が子どもをあまり**ほめず**に育てると、子どもは無気力に育つそうだ」、Dは「部屋を探すときは、家賃が自分の収入に**釣り合う**か確認する必要がある」、がそれぞれ適切な形です。

❸ B

Aは「そろそろ植木に**手を入れない**と庭がだめになる。」、Cは「親の説教の途中で**口答えをしたら**、さらに怒られた」、Dは「今度お家に**お邪魔させて**いただきます」がそれぞれ適切な形です。

❹ D

Aは「彼はとても親しい**友人**なので、けんかしてもすぐ仲直りする」、Bは「社長が留学経験者なので、うちの会社の**取引先**は外資系企業が多い」、Cは「初対面であったにも関わらず、彼の事を長年の**知己（ちき）**のように感じた」がそれぞれ適切な形です。

❺ A

Bは「ダイエット中なので、おいしい料理でも食べるのを**控えた**」、Cは「畑に軽く**植えた**種から、小さい芽が出た」（「埋め込む」はあるものの中にしっかりと何か別のものを入れる意味を表すので、「軽く」と矛盾する）、Dは「海外経験を持ったほうがいいという考え方は、父が**植え付けて**くれた」がそれぞれ適切な形です。

Ⅱ．文型・文法

問1 ❶ D ❷ C ❸ A ❹ B ❺ A
❻ A ❼ C ❽ C ❾ D ❿ C

表現と意味

- **〜あげく**：ここでは「長い間振り回されたが、最終的には」という意味。
- **〜ほかしかたがない**：「求めた形ではないが、他に方法がない」という意味。
- **〜までだ**：ここでは「話し合いでどうにもならない場合は、弁護士に相談する」という決意を表す。
- **〜べきではない**：ここでは「責めてはいけない」という禁止を表す。
- **〜としてあるまじき**：ここでは「人としてしてはいけない」という意味。
- **若いときの苦労は買ってでもせよ**：ことわざ。「若いときの苦労は、将来の自分の成長のために、求めてでもする価値がある」という意味。
- **〜なり**：ここでは「座るとすぐに」という意味。
- **〜たりとも**：ここでは「1円でも嫌だ」という強い否定を表す。
- **〜に値する**：ここでは「受賞するのにふさわしい」という意味。
- **〜ためしがない**：「それより前に実際にあったことがない」という、状況や状態を表す。

問2 ❶ C ❷ A ❸ A ❹ A ❺ D

> 構文と意味
> ・〜としてあるまじき：ここでは「教師としてしてはいけない」という意味。
> ・〜なり：ここでは「部屋に入るとすぐに」という意味。
> ・〜べきではない：ここでは「言ってはいけない」という禁止を表す。
> ・〜あげく：ここでは「長い間迷ったが、最終的には」という意味。
> ・〜たりとも：ここでは「一秒でも」という意味。

問3 ❶ D （正しい順番：A　C　D　B）
　　　❷ D （正しい順番：A　C　D　B）
　　　❸ D （正しい順番：B　C　D　A）
　　　❹ B （正しい順番：D　C　B　A）
　　　❺ D （正しい順番：C　A　D　B）

> 文型と接続・意味：
> ・〜てでも：「実現のためには無理矢理な手段も悩まず使う」という強い意思を表す。
> ・〜ためしがない：「それより前に実際にあったことがない」という、状況や状態を表す。
> ・〜までのことだ：ここでは「再挑戦すればいいだけのことだ」という意味。
> ・〜としてあるまじき：ここでは「社会人としてしてはいけない」という意味。
> ・〜ほかしかたがない：ここでは「手術の他に方法がない」という意味。

問4 ❶ 年末になるといつも買うのだが、宝くじで当たったためしがない。
　　　❷ これだけ探しても見つからないのならあきらめるほかしかたがない。
　　　❸ 息子は保育園で疲れたようで、ご飯を食べるなり眠ってしまった。
　　　❹ あのときのあなたの優しさを一度たりとも忘れたことはない。
　　　❺ メディアが言うことをそのまま信じるべきではない。

第10課

Ⅰ. 文字・語彙・コロケーション

問1 ❶ C ❷ D ❸ A ❹ B ❺ C
問2 ❶ C ❷ D ❸ B ❹ A ❺ B

> 複合動詞の意味
> ・取り締まる：警察などが法律（ルール）で管理すること。「交通違反を取り締まる」
> ・取り込む：取って中に入れること。「雨が降ってきたので洗濯物を取り込む」
> ・盛りつける：器に食べ物を入れる／盛ること。「料理をきれいに盛り付ける」
> ・盛り込む：内容として中に入れること。「差別禁止を法律に盛り込む」
> ・切り出す：言いにくいことを話し始めること。「彼女は別れ話を切り出した」
> ・繰り出す：街などに出ていくこと。「テスト最終日に飲み屋街に繰り出した」
> ・しがみつく：体を強く寄せること。「子どもは母親の腕にしがみついた」
> ・踏み出す：一歩目を踏むこと。「新しい人生の第一歩を踏み出した」
> ・生み出す：何もないところからつくること。「新商品を生み出す」

|問3| ❶ ひいては　　　❷ ひと通り　　　❸ 明らかに　　　❹ いわゆる　　　❺ とりわけ
　　　　❻ 集めて　　　❼ しない　　　❽ 受ける　　　❾ 負う　　　❿ 触れた

> **慣用句・コロケーションと意味**
> ・ **パッとしない**：目立つほどによい点がないこと。話し相手に使うと失礼になるので注意。
> ・ **真に受ける**：本当だと信じること。読み方は「ま」。冗談やお世辞などに使われることが多い。
> ・ **責任を負う**：責任を自分のものとすること。「負わせる」は人の責任にするという意味。
> ・ **文化に触れる**：「（考えや価値観）に触れる」の形で慣用的に使われる表現

|問4| ❶ C　　　❷ D　　　❸ A　　　❹ D　　　❺ D

> **類義語**
> ・ 自分を表す語：**自虐**（自分を責める）、**自重**（じちょう：自分で気をつける）、**自嘲**（じちょう：自分を馬鹿にする）
> ・ しないことを表す語：**〜嫌い**（ぎらい：（運動、勉強、外出、外国、野菜などが）好きではない人のこと）
> ・ 時間を表す語：**ようやく**（時間がかかって）、**ずっと**（長い間）、**わずか**（短い時間・少ない程度）
> ・ 無で始まる語：**無愛想**（ぶあいそう：笑わない）、**無遠慮**（ぶえんりょ：遠慮しない）、**無作法**（ぶさほう：マナーがない）
> ・ 気持ちを表す語：**尊重**（大切にする）、**待望**（楽しみに待つ）、**尊敬**（敬う）

|問5| ❶ D

> Aは「会議で新商品の企画について話したが誰も**賛成して**くれなかった」、Bは「国会での議論の結果、満場**一致**で、新法案が可決されることになった」、Cは「全員**そろわない**と出発できないので、明日は時間厳守でお願いします」、がそれぞれ適切な形です。

❷ B

> Aは「雨は降らないはずだが、**念のため**傘を持っていくことにした」、Cは「到着していない人もいたが、定刻なので**とりあえず**会議を始めることにした」、Dは「うちの父は**無類の**肉好きで、夕飯に肉が出ないとそれだけで不機嫌になる」、がそれぞれ適切な形です。

❸ C

> Aは「この駅の**構造**は複雑すぎて、外国人旅行者にとってはわかりにくい」、Bは「会社という**組織**の中にいるのだから、就業規則を守るのは当然だろう」、Dは「指導教授から、まずは論文の**骨組み（アウトライン）**を作って持ってくるように言われた」がそれぞれ適切な形です。

❹ D

> Aは「本日の司会を**務めさせて**いただきます、わたくし、中山と申します」、Bは「どんなに忙しくても、毎週１回は部屋の掃除をするように**心掛けて（気をつけて）**いる」、Cは「小説の世界に**のめり込んで（没頭して）**しまい、知らない間に外は暗くなっていた」、がそれぞれ適切な形です。

❺ A

> Bは「兄は**意志**が弱いので、お酒をやめたと言った次の日にもう飲んでいる」、Cは「今年大学を受験する弟は、国立大学を第一**志望**にして毎日勉強している」、Dは「**目的意識**がはっきりしていないとどこに留学しても何も学べないだろう」、がそれぞれ適切な形です。

|問1| ❶ D ❷ A ❸ D ❹ B ❺ A
❻ B ❼ A ❽ A ❾ A ❿ A

> **表現と意味**
> ・〜はおろか：「休憩はもちろん、〜」という意味。
> ・言うまでもない：「挨拶するのは当然だ、言わなくてもわかることだ」という意味。
> ・〜にのっとって：「スポーツマンシップに従って正々堂々と戦う」という意味。
> ・〜をめぐる：「遺産を中心に、〜」という意味を表す。
> ・〜始末だ：「何か悪いことが続いて、最後にはもっと好ましくない結果になった」という意味。
> ・〜つつある：「回復しつつある」は少しずつよくなるという進行中の意味を表す。
> ・〜を踏まえて：「〜を根拠や前提、判断材料として何か物事を行う」という意味。
> ・〜ものの：「けれども、が、しかし」という逆説を表す意味。
> ・〜はさておき：他のことは置いておいて、「まず〜を見る、する」という意味。
> ・〜ばかりに：「ちょっとしたことが原因となって予想していなかったよくないことが起こる」という意味。

|問2| ❶ B ❷ A ❸ A ❹ C ❺ A

> **構文と意味**
> ・〜ほどのことではない：ちょっとだけの熱なので、心配しなくてもいいというくらいに程度が軽いことを表す。
> ・〜はおろか：「正社員はもちろん見つからないが、アルバイトも見つからない」という意味。
> ・言うまでもない「まったく勉強しなかったので、試験が不合格だったことは当然だ」という意味。
> ・〜をものともせずに：「身長の低さを気にしないで、勇気を持って立派なモデルになった」という意味。
> ・〜にのっとる：「自治体のルールに従って」という意味。

|問3| ❶ C （正しい順番：A B C D）
❷ C （正しい順番：D A C B）
❸ B （正しい順番：A D B C）
❹ C （正しい順番：D A C B）
❺ B （正しい順番：A D B C）

> **文型と接続・意味:**
> ・〜始末だ：「遅刻、ペンを持って来ない、最後は居眠りするという悪いことが続く」という意味
> ・〜にのっとって：「子どものときに身につけた習慣に従って行動する」という意味。
> ・〜はおろか：「漢字はもちろん、もっと簡単なひらがなも書けない」という意味。
> ・〜をめぐって：「〜を中心に」という意味。
> ・くらいなら：「〜よりも、むしろ〜のほうがいい」という意味

|問4| ❶ ここで生活している以上、ここのルールにのっとって行動すべきだ。
❷ この子はわがままでちょっと叱っただけで、すぐに泣き出す始末だ。
❸ ダイエットでケーキを我慢してイライラするくらいなら、食べたほうがいい。
❹ 腰が痛くて、歩くのはおろか、座るのもつらい。
❺ 環境問題をめぐって、主要国首脳会議が3日間続いた。

第11課

Ⅰ. 文字・語彙・コロケーション

問1 ❶ C ❷ B ❸ D ❹ D ❺ A
問2 ❶ C ❷ B ❸ D ❹ A ❺ B

> **複合動詞の意味**
> ・ **振り切る**：手を強く振って離すこと。また、「断る」という意味でも使われる。
> ・ **振り払う**：手を振って払いのけること。
> ・ **振り込む**：お金を口座に入れること。
> ・ **成り行き**：物事が変化していく様子や過程のこと。
> ・ **生い立ち**：生まれ育ちのこと。
> ・ **知りつくす**：あらゆることを知っている、または、精通しているさま。
> ・ **吹き込む**：風を中に吹き入れること。
> ・ **差し込む**：物の間やすきまに何かを差し入れること。
> ・ **見逃す**：気がつかないまま逃してしまうこと。また、気がついていてわざと指摘しないこと。
> ・ **見過ごす**：見ていながらも気がつかないこと。または、気がついていながらも放っておくこと。
> ・ **見込む**：信じて期待すること。有望だと思うこと。

問3 ❶ もてる ❷ 絡めて ❸ おびえて ❹ 果たした／果たせた ❺ 賑わせて
❻ 無断（で） ❼ あえて ❽ ことさら ❾ まぎれもない ❿ 仮に

> **慣用句・コロケーションと意味**
> ・ **約束を果たす**：約束したことを守ってやり遂げること。
> ・ **お茶の間を賑わせる**：世間を騒がせること。「お茶の間」は、一家が話をしたり食事をしたりする部屋のこと。
> ・ **無断欠勤**：事前に何の断りもなく、出勤しないこと。
> ・ **まぎれもない事実**：疑う余地のない明らかな事実のこと。

問4 ❶ B ❷ C ❸ B ❹ D ❺ A

> **類義語**
> ・ （何かの方法や技を駆使して）目標や標的に近づくこと：**接近する、仕掛ける**
> ・ 不安や恐怖を与えるさま：**恐ろしい、怖い、気味悪い**
> ・ 必要なところを抜き出すこと：**抽出する、抜き出す、書き出す**
> ・ 事実ではない創作された話：**虚言、偽言、捏造**
> ・ 商売、売買の行為：**交易、商売、売買**

問5 ❶ C

> Aは「**昔**住んでいた町を10年ぶりに訪れた」、Bは「彼とは**古くから**の友達なのだ」、Dは「あの先生が厳しいのは**以前**からよく聞く話だ」、がそれぞれ適切な形です。

❷ D

> Aは「祖父の体調を**慮って（おもんぱかって）**、あまり長居しなかった」、Bは「彼のかばんは本がたくさん入っていて**重い**」、Cは「私は母がくれたこの時計をとても**大切にして**いる」、がそれぞれ適切な形です。

28

❸ C

Aは「実験は結果よりも**過程**が大事だ」、Bは「説明書に書かれた**手順**のとおりに、この本棚を組立ててください」、Dは「父はとてもまじめで**筋**の通った人だ」、がそれぞれ適切な形です。

❹ B

Aは「あの殺人犯は**無慈悲な**犯罪を犯してしまった」、Cは「このラーメンは**旨味**があって、とてもおいしい」、Dは「あの屋敷はつたに覆われて**人気（ひとけ）**がない」、がそれぞれ適切な形です。

❺ A

Bは「仕事が忙しくて、親の介護は全部妹に**対応**させた」、Cは「その2人の選手は決勝で3年連続で**対戦**したことがある」、Dは「兄は商社で10億円の**取引き**を成功させて、20代でマネージャーになった」がそれぞれ適切な形です。

II. 文型・文法

問1 **❶** A   **❷** D **❸** A **❹** B **❺** D
❻ B **❼** A **❽** C **❾** D **❿** B

表現と意味
- よそに：無関係の状態、または他人の感情を無視することを表す。
- ～ばかりか：「～だけでなく」という意味。
- ～をはじめとする：いくつかの例の中で、代表となるものを表す。
- ～にともない：ある出来事が起こると同時に、なんらかが起きる／を起こすことを表す。
- ～をものともせずに：「～という困難があっても問題なく」という意味。
- ～てもともと：「失敗して当たり前」という意味。
- ～まい：「～しないようにする」という意味。
- ～まくる：激しい勢いで同じ動作を思う存分に繰り返すこと。
- 即した：対象となる行為や事実にぴったり合わせて行動すること。
- 除いて：対象だけを唯一の例外として外すこと。

問2 **❶** B **❷** D **❸** B **❹** A **❺** C

構文と意味
- ～まくる：激しい勢いで同じ動作を思う存分に繰り返すこと。
- ～をはじめとして：いくつかの例の中から代表的なものという意味。
- ～というものであった：指し示すものやことの内容の概略を表す。
- ～しているようなもの：実際にはその行為を目的としていないが、実質はしているように感じること。「まるで」と共起しやすい。
- ～でもともと：「失敗して当たり前」という意味。

問3 **❶** A（正しい順番：B　D　A　C）
❷ D（正しい順番：A　C　D　B）
❸ B（正しい順番：D　A　B　C）
❹ C（正しい順番：D　A　C　B）
❺ D（正しい順番：C　A　D　B）

文型と接続・意味

- **振り絞る**：声や力、気持ちなどをあるだけ全部出すこと。
- **絡む**：嫌がらせをしたり、無理を言って相手を困らせること。
- **仰ぐ**：助言や判断、命令などを求めること。
- **まぎれもない**：間違いがないこと。明白であること。確かであること。
- **即した**：対象となる行為や事実にぴったり合わせること。

┃問4┃ ❶ 彼はパイロットという職業であるがゆえに、仕事前の飲酒は許されない。
❷ 家族全員の反対をよそに、父は脱サラして飲食店を開いた。
❸ 先生にはいつも適切な助言をいただき、感謝に堪えない。
❹ 彼は強引に説得しまくった結果、渋る彼女を無理矢理納得させた。
❺ 今回の敗戦の原因は相手と自分との、実力の違いにすぎない。

第12課

Ⅰ．文字・語彙・コロケーション

┃問1┃ ❶ A　　❷ C　　❸ B　　❹ D　　❺ C
┃問2┃ ❶ C　　❷ D　　❸ C　　❹ B　　❺ D

複合動詞の意味

- **読み上げる**：声に出して読むこと。
- **読み込む**：深く読むこと。「テキストを読み込んで、試験の準備をする」
- **買いたたく**：不当に値引きをさせて買うこと。「買いたたかれそうになったので、売るのをやめた」
- **買いかぶる**：相手を過大に評価すること。「私のことを買いかぶりすぎていると思います」
- **買いしぶる**：「〜しぶる」で、「〜するのを嫌がる」という意味。
- **むせ返る**：空気などが悪くてむせること。「会議室は、むせ返るほどの人の多さだった」
- **立ち返る**：はじめの地点に戻ること。「原点に立ち返って考えてみる」
- **決まり切った**：当たり前であること。「そんな決まりきったことを聞くな」
- **言い切る**：強く断言すること。「彼は明日までにレポートを終わらせると言い切った」
- **立ち尽くす**：何もできずに立ったままでいること。「燃える家の前で立ち尽くすしかなかった」

┃問3┃ ❶ 仮に　　❷ わざわざ　　❸ いかに　　❹ しばしば　　❺ なぜか
❻ よみがえらせた　　❼ 上げて　　❽ ある　　❾ うたって　　❿ 得る

慣用句・コロケーションと意味

- **実績を上げる**：よい実績を出すこと。「車の販売で実績を上げる」
- **定評がある**：〜というよい評判があること。「野菜の新鮮さに定評がある」
- **謳う（うたう）**：宣伝文句などを掲げること。「誰でもやせられるとうたうダイエット食品」
- **知見を得る**：新しい考え方や知識を手に入れること。

|問4| ❶A ❷D ❸A ❹B ❺C

類義語
- 考えや決定を表す語：**検討**（考えて決める）、**判決**（裁判で決まる）、**熟考**（深く考える）
- 「必」を使った語：**必至**（当然そうなる）、**必然**（それ以外にない）、**必勝**（必ず勝つ）
- 性質を表す語：**取りえ**（人のよい点）、**特徴**（他と違う点）、**利便（性）**（便利であること）
- 「台」を使った語：**踏み台**（踏んでのる台）、**荷台**（車の荷物をおく所）、**演台**（講演者の前の台）
- 「提」を使った語：**提唱**（説を主張する）、**提起**（問題を示す）、**提出**（書類や資料を出すこと）

|問5| ❶D

Aは「この会社は大きく分けて営業**部門**と販売**部門**から構成されている」、Bは「新しい栄養ドリンクには、さまざまな**種類**のビタミンが入っている」、Cは「仕事では、自分の責任の**範囲（範ちゅう）**をしっかり認識することが大切だ」、がそれぞれ適切な語です。

❷A

Bは「今までの人生で一度だけ5つ星の**高級**ホテルに泊まったことがある」、Cは「日本の**メジャー**な観光地といえば、京都や浅草を思い浮かべる人が多い」、Dは「彼は試合に30年間出場し続け、今では**ベテラン**選手と呼ばれている」、がそれぞれ適切な形です。

❸C

Aは「3時間も待たされて、作った料理はすっかり**冷めて**しまった」、Bは「山火事の勢いは、消防車からの放水で少しずつ**弱まってきた**」、Dは「氷が溶けて、アイスコーヒーの味はすっかり**薄まって**しまった」がそれぞれ適切な形です。

❹C

Aは「仕事のメールを書くときは、文法を間違えないように**注意している**」、Bは「チケットの販売時刻になるとアクセスが**集中して**サーバーがダウンした」、Dは「病気の療養に**専念する**ために、仕事を辞めて田舎で暮らすことにした」、がそれぞれ適切な形です。

❺D

Aは「シャツが小さいので、ネクタイをすると**苦しくて（息苦しくて）**しかたなかった」、Bは「両国の首相は、各国のテレビカメラの前で笑顔で**固い**握手を交わした」、Cは「エアコンがない部屋に先輩と3人で住んでいるので夏は**暑苦しくて**大変だ」、がそれぞれ適切な形です。

II. 文型・文法

|問1| ❶B ❷A ❸D ❹B ❺A
❻B ❼D ❽B ❾C ❿B

表現と意味
- 〜にかかっては：「腕のいいシェフの手になったら、誰もかなわない」という意味。
- 〜にかたくない：「想像しやすい」という意味。
- 〜ならではの：「手作りの鞄にしか見られない魅力だ」という意味。
- 〜をおいて：「若者以外にはいない」という意味を表す。

- ・〜にかかると：「魅力がある先生になったら、誰もかなわない」という意味。
- ・〜向け：「〜を対象に、〜のために」という意味を表す。
- ・〜をはじめ：「〜から〜まで、いろいろ伝統的な趣味がある」という意味。
- ・〜であれ：「どんな人生を歩むとしても」という意味。
- ・〜といった：「おおむね〜ぐらい」という意味で、状況を説明する場合に用いる。
- ・〜ではあるまいし：「実際そうではないのに、そうであるかのように行動する」という意味。

|問2| ❶ A ❷ B ❸ B ❹ C ❺ A

構文と意味
- ・〜にかかれば：「Aになったら、他の人は誰もかなわない」という意味。
- ・〜ではあるまいし：「すぐ留学に行かないのに、すぐ行くかのようにお金を貯めなくていい」という意味。
- ・〜をはじめ：英語から、他のいろいろな言語も〜という意味。
- ・〜をおいて：「A以外にはない」という意味。
- ・〜たる〜たるを問わず：「〜でも〜でも」という意味。

|問3| ❶ B（正しい順番：A　D　B　C）
　　　　❷ A（正しい順番：C　D　A　B）
　　　　❸ B（正しい順番：A　C　B　D）
　　　　❹ D（正しい順番：A　C　D　B）
　　　　❺ D（正しい順番：C　A　D　B）

文型と接続・意味：
- ・〜ならでは：「手作りしか感じられないこだわり」という意味。
- ・〜をおいて：「ご飯と納豆以外には、私にふさわしい朝ごはんはない」という意味。
- ・〜にかたくない：「想像が難しくない」という意味。
- ・〜そばから：「〜したらすぐ」という意味。
- ・〜ではあるまいし：「コンピュータではないのに、コンピュータのような計算はできない」という意味。

|問4| ❶ 次のプロジェクトを任せられるのは、<u>君をおいて</u>ほかにいない。
　　　　❷ 友人のすっかり変わった姿を見て、<u>どんなに驚いたか想像にかたくない</u>。
　　　　❸ <u>三ツ星のシェフにかかれば</u>、どんな材料でも豪華な料理になる。
　　　　❹ <u>新人ではあるまいし</u>、なぜこんなミスをするんだ。
　　　　❺ 年末に年賀状を書くのは、<u>日本ならでは</u>の慣例の一つだ。

❷ 感染症の流行で＿＿＿＿＿多くの産業が大打撃を受けた。

      A　航空会社のゆえあって

      B　航空会社にしたがって

      C　航空会社からはじまって

      D　航空会社をはじめとして

❸ 講演の後に寄せられた意見を見てみると、そのほとんどが非常に勉強になった＿＿＿＿＿。

      A　というわけであったとのことです

      B　というものであったとのことです

      C　ということであったとのことです

      D　というようであったとのことです

❹ これだけの重い荷物を背負っていると、＿＿＿＿＿。

      A　トレーニングをしているようなものです

      B　トレーニングをしたくはありませんでした

      C　トレーニングをしようと思い立ちました

      D　トレーニングをしているにちがいありません

❺ この試験はとても難しいので、＿＿＿＿＿。

      A　駄目なわけがない

      B　駄目なはずはありません

      C　駄目でもともとです

      D　駄目でもたまたまです

┃問3┃　A～Dを並べ替えて文を作り、＿★＿に入るものを一つ答えなさい。

❶ 完全に行き詰まって、どんなに＿＿＿＿ ＿＿＿＿ ＿★＿ ＿＿＿＿。

      A　何も　　　　　　　B　知恵を　　　　　　C　思いつかない　　　　D　振り絞っても

❷ 酔っ払って相手に＿＿＿＿ ＿＿＿＿ ＿★＿ ＿＿＿＿することです。

      A　絡む　　　　　　　B　人間が　　　　　　C　なんて　　　　　　D　最低の

❸ いちいち上司の指示を＿＿＿＿ ＿＿＿＿ ＿★＿ ＿＿＿＿。

      A　いては　　　　　　B　仕事が　　　　　　C　滞る　　　　　　　D　仰いで

❹ 彼は＿＿＿＿ ＿＿＿＿ ＿★＿ ＿＿＿＿天才だった。

      A　関しては　　　　　B　ない　　　　　　　C　まぎれも　　　　　D　射撃に

❺ ベテランには＿＿＿＿ ＿＿＿＿ ＿★＿ ＿＿＿用意してください。

A 能力に　　　　　　B 報酬を　　　　　　C 当人の　　　　　　D 即した

┃問4┃ （　　　）内の文型を用いて文を完成させなさい。

❶ 彼は＿＿＿＿＿＿＿＿＿＿＿＿＿＿＿＿＿＿＿＿＿＿＿＿＿、仕事前の飲酒は許されない。

（がゆえに）

❷ ＿＿＿＿＿＿＿＿＿＿＿＿＿＿＿＿＿＿＿＿＿＿＿、父は脱サラして飲食店を開いた。

（をよそに）

❸ 先生にはいつも適切な助言をいただき、＿＿＿＿＿＿＿＿＿＿＿＿＿＿＿＿＿＿＿。

（に堪えない）

❹ 彼は＿＿＿＿＿＿＿＿＿＿＿＿＿＿＿＿＿＿＿、渋る彼女を無理矢理納得させた。

（まくる）

❺ 今回の敗戦の原因は相手と自分との、＿＿＿＿＿＿＿＿＿＿＿＿＿＿＿＿＿＿＿。

（にすぎない）

第 12 課

日本人と読書

01 いかに（如何に）
アクセント― 2
品　　詞―副詞

〈意味〉ものごとの程度を表すときに用いる。どれくらい。どれほど。
・いかに苦しくとも、他人様のものを盗んではいけない。
・いかに結論がよくても、発表が悪ければ聴衆は理解できない。

02 ヒット
アクセント― 1
品　　詞―名詞

〈意味〉世間や社会に認められることに成功したもの。
※もとは英語の「hit」に由来する。
・この製品はわが社最大のヒット作です。
・17歳の歌手が作った曲が世界中で大ヒットしている。

03 ランクインする
アクセント― 4
品　　詞―動詞

〈意味〉格付けされたものの中に入ること。
※もとは英語「rank in」で、本来の意味は「〜の中に位置する」。格付けしていれば公的なものでも、私的なものでも違いなく使用することができる。
・マラソンで歴代10位にランクインする記録が出た。
・この店は人気店ベストテンの3位にランクインしている店だ。

04 ジャンル
アクセント― 1（ジャ）
品　　詞―名詞

〈意味〉種類。領域。特に、文芸・芸術作品の様式・形態上の分類について言う。
※フランス語の「genre」に由来し、「（芸術作品の）形式・様式など」の意味を持つ。
・彼が好きなジャンルはロシア文学だ。
・映画好きの兄は、新作映画はジャンルを問わずすべて見ている。

05 配慮する［はいりょする］
アクセント― 1
品　　詞―動詞

〈意味〉問題がないように気を遣ったり、心を配ること。考慮。
・新しいプロジェクトの成功に配慮する。
・課長は部下の体調に配慮して、早く帰るように勧めた。

06 世論［よろん］
アクセント― 1
品　　詞―名詞

〈意味〉社会一般の人が共通して持っている意見やその多数派のこと。または、社会的問題などに対しての一般の人の姿勢や見解。
※正確には「輿論」と書く。世論は「せろん」もしくは「せいろん」と読み、意味は輿論に同じ。輿論の言い換える言葉として用いているうちに混同された。現在は区別なく用いられている。
・世論ばかり気にしてはよい政治は行えないが、一方で、世論を無視ばかりしては国民の同意は得られない。
・新しい内閣を支持するかどうかについて、世論調査が行われた。

07 アンケート
アクセント― 1（3）
品　　詞―名詞

〈意味〉何かの事柄について調査をする際に、同様の質問を多数の人に行い、その結果を集計する方法のこと。
・会社で「休日は何をしているのか」についてのアンケートを行ったが、「ひたすら寝ている」というのが圧倒的に多かった。
・社会学の授業で、アンケートの作り方を習った。

08 見なす（見做す）［みなす］
アクセント― 0（2）
品　　詞―動詞

〈意味〉「〜である」と判断したり認めたりすること。
・彼の行動を私たちは裏切りと見なした。
・実験は失敗したが、次の実験につながる結果だったので、ある意味での成功と見なすこともできる。

09 エリート

アクセント― 2
品　　詞― 名詞

〈意味〉社会や、ある組織の中で優れていると認められた人の集団、あるいはその個人のこと。

※フランス語の「élite」を語源とする。

・彼は営業部のエリートだが、性格に少し問題がある。
・行き過ぎたエリート意識は、会社で働くうえでは障害になる。

10 読みあさる

（読み漁る）[よみあさる]
アクセント― 0 (4)
品　　詞― 動詞

〈意味〉手当たり次第に読むこと。乱読する。

・社会人になってからというもの実用書ばかりを読みあさっていたので、時には小説も読むようにしている。
・高校生の頃は、毎日図書館で推理小説を読みあさっていた。

11 謳う [うたう]

アクセント― 0
品　　詞― 動詞

〈意味〉多くの人に伝わるように特に強調して言ったり書いたりすること。

・政治家はすぐに国民のためと謳うが本心はわかったものではない。
・このベッドは「どんな人でもぐっすり眠れる」と謳って売られている。

12 薄らぐ [うすらぐ]

アクセント― 3 (0)
品　　詞― 動詞

〈意味〉だんだんと減少していくこと。薄くなること。

※「薄くなる」という意味はあるが、色や味などには用いることができない。

・悲しい記憶も、時とともにだんだんと薄らいでいった。
・朝日が昇るとともに夜の闇は薄らいでいった。

13 堅苦しい [かたくるしい]

アクセント― 5 (0)
品　　詞― イ形容詞

〈意味〉窮屈で気楽になることができない様子。

・真面目なのはいいが、彼はいつも堅苦しい物言いばかりなので、たまには冗談でも言ってほしいものだ。
・哲学は、一般的に思われているほど、堅苦しい学問ではない。

14 あからさま

アクセント― 0
品　　詞― ナ形容詞

〈意味〉隠そうとしないではっきりと出ている様子。露骨。おおっぴら。

・お目当ての女の子が来なかったからって、あんなにあからさまに落ち込まなくてもいいだろうに。
・彼女はあからさまに彼のことを嫌っているのに、彼はそれにまったく気がつかない。

15 リストアップする

アクセント― 4
品　　詞― 動詞

〈意味〉表や目録、名簿の中から何らかの目的をもって選び出すこと。

※英語の「list」と「up」をもとに作られた和製英語。

・過去の犯罪者の中から同じ手段を使った者がいないかリストアップする。
・アドレス帳の中からよく電話する相手だけをリストアップする。

16 不可欠 [ふかけつ]

アクセント― 2
品　　詞― 名詞

〈意味〉物事をする上で、欠かすことができないということ。どうしても必要であるということ。

※「不可欠な」の形でナ形容詞として用いられることも多い。

・今回のプロジェクトの成功には、彼の協力が不可欠です。
・スマートフォンとパソコンは、現代の生活に不可欠なものだ。

17 没頭する [ぼっとうする]

アクセント― 0
品　　詞― 動詞

〈意味〉何かに集中し、ひたすらそれだけを行うこと。

・あんまりテレビゲームにばかり没頭していないで、たまには外で遊んできなさい。
・読書に没頭しているときは、隣で大声を出されても聞こえない。

18	奥行き [おくゆき]	〈意味〉知識や人格、考えなどの深さのこと。

アクセント― 0
品　　詞― 名詞

・彼はもっともらしいことは言うんだけど、意見に奥行きがない。
・私が尊敬するＡ先生は、学問においても人間性においても、奥行きのあるすばらしい人だ。

19	知見 [ちけん]	〈意味〉知識や見識、意見のこと。

アクセント― 0
品　　詞― 名詞

※知見には「実際に見ることで知る」という意味がある。個々の意味で使うこともあるが、本来の知見とは、知識と体験をともに持つことで、物事への正しい見解を持つことを意味する。

・読書で知見を広めるのもよいが、時には自分で体験してみることも大事だ。
・前の仕事で得た知見が、新しい仕事でも役に立っている。

20	定評 [ていひょう]	〈意味〉一定以上の人に認められていて、すぐには変わらないよい評判があるということ。

アクセント― 0
品　　詞― 名詞

※通例（つうれい）、肯定的な意味で用いられる。否定的な意味を表す場合は「悪評（あくひょう）」を用いる。

・この店のコーヒーはおいしいとの定評がある。
・うちの娘は、外国語教育に定評がある私立高校に通っている。

21	わざわざ	〈意味〉必要性がないのに意識して行うこと。

アクセント― 1
品　　詞― 副詞

・わかりきったことをわざわざ説明しなくてもいい。
・忘れた傘をわざわざ自宅まで届けてもらい、すっかり恐縮してしまった。

22	メリット	〈意味〉物事の長所や利点。周りに与えるプラス要素のこと。

アクセント― 1
品　　詞― 名詞

※英語の「merit」を語源としている。

・図書館を自由に使えることは、大学に入ったメリットの一つだ。
・彼女の課題を手伝うことは、自分にとっては何のメリットもない。

23	ベース	〈意味〉物事の土台や基本、基礎のこと。

アクセント― 1
品　　詞― 名詞

※英語の「base」を語源としている。

※本文の「紙ベース」は「紙（の使用）を基本とした」という意味。

・彼の哲学は子ども時代の経験がベースになっている。
・市役所の書類はすべて紙ベースなので、やりとりに時間がかかる。

24	蘇らせる [よみがえらせる]	〈意味〉衰えたものがもう一度勢いを取り戻すこと。

アクセント― 6
品　　詞― 慣用表現

※動詞「蘇る」の未然形に、使役の助動詞「せる」を付けた形。

※「蘇る」には「死んだ人が生き返る、もしくは死にそうな人が息を吹き返す」という意味がある。

・彼は倒産しかけた会社をたった３年で蘇らせた。
・彼女は絵を描くことで、50年前の自分が生まれ育った街の風景を蘇らせた。

25	稀覯 [きこう]	〈意味〉とても貴重でめったに見られないということ。

アクセント― 0
品　　詞― 名詞

※文語的なかたい表現なので、日常会話に用いることはまずない。

※「めったに見られない貴重な書物」を「稀覯書」もしくは本文のように「稀覯本」と呼ぶ。

・我が家に代々伝わるこの皿は、名匠（めいしょう）の稀覯の逸品（いっぴん）で、博物館でも見ることはまずできない。
・祖父は、わが家に伝わる稀覯書（きこうしょ）の虫干しを毎年欠かさず行っている。

26 マイナー

アクセント― 1
品　詞― ナ形容詞

〈意味〉重要度が低い。あまり重要ではないということ。

※もとは英語の「minor」。慣用的に「一般的に知られておらず、あまり有名ではない」という意味合いで使用される。

・彼は地元では有名だが、まだまだ全国的にはマイナーな芸人だ。
・ボブスレーは冬のスポーツだが、日本ではまだマイナーだそうだ。

27 しばしば

アクセント― 1
品　詞― 副詞

〈意味〉比較的頻度の多いことを表す。たびたび。しょっちゅう。

・彼はしばしば会社に遅れてきては上司に怒られている。
・姉は料理家をしていて、テレビ番組に出ることもしばしばある。

28 儲け [もうけ]

アクセント― 3
品　詞― 名詞

〈意味〉金銭的な利益や得。儲けたもの。

※「金儲け」は「金銭を得るための行為」を意味する。

※動詞は「（お金を）儲ける」。

・朝から晩まで一生懸命働いたが、今日は全然儲けがなかった。
・カジノで大当たりして、一晩の儲けが 30,000 ドルになった。

29 値札 [ねふだ]

アクセント― 0
品　詞― 名詞

〈意味〉値段が書かれている、商品に付いた小さな札。タグ。

・いい服だと思ったが、値札を見たら予算をオーバーしているので買うのをやめた。
・値札がついたままのシャツで、電車に乗って大学に来てしまった。

30 楯 [たて]

アクセント― 1
品　詞― 名詞

〈意味〉自分を守るための、都合がよい手段のこと。盾。

※もとは戦闘の際に攻撃から身を守るための防具（ぼうぐ）のこと。そこから比喩（ひゆ）的に本文のような意味で使われるようになった。

・彼は自分の境遇を楯にして、すぐに被害者になりたがる。
・メディアは「報道の自由」を楯に取るが、度が過ぎればプライバシーの侵害（しんがい）にもなりかねない。

31 仮に [かりに]

アクセント― 0
品　詞― 副詞

〈意味〉（ないとは思うが）たとえそうなったとしても。

・仮に休むにしても、前日までには知らせてください。
・仮に父に本当のことを説明しても、理解してはくれないだろう。

32 買い取る [かいとる]

アクセント― 3
品　詞― 動詞

〈意味〉買って自分のものにすること。

・この工房では、ガラス細工作りを体験できますが、失敗しても作品は買い取らないといけません。
・飾ってある皿を子どもが割ってしまい、買い取ることになった。

33 申し出 [もうしで]

アクセント― 0
品　詞― 名詞

〈意味〉意見や希望などを言って出ること。または、その内容。

※動詞は「申し出る」。

・せっかくの援助の申し出だったが、今はまだ一人で頑張ろうと思うので、断ることにした。
・先輩に仕事の手伝いの申し出をしたものの、今週は自分も忙しいことに気がついた。

┃問1┃ 下線部の読み方として最も適切なものを、A～Dの中から一つ選びなさい。

❶ 国際イベントでは、言語や文化が違う参加者への<u>配慮</u>が必要だ。

　　　A　はいりょ　　　　B　はいりょう　　　　C　ばいりょ　　　　D　ばいりょう

❷ オンラインゲームに<u>没頭</u>しているうちに、気づいたら朝になっていた。

　　　A　ぼつとう　　　　B　ぼつず　　　　C　ぼっとう　　　　D　ぼっず

❸ 月1回の給料日は、スーパーに行って<u>値札</u>を気にしないで買い物をしている。

　　　A　ねさつ　　　　B　ねふだ　　　　C　ちふだ　　　　D　ちさつ

❹ この魚屋は毎日大<ruby>安売<rt>おおやす</rt></ruby>りをしているので、<u>儲け</u>があるのか心配だ。

　　　A　かけ　　　　B　しょけ　　　　C　たくわえ　　　　D　もうけ

❺ 彼は口で言っていることは<u>立派</u>だが、行動がまったく合っていない。

　　　A　たちは　　　　B　りつぱ　　　　C　りっぱ　　　　D　たちわかれ

┃問2┃ 下線部に入る語として最も適切なものを、A～Dの中から一つ選びなさい。

❶ 最近、高校生の弟がホラー小説を_____いるので、母は心配している。

　　　A　読み上げて　　　B　読み込んで　　　C　読みあさって　　　D　読み終えて

❷ デパートの商品に傷をつけたのだから、_____のは当たり前だろう。

　　　A　買いたたく　　　B　買いかぶる　　　C　買いしぶる　　　D　買いとる

❸ 高校時代を_____と、毎日サッカーばかりしていたような気がする。

　　　A　むせ返る　　　B　立ち返る　　　C　振り返る　　　D　はね返る

❹ 時代遅れだと言われても、古くからある考え方を_____のは難しい。

　　　A　下がり切る　　　B　捨て切る　　　C　決まり切る　　　D　言い切る

❺ この本から、困難に_____ことで人は成長できることを学んだ。

　　　A　立ち合う　　　B　立ち入る　　　C　立ち尽くす　　　D　立ち向かう

┃問3┃ ☐☐☐☐☐から最も適切なことばを選び、下線部に正しい形で書きなさい。

❶ ＿＿＿＿＿＿別の人の人生を経験できるとするなら、誰がいいか考えてみた。

❷ 雑誌で調べて＿＿＿＿＿車で行ったのに、店は改装(かいそう)中で閉まっていた。

❸ 彼女は＿＿＿＿＿自分が楽をするかしか考えないので、職場で信用がない。

❹ 最近、一度会ったのにどうしても名前を思い出せないことが＿＿＿＿＿ある。

❺ 夜ベッドで寝たはずなのに、朝起きると＿＿＿＿＿床の上で寝ていた。

> いかに　　わざわざ　　しばしば　　仮に　　なぜか

❻ 新社長は就任後の３年間で大改革を行い、倒産しかけた会社を＿＿＿＿＿。

❼ Ａ大学は新しいキャリアプログラムを開発し、就職実績を＿＿＿＿＿いる。

❽ この店は、本場のイタリア料理を安く楽しめるとの定評(ていひょう)が＿＿＿＿＿。

❾ その携帯会社は、家族間通話(つうわ)は無料という新サービスを＿＿＿＿＿いる。

❿ 今回の実験からAI研究に有用(ゆうよう)な多くの知見(ちけん)を＿＿＿＿＿ことができた。

> 謳(うた)う　　得る　　ある　　よみがえらせる　　上げる

┃問4┃ 下線部に最も意味が近いものを、Ａ〜Ｄの中から一つ選びなさい。

❶ 面接で足を組んで座ることは、失礼だと<u>みなされる</u>ことが多いそうだ。

Ａ 判断される　　　　Ｂ 検討される　　　　Ｃ 判決される　　　　Ｄ 熟考される

❷ 今回のプロジェクトの成功には、チーム全員の協力が<u>不可欠</u>だ。

Ａ 必至　　　　　　　Ｂ 必然　　　　　　　Ｃ 必勝　　　　　　　Ｄ 必須

❸ 電子書籍の<u>メリット</u>は、何と言っても持ち運びの利便性(りべんせい)だろう。

Ａ 利点　　　　　　　Ｂ 取りえ　　　　　　Ｃ 特徴　　　　　　　Ｄ 利便

❹ この小説は1950年に公開された映画の物語を<u>ベース</u>にしている。

Ａ 踏み台　　　　　　Ｂ 土台　　　　　　　Ｃ 荷台　　　　　　　Ｄ 演台

❺ 地震災害に際して、政府は他国からの援助の<u>申し出</u>を断ることを発表した。

Ａ 提唱　　　　　　　Ｂ 提起　　　　　　　Ｃ 提案　　　　　　　Ｄ 提出

┃問5┃ 見出しの表現を使用した文として最も適切なものを、A～Dの中から一つ選びなさい。

❶ ジャンル

 A この会社は大きく分けて営業<u>ジャンル</u>と販売<u>ジャンル</u>から構成されている。

 B 新しい栄養ドリンクには、さまざまな<u>ジャンル</u>のビタミンが入っている。

 C 仕事では、自分の責任の<u>ジャンル</u>をしっかり認識することが大切だ。

 D 彼は、幼少時代を過ごした外国でさまざまな<u>ジャンル</u>の音楽に触れたそうだ。

❷ エリート

 A このバーには、夜になると大企業で働く<u>エリート</u>社員が集まってくる。

 B 今までの人生で一度だけ5つ星の<u>エリート</u>ホテルに泊まったことがある。

 C 日本の<u>エリート</u>観光地といえば、京都や浅草を思い浮かべる人が多い。

 D 彼は試合に30年間出場し続け、今では<u>エリート</u>選手と呼ばれている。

❸ 薄らぐ

 A 3時間も待たされて、作った料理はすっかり<u>薄らい</u>でしまった。

 B 山火事の勢いは、消防車からの放水で少しずつ<u>薄らい</u>できた。

 C 恋人と別れた悲しみは、新しい生活の中で次第に<u>薄らい</u>でいくだろう。

 D 氷が溶けて、アイスコーヒーの味はすっかり<u>薄らい</u>でしまった。

❹ 没頭する

 A 仕事のメールを書くときは、文法を間違えないように<u>没頭</u>している。

 B チケットの販売時刻になるとアクセスが<u>没頭</u>してサーバーがダウンした。

 C 兄は研究に<u>没頭</u>すると、食事の時間になっても部屋から出てこなくなる。

 D 病気の療養に<u>没頭</u>するために、仕事を辞めて田舎で暮らすことにした。

❺ 堅苦しい

 A シャツが小さいので、ネクタイをすると<u>堅苦しく</u>てしかたなかった。

 B 両国の首相は、各国のテレビカメラの前で笑顔で<u>堅苦しい</u>握手を交わした。

 C エアコンがない部屋に先輩と3人で住んでいるので夏は<u>堅苦しく</u>て大変だ。

 D 結婚パーティは<u>堅苦しい</u>あいさつもなく、リラックスした雰囲気だった。

01　〜にかかると／〜にかかったら／〜にかかっては

| どう使う？ | 名詞 | ＋ | にかかると / にかかったら / にかかっては |

意味　「〜が扱うと、全く違う結果になる」「〜の影響力が強く、一般的な見込みとは全く違う結果になる」を表す。動詞の「かかる」は「係る」「掛かる」「懸かる」「罹る」「懸る」「架かる」「繋る」など、漢字表記が複数ある。

使い方　人や人の言動を表す名詞を前に置いて、「その人の能力、あるいは言動や雰囲気などに対して、誰もかなわない」ということを表す場合に使う。

注意点　「にあっては」とも言えるが、「〜にかかっては」の場合はかなわないと感じる側からの視点で語ることができる点が異なっている。

　🈁（正）私にかかっては社長も太刀打ちできないさ。
　　（誤）私にあっては社長も太刀打ちできないさ

類義表現　「〜にあっては」

例文
・営業プロの彼にかかると、どんな物件でも契約できるそうだ。
・いつもお世話になっているあなたにかかったら、私もいやとは言えなくなる。
・彼女にかかっては、いつも知らないうちにイエスと言ってしまう。

02　〜といったところだ／〜というところだ

| どう使う？ | 節 | ＋ | といったところだ / というところだ |

意味　そのときの段階の状況を示す。

使い方　程度や数量を表す単語に接続して、状況を説明する場合に用いる。前接する節・句では話し手の判断が述べられており、「およそ」や「概ね」という意味を含む。

例文
・明日の気温は（およそ）20度から25度といったところです。
　（※かっこ内は省略されることが多い。）

・ここから目的地まで、車で（概ね）1〜2時間といったところでしょう。
　（※それ以上かかるかもしれないし、もっと短いかもしれないが、大体1〜2時間ということを示す。）

03 〜にかたくない

どう使う？	名詞 + にかたくない

意味　もともとは「かたい」という語で、「難しい。簡単ではない」という意味。漢字では「難い」と表記する。それが否定の形で用いられることで「〜するのは難しくない。簡単である」という意味を持つようになった。

使い方　現在はほとんどの場合、「想像にかたくない」「察するにかたくない」など決まった言い回しで用いられる。

注意点　やや文語的表現であるため、日常会話で用いることは少ない。

例文
・このままの状況が続くと、世界中の経済状況が悪化する一方であることは想像にかたくない。
・大学入試に落ちた彼女の気持ちは察するにかたくない。

04 〜をおいて

どう使う？	名詞 + をおいて

意味　「[名詞]以外にはない」「[名詞]しかない」という意味を表す。

使い方　書き言葉的な表現である。文末に「ほかに〜ない」が来て、「ほかに代わるものはない、それが唯一のものだ」と、強く言い切る調子になることが多い。

注意点　「何をおいても」という形で使われる場合もあり、「何事にも優先させて」という意味を表す。

類義表現　「〜だけ」「〜しか〜ない」

例文
・彼をおいてほかに、この役を演じられる人はいない。
・この分野を学ぶには、この大学をおいてほかにないはずだ。

05 〜ではあるまいし／ではあるまいに

どう使う？	名詞 + ではあるまいし / ではあるまいに

意味　実際にはそうではないのに、まるでそうであるかのような態度や行為をすること。

使い方　名詞の部分には、通例、未熟な、もしくは経験の浅い人物を示す語が来る。否定的な意味を持ち、相手を非難する場合や行動に疑問を感じた場合に用いられることが多い。

注意点　やや硬い表現。「〜じゃあるまいし」は砕けた口語的表現。

類義表現　「〜ではないだろうに」「〜じゃあるまいし」

例文
・子どもではあるまいし、挨拶くらいちゃんとしたほうがいいと思うよ。
・神様じゃあるまいし、未来のことなんてわからないよ。

06　～ならではの（～ならではだ）

どう使う？　名詞　＋　ならではの（～ならではだ）

意味　「Aならでは B」もしくは「B は A ならではだ」の形で、「A にしか見られない B という特徴がある」という意味を表す。

使い方　良い意味を示す場合、高い評価や称賛の気持ちを表すときに使われる。「A の位置によく使われる語」には、「本物」「職人」「プロ」「ベテラン」「都会」「田舎」などがある。

注意点　宣伝文句によく使われる。

例文　・こういう大胆な発想は、あなたならでは（のもの）ですね。
　　　　・キッチン用品を掃除に使うという発想には、主婦ならではのユニークな視点がある。

07　A たると B たるとを問わず

どう使う？　［名詞 1］　＋　たると　＋　［名詞 2］　＋　たるとを問わず

意味　「A であっても、B であっても関係なく両方とも」という意味を表す。

使い方　日常会話ではあまり使わない。憲法などの法律関係の文書に用いられることが多い表現。

類義表現　「A か B かを問わず」

例文　・この法律は、市民たると外国人住民たるとを問わず、等しく適用される。
　　　　・過去たると現在たるとを問わず、よりよい教育を提供する立場は変わっていない。

第1課
第2課
第3課
第4課
第5課
第6課
第7課
第8課
第9課
第10課
第11課
第12課

問 題

|問1| （　　　）に入るものとして最も適切なものを A〜D から一つ選びなさい。

❶ ただの野菜炒めでも、名高いシェフの手（　　　）高級料理に見える。

    A に関しては　　　　B かかっては　　　　C にしては　　　　D に対しては

❷ 大好きな財布をなくした子どもの気持ちは想像（　　　）

    A にかたくない　　　B にいたる　　　　C にかかわる　　　D にたえる

❸ この店の鞄は手作り（　　　）の味わいが魅力だ。

    A からには　　　　　B ならいざしらず　C かたわら　　　　D ならでは

❹ 未来をつくっていくのは、今の若者（　　　）ほかにいない。

    A かぎり　　　　　　B をおいて　　　　C いかんで　　　　D ばかりに

❺ 先生には不思議な魅力があり、どんな悪童も彼（　　　）、いい子になる。

    A にかかると　　　　B において　　　　C に伴って　　　　D に沿って

❻ ビジネスパーソン（　　　）に作られた本はよく売れる傾向がある。

    A のみ　　　　　　　B 向け　　　　　　C もと　　　　　　D から

❼ 彼は、茶道（　　　）、生け花や、書道など、さまざまな伝統文化を趣味にしている。

    A ならでは　　　　　B ときたら　　　　C あげく　　　　　D をはじめ

❽ どんな人生を歩むの（　　　）、教養そのものは不可欠だ。

    A でなくては　　　　B であれ　　　　　C に伴って　　　　D にしては

❾ シンガポールの夏は東京ほど暑くなく、平均32度（　　　）ところだ。

    A に至る　　　　　　B にかかわる　　　C といった　　　　D にたる

❿ 海外旅行（　　　）、そんなにたくさんの物を持って行かなくていいよ。

    A たりとも　　　　　　　　　　　　　B ではあるまいし

    C だけのことはある　　　　　　　　D ならでは

|問2| 下線部に入るものとして正しいものを A〜D の中から選びなさい。

❶ どんなに汚い部屋でも、掃除のプロにかかれば、＿＿＿＿＿＿＿＿＿＿＿。

    A あっという間にきれいになる

    B あっという間に汚れる

    C あっという間にきたなくなる

    D あっという間に散らかってしまう

176

❷ すぐ留学に行くわけじゃあるまいし、＿＿＿＿＿＿＿＿＿＿＿＿。

    A　ずるずるしてはいけないよ

    B　今からそんなにお金を貯めなくてもいいよ

    C　心配したほうがいいこともある

    D　早く語学を勉強したほうがいい

❸ 私は、これまでに英語をはじめ、＿＿＿＿＿＿＿＿＿＿＿＿。

    A　いろいろな国に行ってきた

    B　いろいろな言語を勉強してきた

    C　５年も経ったが、全然上手にならない

    D　５年も経ったら、やっと上手になった

❹ この事実を知る者は、＿＿＿＿＿＿＿＿＿＿＿＿。

    A　ここにいる者をおいてほかにもいる

    B　ここにいる者をおいておき、ほかの者にも話そう

    C　ここにいる者をおいてほかにいない

    D　ここにいる者をおいて誰も知らない

❺ 味方たると敵たるとを問わず、＿＿＿＿＿＿＿＿＿＿＿＿。

    A　協力しながら仕事を進めていこう

    B　常に対立状態になりやすい

    C　ライバル関係になりがちだ

    D　被害を受けているわけではない

▌問3▌　A～Dを並べ替えて文を作り、 ★ に入るものを一つ答えなさい。

❶ 細部まで＿＿＿＿ ＿＿＿＿ ＿★＿ ＿＿＿＿だ。

    A　こだわりが　　　B　手作り　　　C　ならでは　　　D　感じられるのは

❷ 私にとって朝ごはんにふさわしいのは、ご飯＿＿＿＿ ＿＿＿＿ ＿★＿ ＿＿＿＿。

    A　をおいて　　　B　ほかにない　　　C　と　　　D　納豆

❸ 地震で家をなくした＿＿＿＿ ＿＿＿＿ ＿★＿ ＿＿＿＿。

    A　被災者の（ひさいしゃ）　　　B　想像　　　C　ショックは　　　D　にかたくない

❹ いつも意見を＿＿＿＿ ＿＿＿＿ ＿★＿ ＿＿＿＿、意見があっても言いにくい。

    A　言った　　　B　ので　　　C　そばから　　　D　否定される

❺ _____ _____ __★__ _____計算は頭の中ではできないよ。

A ではあるまいし　　　　　　　　B 複雑な

C コンピューター　　　　　　　　D そんな

┃問4┃ （　　　　）内の文型を用いて文を完成させなさい。

❶ 次のプロジェクトを任せられるのは、_____。

（をおいて）

❷ 友人のすっかり変わった姿を見て、_____。

（にかたくない）

❸ _____、どんな材料でも豪華な料理になる。

（にかかれば）

❹ _____、なぜこんなミスをするんだ。

（ではあるまいし）

❺ 年末に年賀状を書くのは、_____。

（ならではの）

参考文献

【辞書・文法書】

アスク出版編集部［著］（2008）『"生きた"例文で学ぶ　日本語表現文型辞典』アスク

北原保雄［編］（2010）『明鏡国語辞典　第二版』大修館書店

金田一春彦［監修］・秋永一枝［編集］（2014）『新明解日本語アクセント辞典　第2版』三省堂

グループジャマシイ［著］（1998）『教師と学習者のための日本語文型辞典』くろしお出版

白川博之［監修］・庵功雄・高梨信乃・中西久実子・山田敏弘［著］（2000）『初級を教える人のための日本語文法ハンドブック』スリーエーネットワーク

白川博之［監修］・庵功雄・高梨信乃・中西久実子・山田敏弘［著］（2000）『中級を教える人のための日本語文法ハンドブック』スリーエーネットワーク

田忠魁・金相順・泉原省二［著］（1998）『類義語使い分け辞典　日本語類似表現のニュアンスの違いを例証する』研究社出版

中村明［編集］（2015）『新明解類語辞典』三省堂

日本国語大辞典第二版編集委員会［編］（2000-2002）『日本国語大辞典第二版』小学館

日本語文法学会［編集］（2014）『日本語文法辞典』大修館書店

山田忠雄・柴田武・酒井憲二・倉持保男・山田明雄・上野善道・井島正博・笹原宏之［編集］（2011）『新明解国語辞典　第七版』三省堂

『goo 辞書』<https://dictionary.goo.ne.jp/>

『weblio 辞書』<https://www.weblio.jp/>

【資料・データ】

国立国語研究所「現代日本語書き言葉均衡コーパス　Version1.1」<https://pj.ninjal.ac.jp/corpus_center/bccwj/index.html>

国際交流基金・財団法人日本国際教育協会［編］（2002）『日本語能力試験出題基準【改訂版】』凡人社

国立国語研究所・Lago言語研究所「NINJAL-LWP for BCCWJ」<https://nlb.ninjal.ac.jp/>

田中祐輔（2016）『初級総合教科書から見た語彙シラバス公開データ』<http://www.9640.jp/genba/>

田中祐輔（2016）『日本語教材目録データベース』<http://www.9640.jp/books_716/>

松下達彦（2011）「日本語学術共通語彙リスト Version1.01」<http://www17408ui.sakura.ne.jp/tatsum/list.html>（2020年5月3日閲覧）

著者一覧

［編著者］

田中 祐輔 (たなか　ゆうすけ)

青山学院大学文学部　准教授

筑波大学日本語・日本文化学類卒業
早稲田大学大学院日本語教育研究科博士後期課程修了　博士（日本語教育学）
日本学術振興会特別研究員、中国復旦大学講師、早稲田大学国際学術院助手、東洋大学講師を経て現職。東京大学、早稲田大学、一橋大学、東京外国語大学、などにおいて非常勤講師を歴任。
多文化共生・国際文化交流・日本語教育をテーマに、留学生への日本語教育、JSL 児童への日本語教育、日本語教材分析と開発、言語政策、日本語教育史、ビジネス日本語教育、日本文化の海外発信などを研究。
第 32 回大平正芳記念賞特別賞受賞。2017 年度早稲田大学ティーティングアワード総長賞受賞。2018 年度日本語教育学会奨励賞受賞。2019 年度・2021 年度博報堂教育財団研究助成優秀賞受賞。2020 年キッズデザイン協議会会長賞受賞。2020 年度東京大学オンライン授業等におけるグッドプラクティス総長表彰。2021 年 PARENTING AWARD ノミネート。
［主な著書／論文］『日本語で考えたくなる科学の問い〔文化と社会篇〕』（2022, 凡人社，編著）、『《書き込み式》表現するための語彙文法練習ノート〈上〉―語／コロケーション／慣用句／表現文型―』（2022, 凡人社，編著）、『データ科学×日本語教育』（2021, ひつじ書房，共著）、『実践ビジネス日本語問題集［語彙・文法・読解］』（2021, 国際教育フォーラム，共著）、『上級日本語教材　日本がわかる、日本語がわかる―ベストセラーの書評エッセイ 24―』（2019, 凡人社，編著）、『日本語教育への応用』（2018, 朝倉書店，共著）、『現代中国の日本語教育史』（2015, 国書刊行会，単著）、『日语阅读训练 通过流行语看日本』（2012, 外语教学与研究出版社，共著）、「『日本語教育』掲載論文の引用ネットワーク分析―日本語教育研究コミュニティの輪郭描写―」（『日本語教育』178, 2021, 共著）、「戦後の日本語教科書における掲載語彙選択の傾向とその要因に関する基礎的定量分析」（『日本語教育』170, 2018, 共著）

［著者］

牛窪 隆太 (うしくぼ　りゅうた)

東洋大学国際教育センター　准教授

獨協大学外国語学部卒業
早稲田大学大学院日本語教育研究科博士後期課程修了　博士（日本語教育学）
Waseda Education (Thailand)・タイ早稲田日本語学校副主任講師、早稲田大学日本語教育研究センター助手、関西学院大学日本語教育センター日本語常勤講師・言語特別講師を経て、現職。
専門は、質的データ分析法、教師研究、実践研究。
［主な著書／論文］『教師の主体性と日本語教育』（2021, ココ出版，単著）、『日本語で考えたくなる科学の問い〔文化と社会篇〕』（2022, 凡人社，共著）、『《書き込み式》表現するための語彙文法練習ノート〈上〉―語／コロケーション／慣用句／表現文型―』（2022, 凡人社，共著）、『市民性形成とことばの教育―母語・第二言語・外国語を超えて―』（2016, くろしお出版，共著）、『実践研究は何をめざすか』（2014, ココ出版，共著）、『日本語教育―学のデザイン―』（2015, 凡人社，共著）、『日本語教育のための質的研究入門』（2015, ココ出版，共著）

陳 秀茵 (ちん　しゅういん)

東洋大学国際教育センター　講師

広東海洋大学外国語学部日本語学科卒業
神戸大学大学院人文学研究科博士後期課程修了　博士（学術）
日本経済大学専任講師を経て、現職。
専門は、現代日本語文法、日本語教育、日本語学、対照言語学。
［主な著書／論文］『日本語で考えたくなる科学の問い〔文化と社会篇〕』（2022, 凡人社，共著）、『《書き込み式》表現するための語彙文法練習ノート〈上〉―語／コロケーション／慣用句／表現文型―』（2022, 凡人社，共著）、「ハズダの意味用法と使用実態について」（2021,『国文論叢 鈴木義和先生ご退職記念』58, 単著）、『中国語話者に教える』（2020, WebjapaneseBooks, 共著）、「ベトナム人日本語学習者への漢字教育に関する研究の現状と課題―今後の研究の方向性と可能性―」（2020,『東アジア日本学研究』3, 単著）、「話し言葉コーパスにおける「ことになる」の使用実態について」（2018,『計量国語学』31-5, 単著）、「書き言葉におけるコトニナルの使用実態調査と分析―日本語教育への示唆―」（2018,『日本語／日本語教育研究』9, 単著）

森 篤嗣（もり あつし）

京都外国語大学外国語学部　教授

兵庫教育大学学校教育学部卒業
大阪外国語大学言語社会研究科博士後期課程修了　博士（言語文化学）
専門は、日本語学、国語科教育、日本語教育。
2015年度日本語教育学会奨励賞受賞。2017年度独立行政法人日本学術振興会 科学研究費補助金第1段審査委員表彰。
［主な著書］『日本語の乱れか変化か―これまでの日本語、これからの日本語―』（2021, ひつじ書房, 共編著）、『超基礎・日本語教育』（2019, くろしお出版, 編著）、『コーパスで学ぶ日本語学 日本語教育への応用』（2018, 朝倉書店, 編著）、『授業を変えるコトバとワザ』（2013, くろしお出版, 単著）、『やさしい日本語は何を目指すか』（2013, ココ出版, 共編著）

小口 悠紀子（こぐち ゆきこ）

広島大学大学院人間社会科学研究科　准教授

広島大学教育学部卒業
広島大学大学院教育学研究科博士課程後期修了　博士（教育学）
専門は、第二言語習得、日本語教育、タスクを用いた言語指導（TBLT）。
［主な論文／著書］「上級日本語学習者の談話における『は』と『が』の知識と運用―未出か既出かによる使い分けに着目して―」（『日本語教育』166, 2017, 単著）、「大学の初級日本語クラスにおけるタスクベースの言語指導―マイクロ評価に基づく考察を中心に―」（『日本語教育』174, 2019, 単著）、『超基礎・第二言語習得研究』（2021, くろしお出版, 共著）、『超基礎・日本語教育』（2019, くろしお出版, 共著）、『日本語教育へのいざない―「日本語を教える」ということ』（2019, 凡人社, 共著）

張 玥（ちょう ゆえ）

公益財団法人東京財団政策研究所　プログラムオフィサー

復旦大学中国言語文学学部卒業
復旦大学大学院修士課程修了
東京大学大学院総合文化研究科言語情報科学専攻博士後期課程単位取得満期退学
専門は、中国音韻学、歴史言語学、社会言語学、中国語教育。
［主な著書／論文］『日本語で考えたくなる科学の問い〔文化と社会篇〕』（2022, 凡人社, 共著）、『《書き込み式》表現するための語彙文法練習ノート〈上〉―語／コロケーション／慣用句／表現文型―』（2022, 凡人社, 共著）、『上級日本語教材　日本がわかる、日本語がわかる―ベストセラーの書評エッセイ24―』（2019, 凡人社, 共著）、「一八七四年刊『英字入門』に反映した上海語音」（『中国語学』268, 2021, 単著）、「欧文資料から見る20世紀前期上海語の音声・音韻的特徴」（2017, 『言語情報科学』15）。

［デザイン・装丁］
松本和晃

［校正］
田中千鶴子

［協力］
Gantumur Manaljav、戴特印颯、権芸静、万芷晴、Doan Minh Ngoc

上級日本語教材

日本がわかる、日本語がわかる

ベストセラーの書評エッセイ24

反転授業を取り入れた授業で使用する
ワークシートを配信しています。
http://www.bonjinsha.com/wp/bookreview

『日本がわかる、日本語がわかる』準拠

文字・語彙・文法を学ぶための実践練習ノート

日本語能力試験 N1 対応

2021 年 4 月 30 日　初版第 1 刷発行
2022 年 6 月 10 日　初版第 2 刷発行

編　著　者	田中祐輔
著　　　者	牛窪隆太・陳秀茵・森篤嗣・小口悠紀子・張玥
発　　　行	株式会社 凡人社 〒 102-0093　東京都千代田区平河町 1-3-13 電話 03-3263-3959
印刷・製本	倉敷印刷株式会社

定価はカバーに表示してあります。乱丁本・落丁本はお取り換えいたします。
＊本書の一部あるいは全部について、著作者から文書による承諾を得ずに、いかなる方法においても無断で転載・複写・複製する
　ことは法律で固く禁じられています。

ISBN 978-4-89358-985-9
©TANAKA Yusuke, USHIKUBO Ryuta, CHEN Xiuyin, MORI Atsushi, KOGUCHI Yukiko, ZHANG Yue
2021　Printed in Japan